CAESAR

BELLUM GALLICUM

Vollständige Ausgabe

mit einer Einleitung
von Hans Jürgen Tschiedel

und Sacherklärungen und ausgewähltem Bildmaterial
von Gerhard Ramming

FERDINAND SCHÖNINGH · PADERBORN

Alle Rechte, auch die des auszugsweisen Nachdrucks, der fotomechanischen Wiedergabe und der Übersetzung, vorbehalten. Dies betrifft auch die Vervielfältigung und Übertragung einzelner Textabschnitte, Zeichnungen oder Bilder durch alle Verfahren wie Speicherung und Übertragung auf Papier, Transparente, Filme, Bänder, Platten und andere Medien, soweit es nicht §§ 53 und 54 URG ausdrücklich gestatten.

Satz: Dörlemann-Satz, Lemförde
Gesamtherstellung: Ferdinand Schöningh, Paderborn

© 1978 by Ferdinand Schöningh at Paderborn. Printed in Germany.

ISBN 3-506-10760-7

Die i. J. 44 v. Chr. in Rom geprägte Münze, ein Silberdenar (4 g, Durchmesser im Original 2 cm) mit der Aufschrift CAESAR IM(perator) P(ontifex) M(aximus) zeigt den Kopf Caesars mit dem goldenen Kranz der etruskischen Könige. Auf der Rückseite ist die Venus Victrix abgebildet.

Das Münzbild, vermutlich einer zeitgenössischen Porträtbüste nachgebildet, verdient Beachtung, da es dem Aussehen des damals 56jährigen Caesar wohl recht nahekommt.

Auffallende Merkmale:
Starke Augenbrauen, die den Ausdruck von Anspannung und Entschiedenheit im Blick betonen;
gerade, das hagere Aussehen verstärkende Nase;
magere, tiefgefurchte Wangen;
großer Mund mit skeptisch (oder resignierend?) zusammengepreßten Lippen;
kurzes Kinn und hagerer Hals;
Königskranz, der teilweise die hohe, kahle Stirn verdeckt und das auf dem Hinterhaupt schüttere lange Haar „überspielt".

INHALTSVERZEICHNIS

Caesar und wir	5
Commentarii Belli Gallici	31
Hinweise der Bearbeiter	184
Kriegszüge Caesars (Karte)	186
Bellum Gallicum I–VII (Inhaltsübersicht)	187
Index I (Personen)	188
Index II (Geographische Begriffe)	193
Tendenzen römischer Geschichte	204
Res militares zur Zeit Caesars	207
Nachweis der Abbildungen	231
Gallien zur Zeit Caesars (Karte)	232

CAESAR UND WIR

Wohl kein zweiter Name aus der Antike ist dem modernen Menschen – und sei ihm das Altertum als solches inzwischen auch weitgehend entfremdet – noch so geläufig wie der Caesars. Nicht geringer Anteil daran mag jenen Comic strips, Kolossalfilmen oder auch Kolportageromanen zukommen, deren geistige Väter es verstehen, gerade aus dem Ahistorismus unserer Zeit dadurch Kapital zu schlagen, daß in sensationeller und spektakulärer Aufmachung eine Vergangenheit wiedererweckt wird, die bis vor wenigen Jahrzehnten im Geschichtsbewußtsein breiter Bevölkerungsschichten noch durchaus lebendig war.

Aus dem Wesen einer Vergegenwärtigung durch Medien der genannten Art versteht es sich von selbst, daß sie eklektisch und rudimentär bleiben muß. Für Caesar bedeutet das, daß vornehmlich seine Abenteuer mit Galliern und Germanen (– unterschwellig wird dabei wohl an patriotische Gefühle der Rezipienten appelliert –) und die Affäre mit Kleopatra ins Blickfeld treten. Eine so gewonnene Popularität gereicht Caesar nur zu zweifelhafter Ehre und ist gewiß nicht dazu angetan, ihn und sein Werk als einen intensiverer Beschäftigung würdigen Gegenstand zu empfehlen. Tatsächlich aber hat die Caesar-Lektüre im Unterricht der Gymnasien einen festen, wenn auch nicht mehr unbestrittenen, Platz bewahrt. Zwar ist gerade in den letzten Jahren eine mit zunehmender Intensität geführte Diskussion um den Wert Caesars als Schulschriftsteller in Gang gekommen[1], doch scheint ihre Konsequenz – soviel zeichnet sich jetzt schon ab – nicht die zu sein, Caesars Werk aus den Unterrichtsplänen zu verbannen, sondern allenfalls die, ihm darin eine andere Stelle als die einer Anfangslektüre zuzuweisen, um ihm so den seiner Bedeutung angemessenen Rang zu sichern. In der Tat hat die literarische Geltung der Kommentarien Caesars nichts so sehr beeinträchtigt wie der Umstand, daß sie vor allem in Deutschland seit Jahrhunderten – genau gesagt: seit Melanchthon – zu nichts besserem dienten, als für Generationen darob oft für immer lustloser Lateinschüler den schweißgetränkten grammatikalischen Exerzierplatz abzugeben.

---

[1] Dazu ein guter Überblick mit weiterführenden Literaturangaben bei W. Richter, Caesar als Darsteller seiner Taten. Eine Einführung, Heidelberg 1977 (Bibliothek der Klass. Altertumswiss. N. F., 2. Reihe, Bd. 61), S. 7ff.

Kein Wunder, daß dieser blutleere Caesar für so viele zum horriblen Trauma werden konnte, kein Wunder, daß all jene, welche heute die angebliche Lebensfremdheit und den mangelnden Realitätsbezug der Schule beklagen, zum Beleg ihrer Thesen mit Vorliebe auf die Lektüre des *Bellum Gallicum* verweisen. Allzu oft wird so aus der abschreckenden Erfahrung einer unheilvollen und in dieser Form längst überholten didaktischen Praxis ein Autor verkannt, dessen Leben und Werk wie wenig anderes aus der Antike von bleibender Aktualität gekennzeichnet sind. Denn die Zeitlosigkeit, die dem Namen Caesar nun einmal anhaftet, eröffnet stets aufs neue und aus den verschiedensten Anlässen die Möglichkeit zu überraschender Vergegenwärtigung und erhellenden Reflexionen.

Friedrich Gundolf hat auf eindrucksvolle Weise die Geltung Caesars bei der Nachwelt bis herauf ins 19. Jh. dargestellt[2]. Daß sie damit aber keineswegs beendet ist, daß Caesar vielmehr auch uns noch etwas zu sagen hat, davon mag bereits ein so äußerliches Indiz zeugen wie das der Übertragbarkeit etlicher heute geläufiger und scheinbar für die Gegenwart charakteristischer Schlagworte auf ihn und sein Werk. Denn es ist doch wohl mehr als bloßer Zufall, wenn Begriffe wie Diktatur, Aggression, Defensivkrieg, Usurpation, Rheingrenze, Sozialreformen, Medienpolitik u.a.m. auch im Blick auf Caesar ausgesprochen werden können. Solche Bezüge zwischen Einst und Jetzt sollten andererseits nicht über den dazwischenliegenden Abstand hinwegtäuschen, einen Abstand, der wiederum die Chance bietet, das Eigene am Modell der Vergangenheit zu prüfen, um es so kritischer und objektiver zu beurteilen, als das ohne den Vergleich überhaupt möglich wäre.

Eine Vorbedingung muß freilich erfüllt sein, will man sich Caesar vorurteilsfrei als einem Menschen nähern, der auch für unser Dasein Bedeutung hat: Man wird nicht umhin können, generell die gestalterische Kraft und den ideologischen Rang herausragender Einzelpersönlichkeiten im Gang der Geschichte und in der geistigen bzw. sozialen Entwicklung der Menscheit anzuerkennen. Angesichts immer stärkerer Tendenzen zur Vermassung ist das keine Selbstverständlichkeit mehr. Wo Individualismus zunehmend an Boden verliert, wo umgekehrt Anonymität im Vormarsch ist, wo jede Abweichung von der Norm als

---

2 Fr. G., Caesar – Geschichte seines Ruhms, Berlin 1924; ders., Caesar im neunzehnten Jahrhundert, Berlin 1926. Beides in dem Nachdruck ‚Caesar‘, Darmstadt 1968

Mangel ausgelegt und schon der bloße Ruf des Elitären geradezu ängstlich gemieden werden, da muß eine Persönlichkeit wie die Caesars auf Verständnisschwierigkeiten stoßen. Denn Caesars Existenz war einmalig, atypisch, elitär und stellt darum eine Kontrastfolie zu unserer gleichsam axiomatisch gehätschelten Daseinsform dar. Um Mißverständnissen vorzubeugen: Nicht als Vorbild ist Caesar zu verstehen – das kommt schon auf Grund seiner Singularität nicht in Frage –, wohl aber als eine Art Demonstrationsobjekt, an dem sich der Blick für die Erkenntnis potentieller Dimensionen des Menschseins schärfen läßt, die sonst hinter der sich selbst genügenden Oberflächlichkeit der eigenen Gegenwart nicht einmal zu bemerken wären. Indem Caesar auf so vielen Gebieten den Rahmen des Durchschnittlichen sprengt, lehrt er andere Menschen, über die ihnen durch Zeit und Umwelt gesetzten Grenzen hinaus zu sehen und sich selbst in neuen und größeren Zusammenhängen zu begreifen. Im Blick auf den Extremfall Caesar fällt es leichter, ein Koordinatensystem zu gewinnen und den eigenen Standort im Makrokosmos der Welt und im Mikrokosmos des Menschseins zu bestimmen. Diese gesteigerte Selbsterkenntnis, vermittelt durch das klarere Bewußtsein von der Reichweite menschlicher Fähigkeiten, gewährt zugleich ein erhöhtes Maß geistiger Freiheit.

In diesem Sinne also mag das Leben Caesars auch und gerade uns Heutigen ein Exempel sein, ein Exempel des Humanen mit seinen lichten Seiten, aber auch mit seinen Schattenseiten. Es ist hier weder möglich noch nötig, Caesars Werdegang und Leistungen in allen Einzelheiten zu vergegenwärtigen[3], doch sollen wenigstens jene Züge näher ins Auge gefaßt werden, die etwas vom Wesen seiner Persönlichkeit verraten können und darum besonders geeignet erscheinen, die zeitliche Distanz zwischen ihm und uns, wenn nicht aufzuheben, so doch zu überbrücken.

Als Caesar am 13. Juli des Jahres 100 v. Chr. in Rom zur Welt kam[4], war ihm seine spätere Bedeutung keineswegs schon in die Wiege gelegt. Zwar entstammte er der *gens Iulia* und damit einem alten Patriziergeschlecht, aber zu wirklich herausragender Geltung waren die Angehöri-

---

3 Dafür sei auf die noch immer unübertroffene Darstellung von M. Gelzer verwiesen: Caesar – Der Politiker und Staatsmann, Wiesbaden ⁶1960
4 Hier und im folgenden ist zu berücksichtigen, daß die chronologischen Daten zu Caesars Anfängen differieren und umstritten sind.

gen dieser Familie bis dahin offenbar nicht gelangt. Von Einfluß auf Caesars Werdegang und seine politische Haltung mag hingegen die Verwandtschaft mit Marius gewesen sein. Caesars Tante Julia war dessen Gattin und als Quaestor hielt ihr der Neffe im Jahre 68 die Totenrede, aus der uns Sueton (*Iul.* 6,1) ein aufschlußreiches Fragment bewahrt hat. Daraus spricht ein selbstbewußter Stolz nicht nur auf die Abkunft von den Juliern und damit von Venus, sondern auch auf die – durch die Großmutter väterlicherseits gegebene – Zugehörigkeit zum Geschlecht der Marcii Reges.

Erstmals ins Blickfeld der Öffentlichkeit gerät Caesar schon mit etwa sechzehn Jahren, als er nach dem Tod des Vaters zum Flamen Dialis bestimmt wird, einem Priesteramte, das er freilich nie ausgeübt hat. Wenig später heiratet er Cornelia, eine Tochter Cinnas, und diese Verbindung dürfte seine ohnehin vorhandenen popularen Neigungen noch verstärkt haben. Es sollte zu denken geben, daß der noch jugendliche Caesar nach der Rückkehr Sullas im Jahre 82 dessen Verlangen, sich von Cornelia zu trennen, entschieden ablehnte, obwohl ihn diese Weigerung hätte das Leben kosten können. Hier wird schon sehr früh im Bilde Caesars ein Zug sichtbar, der sich nur schlecht oder gar nicht damit verträgt, in ihm lediglich den seelenlosen, kalten Verstandesmenschen sehen zu wollen. Sulla soll übrigens damals hellsichtig erklärt haben, dieser junge Mann würde der Optimatenpartei eines Tages den Untergang bringen, *nam Caesari multos Marios inesse* (Suet., *Iul.* 1,3). Anekdoten dieser Art lassen sich naturgemäß kaum jemals verifizieren; doch sie pflegen sich nur um außergewöhnliche Menschen zu ranken und enthalten dann oft eine tiefere Wahrheit, als die verbürgte Historie sie wiederzugeben vermag. So hat die mannhafte Haltung des gerade achtzehnjährigen Caesar hier eine angemessene Würdigung gefunden. In dem Zusammenhang darf auch nicht unerwähnt bleiben, daß Caesar seiner im Jahre 68, also in noch jugendlichem Alter, verstorbenen Gattin eine Totenrede hielt, was damals in Rom offenbar eine Novität darstellte (vgl. Plut., *Caes.* 5,4f.).

Seit 81 v. Chr. verdient sich Caesar als Offizier im Osten des Reiches seine ersten militärischen Sporen. Aus dieser Zeit haben wir Nachrichten, die in ihrer scheinbaren Widersprüchlichkeit für Caesar recht bezeichnend sind. Denn einerseits hören wir davon, daß er im Jahre 80 beim Sturmangriff auf Mytilene für hervorragende Tapferkeit mit der *corona civica* ausgezeichnet worden sei, andererseits soll er zu König Nikomedes IV. von Bithynien anrüchige Beziehungen unterhalten haben. Jedenfalls haben seine Legionäre dieses Gerücht später zum Gegenstand ausgelassener Spottlieder auf ihren Feldherrn gemacht. Uns mag solche Dissonanz befremden und doch scheint sich auch darin ein konstitutives Element seiner Persönlichkeit anzudeuten. Denn immer wieder bricht in Caesars Leben jene eigentümliche Ambivalenz hervor, daß sich zu soldatischer Disziplin und Enthaltsamkeit ein Hang zu Frivolität und Libertinismuns gesellt, der offenbar selbst durch die Forderungen staatsmännischer Vernunft gelegentlich nicht in Schranken zu halten war.

Caesars politische Karriere bahnt sich nach dem Tode Sullas (78) an, als Caesar, aus dem Osten zurückgekehrt, in einer Reihe von Prozessen gegen zum Teil recht einflußreiche Persönlichkeiten die Anklage vertrat. Damals lernte die römische Öffentlichkeit zum ersten Mal die außergewöhnliche rhetorische Begabung des jungen Mannes kennen, die ihn nach dem Zeugnis sachkundiger Gewährsleute zu einem der besten römischen Redner werden ließ. Quintilian (*inst.* 10,1,114) stellt ihn Cicero zur Seite und schreibt von seiner Redeweise, sie sei so von mitreißender Kraft, Scharfsinn und Leidenschaft geprägt gewesen, daß es scheine, als hätte er seine Reden in demselben Geiste gehalten, in dem er seine Schlachten schlug. Aus heutiger Sicht ist man leicht geneigt, die Bedeutung einer solchen Begabung zu unterschätzen. Aber in einem Gemeinwesen, in dem die öffentliche Meinungsbildung in so hohem Maße vom wirkungsvollen Auftreten starker Einzelpersönlichkeiten bestimmt wurde wie im Rom der ausgehenden Republik, bildeten rhetorische Fähigkeiten die unerläßliche Voraussetzung für jede politische Laufbahn. Caesar wußte das und da er gewillt war, aus seinem Talent Kapital zu schlagen, begab er sich im Jahre 75 nach Rhodos, um sich dort unter der Anleitung des Rhetors Apollonios Molon in der Beherrschung der Redekunst noch zu vervollkommnen. Auf der Überfahrt soll er übrigens in die Hände von Seeräubern gefallen und erst nach Zahlung eines beträchtlichen Lösegeldes freigekommen sein. Daß Caesar daraufhin nicht ruhte, bis die Piraten gefangen und ans Kreuz geschlagen waren, zeugt ebenso von Energie und Beharrlichkeit wie sein rasches Vorgehen gegen den im Jahre 74 in die Provinz Asia eingefallenen Mithridates eine bis zur Eigenmächtigkeit reichende Entschlußkraft erkennen läßt.

Wenn Caesar wenig später (73) in Rom ins Kollegium der Pontifices kooptiert wird, mag diese Würde noch zum Teil dem Ansehen seiner Familie zu danken sein; er folgt damit ja seinem Onkel Aurelius Cotta in diesem Kollegium nach. Doch der sich anschließende steile Aufstieg ist ganz allein Caesars eigenes Verdienst. Zunächst erhält er für das Jahr 71 eine der 24 vom Volk zu vergebenden Kriegstribunenstellen, und schon in der Ausübung dieses Amtes wird seine Sympathie für die populare Richtung der damaligen Politik offenkundig. Denn Sueton (*Iul.* 5) weiß zu berichten, Caesar habe sich für eine Stärkung des von Sulla in seinen Rechten geschmälerten Volkstribunats eingesetzt. Drei Jahre später (69) wird Caesar Quaestor und kommt in dieser Eigenschaft in die Provinz Hispania ulterior, wo er es versteht, mancherlei Verbindungen anzuknüpfen, die ihm später Nutzen bringen sollen. Sueton (*Iul.* 7,1f.) und Cassius Dio (37,52,2) verlegen in diese Zeit eine Begebenheit, die nicht mehr als eine gut erfundene Anekdote zu sein braucht, als solche aber treffend den Anfang von Caesars forciertem Streben nach Macht und Herrschaft veranschaulicht. Demnach habe Caesar in Gades (Cadiz) beim Anblick einer Statue Alexanders des Großen aufgeseufzt und geklagt, daß er in einem Alter, in dem der Makedone schon den Erdkreis unterworfen hatte, noch nichts Bedeutendes geleistet hätte. Die Geschichte bezieht natürlich ihre Thematik aus jener vergleichenden Gegenüberstellung der beiden großen Führerpersönlichkeiten des Altertums, die in der Folgezeit – angeregt vor allem durch Plutarchs Parallelbiographien – immer wieder begegnet und bis in die jüngste wissenschaftliche Literatur hinein Anlaß zu reizvollen gedanklichen Spielereien mit den Möglichkeiten der Irrealität bietet.

Tatsächlich hat sich Caesar dann – offenbar noch vor Ablauf seiner regulären Dienstzeit – von Südspanien aus in die Transpadana begeben, wo er, allerdings erfolglos, versuchte, die in den dortigen Kolonien latinischen Rechts wegen der Verweigerung des römischen Bürgerrechts herrschende Unruhe zu schüren und den eigenen politischen Ambitionen dienstbar zu machen. Damit tritt an Caesar zum ersten Mal unverhohlen jener bedenkliche Aspekt eines Herrscherwillens hervor, der sich in Verfolgung und Durchsetzung der persönlichen Ziele nicht scheut, die Gesetze und Institutionen des Staates zu umgehen oder zu mißachten.

Wieder in Rom, verheiratet er sich nach dem Tode seiner ersten Gattin mit Pompeia, einer Enkelin Sullas. In der Öffentlichkeit sucht er sich dadurch Popularität zu verschaffen, daß er tatkräftig Pompeius unterstützt, der nach seinen eben errungenen Erfolgen gegen Sertorius, die Reste des Spartacus-Heeres und die Seeräuber in der Gunst des Volkes ganz oben stand.

Im Jahre 65 erreicht Caesar denn auch die zweite Stufe der Ämterlaufbahn und wird kurulischer Aedil. Seine Amtsführung in dieser Zeit ist derart verschwenderisch, daß er die Aktivitäten seines Kollegen Bibulus damit völlig in den Hintergrund drängt. Nicht nur, daß Caesar

Spiele von bis dahin nie gesehener Prunkentfaltung veranstaltet, im Rahmen seiner umfangreichen Baumaßnahmen läßt er auch – und das zeigt die durch und durch politische Absicht seiner Handlungsweise – die einst von Sulla beseitigten Siegeszeichen des Marius demonstrativ auf dem Forum wiederaufrichten.

Aber auch weniger spektakuläre Initiativen dienen dem Ziel, sich als Freund des Volkes zu profilieren, um so eine sichere Basis zur Verwirklichung weiterer ehrgeiziger Pläne zu erhalten. Dazu gehört vor allem das Ende 64 auf Betreiben von Caesar und Crassus durch einen Volkstribun eingebrachte Agrargesetz. Vordergründig sollte es die Notlage des hauptstädtischen Proletariats mildern; mit seinen Ausführungsbestimmungen war es aber zugleich geeignet, seinen Urhebern zu einer außerordentlichen Machtfülle zu verhelfen. Damals war es der eben gewählte Konsul Cicero, der mit mehreren Reden *de lege agraria* – drei davon sind erhalten – dieses Gesetz zu Fall brachte. Wenn Cicero es dabei vermied, die eigentlichen Väter des Gesetzes namentlich anzugreifen, dann mag ihn schon jene opportunistische Bedenklichkeit geleitet haben, mit der er in der Folgezeit dem als überaus ernst zu nehmende Größe erkannten Caesar immer wieder begegnet; von dessen Seite wird diese Haltung übrigens mit achtungsvoller Schonsamkeit erwidert.

Ein Erfolg dieses popularen Taktierens zeigt sich im Jahre 63, als es Caesar bei der Wahl zum pontifex maximus gelingt, sich gegen höchst angesehene Mitbewerber zu behaupten.

Im selben Jahr treibt die von Catilina geführte Umsturzbewegung ihrem Höhepunkt zu. Daß Caesar bei dieser Verschwörung irgendwie – und sei es auch nur als Mitwisser – seine Hand im Spiele hatte, darf als gesichert gelten. Aber er ist kein Hasardeur und hält sich daher geschickt im Hintergrund. Das ermöglicht es ihm, als die Verschwörung schließlich aufgedeckt wird, nicht nur eine reine Weste vorzuweisen, sondern auch mit dem Anspruch auf Wahrung der Rechtsstaatlichkeit lediglich auf Haftstrafen für die Beteiligten zu plädieren. Die Senatsmehrheit folgt freilich dem Antrag seines Opponenten Marcus Porcius Cato und erkennt auf Todesstrafe. Sallust (*Cat.* 54) hat dieses Geschehen zum Anlaß genommen, um die beiden in ihren politischen Anschauungen, aber auch in ihrem Wesen so grundverschiedenen Persönlichkeiten in einer Synkrisis einander gegenüberzustellen. An ihr sollte man doch wohl mehr beachten, daß entscheidende Gesichtspunkte zur Würdigung der beiden Männer gerade in dem stecken, was ungesagt bleibt. Denn wenn Sallust den positiven Eigenschaften Caesars nicht weniger positive Eigenschaften Catos gegenüberstellt, vermißt man zunächst die ja offenbar intendierte Konfrontation beider Charaktere. Ihre Gegensätzlichkeit wird tatsächlich erst richtig deutlich, sobald man zu den jeweiligen Vorzügen des einen auch noch deren Fehlen oder gar deren Verkehrung ins Gegenteil beim anderen hinzuhört. Sallust hat mit dieser Synkrisis richtig erfaßt, daß wirklich Caesar und Cato – und nicht etwa Caesar und Cicero – als die eigentlichen Repräsentanten der gegensätzlichen Strömungen jener Zeit zu gelten haben. Dabei geht diese Polarität weit über bloß tagespolitische Auseinandersetzungen und doktrinäre Rivalitäten hinaus. Sie erstreckt sich vielmehr auf einen tiefgreifenden, zeitlosen, ja elementaren Konflikt, in dem Cato Tradition und Konservativismus, Caesar aber Fortschritt und Modernität verkörpert. Der eine steht für absolute moralische Integrität und skrupulöses Beharren auf Gesetz und Norm, der andere für flexible Anpassung und freisinnige Mobilität. Oder unter einem anderen Aspekt gesehen: Cato vertritt den uneingeschränkten Vorrang des Gemeinwesens, Caesar demgegenüber den Anspruch des großen und überlegenen Einzelnen.

Nur innerhalb dieses prinzipiellen Konfliktes läßt sich Caesars Rolle in der Geschichte begreifen, und das Ringen zwischen ihm und Cato erscheint in solcher Personalisierung geradezu als modellhaft verdichtete Spiegelung eines unabhängig von Zeit und Raum bestehenden Widerstreits konträrer Weltanschauungen. Vordergründig trägt Caesar in diesem Kampf um die Vorherrschaft zunächst und – wie es nach Errichtung des Prinzipats scheint – für lange Zeit den Sieg davon. Doch der Selbstmord Catos nach der Schlacht von Thapsus (46) macht diesen zum Märtyrer und unsterblichen Idol republikanischen Freiheitssinns. Der Dichter Lucan hat ihm in seiner *Pharsalia* ein eindrucksvolles Denkmal gesetzt (I 128): *victrix causa deis placuit, sed victa Catoni* – die siegreiche Sache gefiel den Göttern, doch die besiegte dem Cato.

Genau genommen ist diese wesentlich ideologische Auseinandersetzung zwischen Caesar und Cato bis heute noch an kein Ende gekommen. Denn wo immer von dem einen die Rede ist, ob in schöngeistiger oder in wissenschaftlicher Literatur, tritt ihm der andere als Pendant von korrespondierender Gegensätzlichkeit gegenüber, wobei die wechselnde Verteilung von Licht und Schatten keinem anderen Gesetz zu gehorchen scheint als dem subjektiver Parteinahme für den einen und gegen den anderen.

Doch kehren wir zu den Ursprüngen der Kontroverse zurück, die mehr als anderes geeignet ist, die politischen Verhältnisse jener Zeit und deren Hintergrund zu erhellen. Im Jahre 62 ist Caesar Prätor, und dieses hohe Amt gibt ihm erstmals Gelegenheit, seine Ziele in aller Offenheit zu verfolgen. Einer der ersten, der jetzt Caesars Entschlossenheit, sich um jeden Preis durchzusetzen, zu spüren bekommt, ist der damalige Volkstribun Cato. Als er zusammen mit seinem Amtskollegen vom Interzessionsrecht Gebrauch machen und Caesar an der Verlesung eines zugunsten des Pompeius eingebrachten Gesetzes hindern will, läßt dieser es zu, daß eigens zu dem Zweck mobilisierte Anhänger des Feldherrn mit Gewalt gegen die Tribunen vorgehen. Der Vorfall zeigt, daß Caesar zur Verwirklichung seiner Pläne gewillt war, die ihm gegebenen Machtmittel voll einzusetzen, selbst unter Verletzung der Legalität.

Mit der gleichen Härte konnte er aber auch im privaten Bereich handeln, wenn es darum ging, vor der Öffentlichkeit das eigene Ansehen zu wahren. So trennt er sich unverzüglich von seiner zweiten Gemahlin Pompeia, als diese bei der Untersuchung des Bona Dea-Skandals (62) in den Verdacht gerät, mit dem Frevler Publius Clodius Pulcher im Bunde gewesen zu sein. Er müsse, so soll er damals gesagt haben (Plut., *Caes.* 10,9), von seiner Frau verlangen, daß sie nicht einmal in den Verdacht der Unehrbarkeit gerate.

Zu solch strengen Grundsätzen paßt seine an Leichtsinn grenzende Großzügigkeit im Umgang mit Geld freilich nur wenig. Infolge seines verschwenderischen Gebarens waren seine Schulden bis zur Prätur derart angewachsen, daß es ihm im März 61 mehr als gelegen kommen mußte, vor seinen Gläubigern in die Provinz entweichen zu können. Als Statthalter von Hispania ulterior, jener Provinz, die er bereits einige Jahre vorher als Quästor kennengelernt hatte, nützt er weidlich die Gelegenheit zur Verbesserung seiner Finanzen. Daneben kann Caesar so beachtliche militärische Erfolge verbuchen, daß der Senat bei der Rückkehr im Juni 60 nicht umhin kann, ihm einen Triumph zu bewilligen. Auf ihn muß Caesar allerdings verzichten, da er als Bewerber um den Konsulat für 59 gezwungen ist, persönlich in Rom anwesend zu sein, während der Triumphator außerhalb des *pomerium* (der Stadtgrenze) zu warten hatte. Es kennzeichnet den Pragmatiker Caesar, daß er sich in diesem Dilemma der Alternative Triumph oder Konsulatsbewerbung für die letztere entscheidet, von der er sich auf längere Sicht größeren Vorteil versprechen kann als vom kurzlebigen Ruhm des Triumphs.

Tatsächlich wird er gewählt und erreicht damit das höchste Amt im Staate in dem dafür vorgeschriebenen Mindestalter. Noch vor Antritt des Konsulats entfaltet Caesar eine rege diplomatische Tätigkeit, die schließlich dazu führt, daß er mit den beiden mächtigsten Männern im Staate, Pompeius und Crassus, ein Bündnis eingeht zu dem Zwecke, *ne quid ageretur in re publica, quod displicuisset ulli e tribus* (Suet., *Iul.*

19,2). Die Verbindung mit Pompeius festigt er überdies dadurch, daß er ihm seine einzige Tochter Julia zur Frau gibt. Gestützt auf diese Machtbasis konnte er dann über den Kopf des Bibulus hinweg, der auch in diesem Amte wieder sein Kollege war, eine Politik nach seinem Sinne betreiben. Das gab ihm u. a. die Möglichkeit, gegen den erbitterten Widerstand Catos Agrargesetze zu verwirklichen, die geeignet waren, der sozialen Notlage breiter Bevölkerungsschichten abzuhelfen, die aber zugleich ihrem Initiator eine unübersehbare Zahl ihm verpflichteter Anhänger verschaffen mußten. Ähnliche Konsequenzen hatte auch die *lex Iulia repetundarum*, mit welcher der unmäßigen Ausbeutung der Provinzen durch die Senatoren ein Riegel vorgeschoben wurde. Doch von allergrößter Wichtigkeit für Caesars unmittelbare und fernerliegende politische Zukunft sollte ein Gesetz werden, das unter Ausnützung aktueller Nachrichten zustandekam, in denen von besorgniserregenden Unruhen an der Nordgrenze des Reiches die Rede war. Der Volkstribun P. Vatinius bringt es im Mai 59 ein und läßt es durch Plebiszit bestätigen. Darin wird Caesar bis zum 1. März 54 mit der Verwaltung von Gallia cisalpina beauftragt und erhält drei Legionen. Pompeius stellt zusätzlich den Antrag, Caesar auch Gallia ulterior nebst einer Legion zuzuweisen. Trotz Catos Einspruch stimmt der Senat zu. Dieses umfassende prokonsularische Imperium wird nach einer im April 56 zu Lucca erzielten Übereinkunft mit Pompeius und Crassus im Jahre 55 vom Senat verlängert, wobei kein anderer als Cicero der Sache Caesars das Wort führt.

Damit waren die formalen Voraussetzungen geschaffen, die es Caesar ermöglichen sollten, in den folgenden Jahren (58–51) ganz Gallien unter römische Herrschaft zu bringen und dabei die Welt auf eine in ihren nachhaltigen Folgen bis heute erkennbare Weise zu verändern. Die Namen der Besiegten wie Ariovist, Ambiorix oder Vercingetorix markieren die einzigartigen Erfolge Caesars ebenso wie die Namen der Schauplätze gewaltiger Schlachten: Bibracte, Avaricum, Gergovia und vor allem Alesia. Die beiden Rheinübergänge und die Expeditionen nach Britannien sprengen schon beinah den Rahmen der Historie und nehmen – ähnlich wie der Indienzug Alexanders – legendäre Züge an.

Als Caesar nach neunjährigem Wirken seine Provinz verließ, hatte er dem römischen Reich eine neue Welt erschlossen, römische Kultur in Gebiete getragen, die noch heute den unverwechselbaren Stempel der Romanisierung tragen. Gewiß – und das darf und soll nicht verharmlost werden –, Caesars Eroberungen sind das Ergebnis brutaler Gewalt und Caesars Befriedung meint zunächst blutige Unterdrückung. Doch um so erstaunlicher ist die dann folgende rasche und fortdauernde An- und Einigung römischen Wesens und römischer Kultur durch eben diejenigen, die zunächst die Opfer solch imperialer Expansionspolitik gewesen waren. Die Grenze, die das Wirken Caesars im Norden des Reiches gezogen hat, ist in wesentlichen Teilen bis heute Grenze geblieben: Der Rhein trennt nicht nur politische Staatengebilde, er trennt auch Kulturen, Sprachen, Temperamente, Brauchtum und Lebensweisen.

Im Grunde ist es eine müßige Frage, ob Caesar, wenn ihm dazu noch Zeit geblieben wäre, sein Eroberungswerk über die Gallia comata hinaus ausgedehnt hätte. Denn so, wie sich die Verhältnisse in Rom bis zum Jahre 50 entwickelt hatten, ließen sie ihm gar keine andere Wahl, als sich wieder unverzüglich ganz der Innenpolitik zuzuwenden. Die Senatsopposition hatte sich in der Zwischenzeit keineswegs mit Caesars von Erfolg zu Erfolg zunehmender Geltung im Staate abgefunden. Schon im Jahre 55 war von Cato nach der Vernichtung der Usipeter und Tencterer im Senat der Antrag eingebracht worden, Caesar wegen Bruch des Völkerrechts an die Germanen auszuliefern. Und selbst Pompeius, bis zu Caesars Höhenflug der unbestrittene Held der Nation, mochte das rasche Ansteigen der Popularitätskurve seines Schwiegervaters und immer stärkeren Rivalen um die Gunst des Volkes nicht ohne Argwohn beobachtet haben. Nach dem Tod seiner Gattin Julia (54) waren die persönlichen Bindungen an Caesar ohnehin gelockert, und als ein Jahr später Crassus bei Carrhae fiel, hatte auch das Triumvirat sein Ende gefunden. Pompeius tendierte in der Folgezeit immer deutlicher nach der Seite der Optimaten, und damit verfügte Caesar in der Hauptstadt nicht mehr über die notwendige starke Rückendeckung. Der Ruf nach seiner vorzeitigen Abberufung von dem Posten, der ihm seine Macht garantierte, wurde immer lauter. Die entscheidende Wende bringt die Senatssitzung vom 7. Januar 49, als Pompeius zum Schutz des Staates mit diktatorischer Vollmacht ausgestattet und Caesar gleichzeitig aufgefordert wird, seine ihm treu ergebenen Legionen zu entlassen. Wäre Caesar dem nachgekommen, hätte er als Privatmann nach Rom zurückkehren müssen und wäre dann den Angriffen der Nobilität schutzlos ausgeliefert gewesen. In dieser Situation entschließt sich Caesar zu handeln: Er überschreitet mit seinen Legionen den Rubico, den Grenzfluß seiner Provinz, und tritt damit in einen mehr als vier Jahre dauernden Bürgerkrieg ein, dessen entscheidende Phasen durch die Schlachten von Pharsalos (48), Thapsus (46) und Munda (45) gekennzeichnet sind.

Nach diesen Siegen über Pompeius Magnus und die anderen Gegner aus dem Lager der Optimaten war Caesar, dem man bei allem ein Bemühen um Legalisierung des eigenen Handelns nicht absprechen kann, zum unumstritten ersten Mann in Rom emporgestiegen. In seinen Händen vereinigte er eine Machtfülle, wie sie einem einzelnen so zuvor noch nie zuteil geworden war. Von ihr kündet nicht nur die Titulatur seiner unmittelbaren Nachfolger, die sich sehr bewußt mit dem Namen Caesar schmücken, sondern auch das Fortleben dieses Namens als Bezeichnung des absoluten Herrschers bis in die Gegenwart. Die Idee des unter einem Kaiser geeinten *Sacrum Imperium Romanum*, wie sie vor allem im Mittelalter so stark zur Geltung kam, hat ihre Wurzeln in dem von Caesar geschaffenen Weltreich. Von daher gesehen ist es nur zu begreiflich, daß der große Staufer Friedrich II. und nicht wenige Fürsten und Kaiser nach ihm in Caesar nicht nur den Begründer ihrer herrscherlichen Würde und Weihe, sondern auch ihr ganz persönliches Vorbild sehen konnten. Von dem nach einem Willen gelenkten Imperium Caesars führt über das Heilige Römische Reich ein von dem Wunsch nach Frieden und Eintracht zwischen den Völkern markierter Weg bis zur Konzeption eines Vereinten Europa in unserer Gegenwart.

Gewiß, man kann Caesar auch anders sehen, nämlich mit den Augen seiner unterlegenen Gegner. Für sie war er der Zerstörer der Republik, der Mann, der in seiner Skrupellosigkeit nicht einmal davor zurückschreckte, das Schwert gegen die eigenen Mitbürger zu wenden, ein Tyrann, der am Ende sogar noch den odiosen Titel *rex* angenommen hätte, wäre er nicht ermordet worden. Und dieser Mord an den Iden des März 44 gerät nach solcher Auffassung zur von vaterländischer Pflichterfüllung gebotenen heldischen Tat. Doch wenn sich der Übergang von der Republik zum Prinzipat auch unwiderruflich mit Caesars Namen verbindet, so ist er – das zeigen die Quellen recht deutlich – keinesfalls ausschließlich und allein einem darauf gerichteten Wollen Caesars zuzuschreiben. Vielmehr hatte sich die republikanische Staatsform zu jener Zeit schon selbst überlebt. Mit ihren oft korrumpierten Repräsentanten hatte sie sich als handlungsunfähig erwiesen, so daß sie für Sturz und Ablösung sozusagen reif war. In dem Sinne hat Caesar nur das nach Lage der Dinge Unausweichliche vollzogen. Niemand hat diesen Zusammenhang klarer erfaßt als Hegel, wenn er von Caesar als einem „Geschäftsführer des Weltgeistes" spricht[5]: „Was ihm so die Ausführung seines zunächst negativen Zwecks erwarb, die Alleinherrschaft

---

5 In Hegels „Vorlesungen über die Philosophie der Geschichte", zitiert nach: Caesar, hg. v. D. Rasmussen, Darmstadt 1967 (Wege der Forschung Bd. XLIII), S. 5

Roms, war aber zugleich an sich notwendige Bestimmung in Roms und der Welt Geschichte, so daß sie nicht nur sein partikularer Gewinn, sondern auch ein Instinkt war, der das vollbrachte, was an und für sich an der Zeit war. Dies sind die großen Menschen in der Geschichte, deren eigene partikulare Zwecke das Substantielle enthalten, welches Wille des Weltgeistes ist."

Wer so, wie wir das getan haben, aus unserer Gegenwart zurück auf Caesars Leben blickt, dem kommen wohl nicht von ungefähr aktuelle Assoziationen in den Sinn. Die steile Karriere als Ergebnis eines unbändigen Willens zu Macht und Erfolg, der überlegene Intellekt in Verbindung mit Energie und Entschlußkraft, das scheinbar emotionslose Taktieren im Umgang mit Menschen und Meinungen – das alles ist uns durchaus nicht fremd. Denn wir finden darin ein Menschenbild, um nicht zu sagen, einen Menschentypus wieder, der unserer Zeit in besonderem Maße eigen zu sein scheint, den leistungsorientierten Erfolgsmenschen, den unabhängigen self-made-man, den wendigen Manager. In der Tat mag uns solche Parallelisierung den Zugang zu einigen Aspekten der Persönlichkeit Caesars erleichtern. Sie mag uns auch davor bewahren, ihn und sein Handeln entweder mit dem Glorienschein gottgewollten Herrschertums oder mit dem Odium antidemokratischer Staatsfeindlichkeit zu versehen. Doch einem Verständnis für Caesars Größe ist sie eher abträglich. Ihr und damit dem Einmaligen seiner Existenz und Persönlichkeit kann man wohl am ehesten in seinen eigenen Worten, d. h., bei der Lektüre seiner Werke wirklich begegnen.

Caesar hat sich und seine Taten selbst beschrieben. Das wäre an sich nichts Ungewöhnliches, wenn er das rückschauend am Ende der *vita activa* in Form einer für die Nachwelt bestimmten Autobiographie getan hätte. Aber Caesar schreibt gewissermaßen im Dienst, er schreibt für Leser seiner Zeit, seine Bücher sollen ihm weniger künftigen Ruhm sichern, als mehr in der Gegenwart einen höchst dringlichen politischen Zweck erfüllen. Caesars Schreiben ist staatsmännisches Handeln. Deshalb verwendet er dabei auch eine vorher so noch nie dagewesene Form: den literarischen *commentarius*. Damit soll bewußt eine Verbindung zu den gleichnamigen Amtsbüchern und Rechenschaftsberichten von Priestern und Magistraten hergestellt und der Eindruck geschäftsmäßiger Nüchternheit und Objektivität geweckt werden. Unter der Überschrift *commentarii* stellte sich Caesars Kriegführung nicht als egozentrische Selbstverwirklichung, sondern als uneigennütziges Handeln und pflichtmäßiger Dienst an Volk und Staat dar.

Sicher hat Caesar in regelmäßigen Abständen Berichte von seinen gallischen Unternehmungen an den Senat in Rom gesandt. Aber es wäre verfehlt zu glauben, daß etwa aus einer redaktionellen Sammlung und Bearbeitung dieser Berichte unmittelbar das *Bellum Gallicum* hervorgegangen wäre. Vielmehr sprechen die ausgewogene Ponderierung der einzelnen Bücher, ihre sorgfältige Stilisierung und nicht zuletzt die in ihnen erkennbaren Vor- und Rückverweise dafür, daß Caesar sein Werk nicht jahrweise, sondern als Ganzes niedergeschrieben hat, und zwar nach Abschluß der größeren Kampfhandlungen in Gallien, also wahrscheinlich Ende 52 oder gar erst im Jahre 51.

Der Stoff ist auf die sieben Bücher so verteilt, daß die Ereignisse eines Jahres jeweils ein Buch füllen. Das achte Buch wurde – wie aus seiner *praefatio*, dem sogenannten Balbus-Brief, hervorgeht – erst nach Caesars Tod von dessen treuem Gefolgsmann Aulus Hirtius verfaßt. In ihm sind die Ereignisse der Jahre 51 und 50 dargestellt, so daß es die Lücke zwischen Caesars die Jahre 58–52 behandelnden *Bellum Gallicum* und seinen drei Büchern über den Bürgerkrieg der Jahre 49/48 schließt. Ein großer Teil der Handschriften verzeichnet ferner im Anschluß an die *commentarii belli civilis* drei weitere Bücher (*Bellum Alexandrinum, B. Africanum, B. Hispaniense*), die inhaltlich zwar Caesars Darstellung des Bürgerkriegs fortsetzen, aber nicht aus seiner Feder stammen. Desungeachtet waren sie in der Überlieferung offenbar schon zur Zeit Suetons (vgl. *Iul.* 56,1) mit dem authentischen Werk des Diktators verbunden.

Während in den Büchern über den Bürgerkrieg deutliche Spuren der Unfertigkeit darauf schließen lassen, daß Caesar an sie weder letzte Hand gelegt, geschweige denn, sie noch selbst ediert hat, liegen in den *commentarii* über den Gallischen Krieg entgegen der mit dem Titel erweckten Vorstellung von einer bloß vorläufigen, anspruchslosen Stoffsammlung vollendete literarische Kunstwerke vor, die nicht ahnen lassen, wie *facile et celeriter* – so weiß es Hirtius (*B. G.* VIII, *praef.* 6) – Caesar sie abgefaßt hat. Ciceros Urteil über sie im *Brutus* (262) trifft in jeder Hinsicht genau das Richtige: *Nudi enim sunt, recti et venusti, omni ornatu orationis tamquam veste detracta. Sed dum voluit alios habere parata, unde sumerent, qui vellent scibere historiam, ineptis gratum fortasse fecit, qui volent illa calamistris inurere; sanos quidem homines a scribendo deterruit: nihil est enim in historia pura et illustri brevitate dulcius.*

Le style c'est l'homme – wohl für kaum ein Werk der Weltliteratur gilt dieses auf Buffon zurückgehende Wort mehr als für Caesars *Bellum*

Gallicum. In seiner schmucklosen, scheinbar ganz sachgebundenen Nüchternheit, mit der präzisen Terminologie, der klaren und übersichtlichen Disposition im großen wie im kleinen sowie in der strengen Zielgerichtetheit und asketischen Beschränkung auf das Wesentliche atmet dieses Werk geradezu den Geist seines Schöpfers.

Doch Caesar wäre nicht Caesar, wäre nicht der gewandte Diplomat, Taktierer und Demagoge, wenn hinter diesem Vordergrund nicht noch anderes verborgen läge. Die betont schlichte, jede Ungewöhnlichkeit sorgsam meidende Wahl der Worte, die Verwendung der 3. Person Singularis dort, wo der Autor von sich selbst spricht, und die Bevorzugung der *oratio obliqua* verraten ein Bemühen um korrekte Sachlichkeit, Objektivität und innere Distanz zum Geschehen, das als solches gelegentlich etwas zu penetrant wirkt, um noch ganz ernstgenommen werden zu können. Wir teilen zwar nicht die Ansicht Rambauds[6], der dem *Bellum Gallicum* schlechterdings jede Glaubwürdigkeit absprechen möchte, doch daß es sich dabei nicht um einen reinen Tatsachenbericht handelt, ist unbestreitbar. Man muß sich nur ins Bewußtsein rufen, wann und für wen Caesar sein Werk geschrieben hat, um alsbald zu begreifen, daß er damit mehr im Sinne hatte, als eine bloß informative Dokumentation seines Wirkens vorzulegen. Caesar wußte sehr wohl, daß seine Gegner in Rom während seiner Abwesenheit stärker geworden waren. Er wußte, daß man dort um so energischer auf seine vorzeitige Abberufung vom prokonsularischen Imperium drängte, je mehr sich die Erfolgsmeldungen aus Gallien häuften. Er wußte aber auch, daß er bei einer Rückkehr als Privatmann kaum eine Möglichkeit besessen hätte, sich gegen die Angriffe seiner Feinde zu Wehr zu setzen. Das sicherste Mittel, dem entgegenzuwirken, bot eine neuerliche Bekleidung des höchsten Staatsamtes nach Ablauf der Statthalterschaft. Deswegen ist es kein Zufall, wenn die Veröffentlichung des *Bellum Gallicum* aller Wahrscheinlichkeit nach im Jahre 51 erfolgte; denn damit ließ sich Caesars Bewerbung um das Konsulat für das folgende Jahr in höchst wirksamer Weise propagandistisch vorbereiten. Hier bot sich eine geradezu ideale Möglichkeit, die öffentliche Meinung so zugunsten Caesars zu beeinflussen, daß sein Wahlerfolg und damit die Fortsetzung seiner politischen Ambitionen gesichert erscheinen mußte. Angesichts einer sol-

---

6 M. R., L'art de la déformation historique dans les Commentaires de César, Paris ²1966

chen aktuellen Zielsetzung des *Bellum Gallicum* versteht es sich von selbst, daß darin Caesar und seine Leistung im Vordergrund stehen. Auf den Feldherrn fällt alles Licht der Darstellung. Wo er auftaucht, lösen Entschlußkraft die Ratlosigkeit, Handeln die Untätigkeit, Erfolg den Mißerfolg ab. Selbst dort, wo Legaten oder Centurionen in den Genuß persönlichen Ruhmes kommen, fällt auch der wieder auf Caesar zurück, weil seine inspirierende Genialität und Allgegenwart große Taten seiner Unterführer und Soldaten überhaupt erst ermöglichen.

Im Zeitalter der Massenmedien, wo Wort und Schrift in einem Maße wie nie zuvor der Beeinflussung der öffentlichen Meinung dienen, sollte uns das von Caesar angewandte Verfahren nicht fremd sein. Es bietet uns die einzigartige Möglichkeit, daran exemplarisch und aus objektivierender Distanz zu lernen, wie sich hinter scheinbar zweckfreier Tatsachenverarbeitung tendenziöse Aktualität zu verbergen, wie sich Eigennutz mit Gemeinsinn zu tarnen weiß.

Bei all dem ist Caesars Werk weit davon entfernt, ruhmredige Selbstdarstellung und massive Agitation zu sein. Denn die Dezenz und Behutsamkeit, mit der Caesar die Geschichte den eigenen Interessen nutzbar macht, bewahrt seine Darstellung vor jeder Peinlichkeit. Weder wollte noch konnte er die Fakten einfach zu seinen Gunsten verfälschen – unzählige Augenzeugen hätten ihn nur zu leicht widerlegen können. Um zu erreichen, was er wollte, mußte er sich wesentlich subtilerer Methoden bedienen, und es ist heute nicht nur für den Forscher von intellektuellem Reiz, in Caesars literarischem Werk die Indizien aufzuspüren, die sein Manipulieren der Wahrheit, ohne daß daraus gleich Unwahrheit würde, erkennen lassen. Wo und in welchem Zusammenhang Caesar die Tatsachen berichtet, wie er sie garniert, worauf er die Akzente setzt, wie er die Geschehnisse darstellt, d. h., welche rhetorischen Stilmittel dazu verwendet werden – dem allem kommt dabei ebenso Bedeutung zu wie der Auswahl dessen, was er überhaupt sagt bzw. nicht sagt, weil er es eben nicht sagen will. Die ganze Vielschichtigkeit des Problems kann man kaum besser beschreiben als mit den Worten Ciceros in Thornton Wilders Roman *Die Iden des März* (Kap. XII): ,,Ich ging einmal fünf Seiten der ‚Commentare' aufs genaueste mit meinem Bruder Quintus durch, der sich während der da beschriebenen Ereignisse in Caesars nächster Umgebung aufhielt. Es findet sich keine einzige Unwahrheit, nein, – aber nach zehn Zeilen kreischt die Wahrheit auf, sie läuft verstört und zerzaust durch die Gänge ihres Tempels und kennt sich selbst nicht mehr. ‚Ich kann Lügen ertragen', schreit sie, ‚aber diese erstickende Wahrheitsähnlichkeit kann ich nicht überleben'".

So interessant und lehrreich solche aus der Beschäftigung mit Caesar zu gewinnenden Erkenntnisse über die Möglichkeiten und Wirkungen latenter politischer Propaganda gerade in einer Zeit sein mögen, wo Public-Relations und Imagepflege groß geschrieben werden, so stellen sie doch nur einen Aspekt dar, der für sich genommen gewiß nicht ausreicht, um die von dem Werk ausgehende, über zwei Jahrtausende anhaltende Faszination zu erklären. Und in der Tat ist Caesars *Bellum Gallicum* ja mehr als besonders gekonnt und raffiniert in die Wege geleitete Öffentlichkeitsarbeit. Es ist auch mehr als ein Stück autobiographischer Memoirenliteratur, mehr als eines von vielen Kapiteln Historiographie. Es ist vor allem ein literarisches Kunstwerk und damit ein Zeugnis höchster menschlicher Selbstverwirklichung. In schlichtestem Gewande birgt es nicht nur eine Fülle von Sachinformationen geschichtlicher, politischer, militärisch-taktischer, technischer, aber auch geographischer und ethnographischer Art, sondern es vermittelt darüber hinaus tiefe Einsichten in die Komplexität menschlichen Zusammenlebens und sozialer Ordnung. Die zeitlose Problematik des Verhältnisses von Macht zu Recht findet darin ebenso ihren anschaulichen Ausdruck wie der Konflikt zwischen den Ansprüchen der Masse und denen des Individuums oder wie die polare Spannung zwischen Zivilisation und Barbarei. Selbst der so modern anmutende Begriff der Humanethologie erhält durch Stellen aus dem *Bellum Gallicum* eine zur Kritik seines Inhalts anregende Illustration.

Caesar stellt uns das alles nun aber keineswegs bemüht und ambitiös vor Augen, sondern er lenkt den Blick gleichsam im Vorübergehen darauf. Die sich aus der Lektüre ergebenden Aufschlüsse kommen so zunächst unerwartet, prägen sich aber gerade darum dem Gedächtnis nur um so fester ein, zumal sie ihrem Wesen nach jeden angehen und die Form der Darbietung ihnen Transparenz sichert. Denn dem Stil Caesars fehlt gleichermaßen Outriertes wie Preziöses. Statt dessen begegnet man einer zuweilen geradezu naiv anmutenden Einfachheit und Natürlichkeit der Erzählhaltung. Daß diese in Wahrheit das Resultat aus praktischer Zweckbestimmtheit und sprach-künstlerischem Wollen ist, bleibt hinter der vordergründigen Anspruchslosigkeit der Darstellung nur zu leicht verborgen. In der Sprache Caesars steht jedes Wort an der richtigen Stelle und präzis in dem ihm eigenen Sinne. Die Gedankenführung gehorcht den Gesetzen der Logik und bleibt deshalb selbst in mitunter komplizierteren Satzgebilden klar und überschaubar. Für Zusammenhangloses, Nebensächliches oder gar Überflüssiges läßt dieser Stil keinen Raum. Die Angemessenheit scheint das für Alles und Jedes wie selbstverständlich geltende Kriterium seiner Verwendung im Text zu sein. So entsteht jener Eindruck des idealen Maßes, der vollkommenen Harmonie von Form und Inhalt, kurz das, was man mit der *elegantia Caesaris* meint. Ihr gilt seit der Entstehung des Werks stets aufs neue die uneingeschränkte Bewunderung einer Leserschaft, die über Gespür für literarischen Rang und Qualität verfügt.

Mag es an sich schon außergewöhnlich sein, wenn ein General und Politiker von der Bedeutung Caesars seinen Tätigkeitsbericht auf literarischem Niveau gibt, so ist es nachgerade singulär, wenn derselbe Mann sich auch – und noch dazu offenbar recht erfolgreich – gleich auf mehreren Gebieten betätigt, die zunächst außerhalb seiner Kompetenz zu liegen scheinen. So hat die von Caesar im Jahre 46 durchgeführte Kalenderreform die Grundlage für eine Zeitrechnung geschaffen, die als solche im wesentlichen auch heute noch gültig ist. Daß es sich dabei nicht nur um eine etwa der Empfehlung von Fachleuten folgende Verwaltungsmaßnahme handelt, sondern daß persönliches Interesse und Verständnis zumindest mit im Spiel waren, läßt sich daraus erschließen, daß Caesar Fragen der Astronomie eine eigene Schrift gewidmet hatte. Sie ist uns freilich ebenso verloren wie poetische Versuche aus seiner Jugendzeit, eine dichterische Beschreibung seiner eiligen Reise nach Spanien (*Iter*) von Ende 46 oder ein philologisches Werk mit dem Titel *de analogia*. Mit letzterem, entstanden im Jahre 54 und Cicero gewidmet, griff Caesar zugunsten einer puristischen und normativen Auffassung in einen alten Streit um sprachliche Prinzipien ein.

In all diesen weitgespannten Interessen und Aktivitäten zeigt sich eine geistige Souveränität und intellektuelle Beweglichkeit, die Caesar das Maß des Menschenmöglichen bis zum Äußersten ausfüllen lassen und die zugleich erklären, warum das *Bellum Gallicum* um so viel mehr ist als ein Kriegstagebuch.

Und dennoch war dieser Caesar alles andere als ein weltfremder Theoretiker oder versponnener Gelehrter. Er war nüchterner Pragmatiker, der es verstand, kämpferisch und geschickt sehr reale Ziele zu verfolgen und seine staatsmännischen Interessen zu wahren. Ein Beispiel dafür bietet sein *Anticato*, eine Antwort auf eine Schrift Ciceros zum Lobe Catos, der sich nach der Niederlage von Thapsus das Leben genommen hatte. Man wollte es Caesar zum Vorwurf machen, er hätte mit diesem Werk das Andenken eines Toten in übelster Weise verunglimpft. Doch die erhaltenen Fragmente lassen erkennen, daß er darin zwar scharf und effektvoll, aber keineswegs hemmungslos Kritik an seinem langjährigen Gegner geübt hat. Der *Anticato* war ein Stück tagespolitischer Auseinandersetzung, entstanden aus der Notwendigkeit, das Aufkommen eines den Toten verklärenden Mythos zu verhindern, der durch die immanente Herabwürdigung des Siegers für diesen eine ernste Gefahr darstellte.

Politiker und Staatsmann, Feldherr und Eroberer, Gesetzgeber und Sozialreformer, Redner und Historiker, Dichter und Gelehrter – all das war Caesar, und in dieser fast bis zur Widersprüchlichkeit reichenden Vielfalt der Manifestationen seines Handelns scheint sich jene Uneinheitlichkeit widerzuspiegeln, die für die Beurteilung seiner Persönlichkeit durch die Nachwelt, aber auch schon durch die Zeitgenossen, charakteristisch ist.

Vielleicht am deutlichsten kommt sie bei der unterschiedlichen Wertung des nachsichtigen Verzeihens zum Ausdruck, das Caesar so gern unterlegenen Feinden oder ehemaligen Gegnern – der prominenteste unter ihnen war Cicero – zuteil werden ließ. Erkennen die einen in dieser *clementia* wahren Edelsinn und Seelengröße, möchten die anderen darin nichts als Maskerade sehen, die mit zur Schau gestellter Menschlichkeit gegenüber dem Einzelnen die erbarmungslose Härte im Kampf um das Ganze, nämlich um die Alleinherrschaft im Staate, verbergen soll. Als Caesar nach dem Sieg von Pharsalos in Alexandria das abgeschlagene Haupt und der Ring des Pompeius gezeigt wurden, soll er in Tränen ausgebrochen sein. Wir brauchen hier nicht nach der Glaubwürdigkeit dieser – übrigens von Caesar selbst nicht bestätigten – Nachricht zu fragen. Es spricht für sich, daß dort, wo von anderen historischen Persönlichkeiten ähnliches erzählt wird, z. B. von Antigonos Gonatas und Octavian (vgl. Plut. *Pyrrh.* 34,8; *Anton.* 78,2) die Absicht offenbar darin besteht, die Spontaneität eines Erbarmens vor Augen zu führen, eines Mitgefühls mit dem Toten, das ungeachtet aller Gegensätzlichkeit zum Lebenden erwacht. Doch im Falle Caesars konnte die rührende Szene auch und schon bald als Hypokrisie gewertet werden: Lucan, der die Beweggründe Caesars erwägt, kommt zu dem Schluß (9,1055 f.): . . . *quisquis te flere coegit / impetus, a vera longe pietate recessit* – welche Laune auch immer dich zu weinen drängte, von einem wahren Gefühl liebevoller Verbundenheit war sie weit entfernt. Was ursprünglich als Ausdruck teilnehmender Menschlichkeit gedacht war, dient so nun gerade umgekehrt zum Beweis der Unmenschlichkeit. Daß es zu solch einer radikalen Umdeutung des Motivs gerade im Blick auf Caesar kommen konnte, ist kein Zufall. Seine Stellung in der Geschichte ist so exponiert, daß dadurch zwangsläufig extreme Entscheidungen für oder gegen ihn herausgefordert werden. Apotheose und Verdammnis gehören deshalb gleichermaßen zu seiner Erscheinung und umschließen in ihren Grenzen das Phänomen einer Größe[7], die auf diese Weise moralisch weitgehend indifferent bleibt. Damit scheint sich an Caesar Nietzsches Vorstellung vom Übermenschen, der jenseits aller sittlichen Normen steht und sich einer Bewertung nach den Kategorien von Gut und Böse entzieht, zu verwirklichen.

Vergangene Jahrhunderte versuchten, die von Größe stets ausgehende Provokation mit Hilfe des Mythos zu bewältigen. Dabei trat Caesar aus der Reihe der historischen Gestalten heraus und wurde Bestandteil der Sage – eine Entwicklung, die unter Aufnahme hellenistisch-orientalischer Divinisierungstendenzen schon von seinen unmittelbaren Nachfolgern auf dem römischen Kaiserthron eingeleitet wurde.

In der Gegenwart ist Größe in einem Maße wie nie zuvor suspekt geworden. Wo immer sie begegnet, trifft man auch auf das Bemühen, sie entweder zu ignorieren oder aber zu erklären – dann mit dem Effekt, daß aus Größe Mediokrität oder Abnormität wird. Daß eine solche Sehweise für humanes Bewußtsein einen empfindlichen Verlust bedeutet, braucht nicht erst bewiesen zu werden. Indes darf man nicht verkennen, daß damit auch ein Gewinn verbunden sein kann. Denn sobald im nachgerade familiären Umgang mit großen Persönlichkeiten die Distanz schwindet, treten an ihnen Konturen hervor, die früher hinter der Blendwirkung des von ihnen ausgehenden Glanzes verborgen bleiben mußten. Einem besseren Verständnis des Einzelnen mag das durchaus förderlich sein; für das Ganze freilich wird dadurch kaum ein höherer Grad von Wahrheit erreicht. Denn je näher man Gestalten der Vergangenheit zu sich heranholt, um so leichter projiziert man auf sie die Verhältnisse und Probleme der eigenen Gegenwart, und eine mehr oder minder starke Verzerrung ist aus solcher Perspektive die unausbleibliche Folge. Aber was von der Wissenschaft zu meiden ist, eben das kann in belletristischer Literatur zum gesuchten Effekt werden, und der Reiz, Modernes oder scheinbar Modernes im Alten sich wechselseitig verfremdend spiegeln zu lassen, hat in den letzten Jahrzehnten gerade die Person Caesars mehrfach in den Mittelpunkt aktuellen literarischen Interesses gerückt. Werke von Bertold Brecht, Walter Jens und Thorn-

---

7 Vgl. dazu die eindrucksvollen Ausführungen von O. Seel, Caesar-Studien, Stuttgart 1967 (Der Altsprachliche Unterricht, Reihe X, Beiheft 1), S. 43 ff.

ton Wilder illustrieren die Palette der Möglichkeiten zur zeitgemäßen Auseinandersetzung mit dem Römer und seiner Größe.

Mit der einschlägigen Überlieferung bestens vertraut zeigt sich der Verfasser des Romanfragments *Die Geschäfte des Herrn Julius Caesar*; aber Brecht kleidet sie in ein in dem Zusammenhang ungewohntes Ambiente. Jene fingierten Tagebuchaufzeichnungen von Caesars Sklaven und Privatsekretär Rarus, zu denen der Gerichtsvollzieher und nachmalige Bankier Mummlius Spicer zwanzig Jahre nach Caesars Tod Erläuterungen gibt, vermitteln den Eindruck einer geradezu veristischen Beschreibung Caesars, seiner Handlungen und seines Milieus. Der Leser schlüpft dabei unversehens in die Rolle des von Brecht erdachten Biographen, und beide haben die größten Schwierigkeiten, ihre alten und lieb gewordenen Vorstellungen von Caesar mit den diesbezüglichen Informationen des Rarus und Spicer in Einklang zu bringen. Die Fakten bleiben weitgehend die gleichen wie in der historischen Überlieferung, aber allein schon dadurch, daß sie nun aus einer geradezu penetranten Nähe betrachtet werden, gewinnen sie ein gänzlich neuartiges Aussehen und ungeahnte Dimensionen: Offizielles tritt hinter Privatem zurück, intime Familiarität ersetzt distanzierten Respekt, Erhabenheit weicht der Gemeinheit. Der generöse Caesar wandelt sich zum verschuldeten Bankrotteur und Grundstücksspekulanten, dessen Streben nur einem Ziel, nämlich dem Gelde, gilt. Sein soziales Engagement für den kleinen Mann auf der Straße dient lediglich der Tarnung egoistischer Gewinnsucht. Selbst Caesars Sekretär, der ihn bewundert, muß einräumen (17.12.691, sc. a.u.c.): „ein Politiker großen Formats ist Caesar nicht und wird es nie sein. Bei all seinen glänzenden Fähigkeiten! Was Rom mehr denn je braucht, der starke Mann, der unbeirrbar seinen Weg geht und der Welt seinen Willen aufzwingt, eine große Idee verwirklichend, ist er nicht. Er hat weder den Charakter dazu noch die Idee. Er macht Politik, weil ihm sonst nichts übrigbleibt. Er ist aber keine Führernatur". Diese Sätze negieren so ziemlich genau das, was Caesar sonst traditionsgemäß für sich in Anspruch nehmen darf. Brechts Tendenz ist dabei offenkundig: Am Beispiel Caesars soll die Fragwürdigkeit des Anspruchs geschichtlicher Wahrheit und Größe demonstriert werden, um hinter deren Transparenz Banalität und Gemeinheit als die eigentlichen Wahrheiten aufscheinen zu lassen. Skrupellose Geschäftsinteressen entpuppen sich so letztlich als Triebfedern des politischen Kräftespiels. Den Schlüssel zum rechten Verständnis des Werks im Sinne Brechts erhält der Leser gegen Ende des ersten Buches, wenn Spicer den Biographen über die Aufzeichnungen des Rarus ins Bild setzt: „Erwarten Sie nicht, darin Heldentaten im alten Stil zu finden, aber wenn Sie mit offenen Augen lesen, werden Sie vielleicht einige Hinweise darauf entdecken, wie Diktaturen errichtet und Imperien gegründet werden."

Brecht hat sein Romanfragment in den Jahren 1938/39, also gegen Ende seines dänischen Exils, geschrieben. Wenn darin fortgesetzt Begriffe wie City, demokratische Clubs, Kapital, Zinsen, Arbeitslosigkeit, Börse, Aktien, Baisse u. dgl. m. begegnen, so sprechen die aktuellen Anspielungen für sich. Das Ende der römischen und das Ende der Weimarer Republik werden aus den gleichen Ursachen erklärt; beide Entwicklungen beleuchten sich gegenseitig und beide dienen offensichtlich als exemplifizierende Beweise für die Richtigkeit der Marxschen Theorie vom dialektischen Materialismus.

Als Geschäftsmann begegnet Caesar auch in dem wohl jüngsten der literarischen Caesarportraits, in dem als Fernsehspiel konzipierten Drama *Die Verschwörung* von Walter Jens (Grünwald 1969). Doch in dem Stück des klassischen Philologen ist diese Vorstellung bis zu sozusagen absoluter Gültigkeit weitergeführt, indem die Gesamtheit der Menschen in Caesars Umgebung zu seiner Handelsware, zum Objekt seiner Kalkulationen degradiert wird. Jens hat eine in Suetons Caesar-Vita (86) wiedergegebene Vermutung aufgenommen und konsequent weitergedacht, so daß sich der Mord an den Iden des März 44 als Verwirklichung eines vom Diktator selbst inszenierten Plans darstellt. Damit behält Caesar nicht nur seine ihm von Zeitgenossen bescheinigte intellektuelle Überlegenheit, sie wird sogar zum vorherrschenden Merkmal seiner Persönlichkeit. Er selbst weist ausdrücklich jeden Gedanken zurück, sie etwa mit moralischer Vorbildlichkeit oder philanthropischem Sendungsbewußtsein in Verbindung zu bringen (S. 27): ,,ich bin in meinem ganzen Leben weder milde noch freundlich gewesen. Meine Nachsicht war eine Parole, ein Programm, das wirksam war und mir Erfolge verbürgte, mehr nicht." Caesar präsentiert sich so als der reine Verstandesmensch, der sein Handeln ausschließlich der Maxime eines praktischen Utilitarismus unterordnet. Seine Erfolge beruhen auf rationalem Kalkül, das sich mit menschenverachtendem Zynismus paart. Dieser Caesar steht nicht nur außerhalb einer Gemeinschaft der Guten, er steht überhaupt außerhalb der menschlichen Gemeinschaft und wird in solcher Singularität, die noch dazu seiner Eitelkeit schmeichelt, zum erschreckenden Monstrum. Sein fiktiver Gegenspieler Brutus spricht diese Empfindung aus, wobei ihm Caesars Reflexionsfähigkeit die Worte leiht (S. 43): ,, . . . du bist schlimmer als ein Tyrann: du spielst mit uns, als ob wir Ameisen wären . . .Insekten. Ich verachte dich,

Caesar, du ekelst mich an." Dieser Caesar, mehr noch als der Brechts, ein Geschöpf des 20. Jahrhunderts, ruft Vorstellungen wach, wie sie sich etwa mit dem ,,Großen Bruder" aus George Orwells Roman *Neunzehnhundertvierundachtzig* verbinden. Auch der fühllose Planer Caesar scheint aus Ängsten geboren zu sein, mit denen der Einzelne sein zunehmendes Ausgeliefertsein an eine allgegenwärtige, allwissende und allmächtige Obrigkeit wahrnimmt. Die historische Gestalt und ihr Schicksal sind damit in die Problematik von Totalitarismus und Faschismus einbezogen; Geschichte wird unter dem Aspekt einer aktuellen traumatischen Idee gesehen und gedeutet.

Anders als Brecht und Jens malt Wilder sein Bild Caesars in leuchtenden Farben, um so an ihm eine allseitige Vortrefflichkeit hervortreten zu lassen. Zugleich wird dadurch, daß sich *Die Iden des März* als eine Sammlung von Dokumenten Caesars und seiner Zeitgenossen darbieten, der Eindruck einer dem literarischen Genus sonst fremden Objektivität erweckt. Wilders Caesar zeichnet wahrhafte Größe aus, eine Größe, die auch ethischen Ansprüchen gerecht wird. Seine Freiheit sucht und findet er nicht in Willkür, sondern in verantwortlichem Handeln und freudigem Entscheiden. In solcher Freiheit der eigenen Verpflichtung gegenüber dem Staat und seinen Bürgern weiß sich Caesar allein, so daß er an Cleopatra schreiben kann (XXVII): ,,Ein Führer zu sein, steigert die grundhafte Einsamkeit des Menschseins um neue Grade von Vereinsamung." Für den Dichter Catull hegt dieser Caesar eine geradezu liebevolle Sympathie, die sich aus dem Bewußtsein einer beide verbindenden existentiellen Isolation nährt. So wenig ihn sonst Beifall oder Tadel berühren, von Catull gehaßt zu werden, schmerzt ihn, von ihm gefeiert zu werden, wäre sein höchstes Glück. In der überaus sublimen Gestaltung des Verhältnisses zwischen Herrscher und Künstler bricht etwas von der Tragik eines offenbar unausweichlichen Gegensatzes auf, der letztlich in der Polarität von bindender Macht und autonomem Geist wurzelt. Mit seiner schmerzlich erlittenen Einsamkeit und dem Bemühen, dem Dasein durch Übernahme von Verantwortung einen Sinn zu geben, kann Wilders Caesar ein Menschenbild veranschaulichen, wie es besonders die Philosophie der Gegenwart beschäftigt. In ihm scheinen sich gedankliche Fäden zu verknüpfen, die von Kierkegaard über Heidegger und Jaspers bis zu Sartre laufen. Es ist sicherlich kein Zufall, daß *Die Iden des März* nur fünf Jahre nach dem Erscheinen von Sartres *Das Sein und das Nichts* (1943) geschrieben wurden, jenes Werkes also, das dem philosophischen und literarischen Existenzialismus die entscheidenden Impulse gegeben hat.

Alle drei hier zu skizzierenden literarischen Auffassungen von Caesar haben sich damit als modern und aktuell erwiesen, aber jeweils in ganz verschiedenem Sinne. Denn während Brechts Caesar diese Attribute durch seine nur dem Materiellen verhaftete Mittelmäßigkeit rechtfertigt, treffen sie auf die Konzeption von Jens unter dem Aspekt der extremen Verwirklichung einer totalitären Herrschaftsform zu; und sie gelten schließlich für Wilders Caesar insofern, als er sich einsam fühlt und sein Menschsein mit der willig übernommenen Aufgabe legitimiert, sich und anderen die Freiheit des Geistes zu erringen. Darin, daß die drei von der zeitgenössischen Literatur entworfenen Portraits trotz ihrer gegenseitigen Unähnlichkeit, ja sogar essentiellen Unvereinbarkeit durch den Namen Caesars verbunden werden, manifestiert sich eine Fähigkeit dieser historischen Gestalt zur Subsumierung selbst des Gegensätzlichsten, wie sie wohl in kaum einem anderen Falle auch nur vorstellbar wäre. Hier aber erregt die offenbar immanente Pluralität der Auffassungsweise nicht einmal Verwunderung. Denn Caesar bietet sich uns nun einmal weniger als ein bestimmter, nach Zeit und Ort genau fixierbarer Herrscher dar, er ist mehr zum Herrscher an sich geworden. Herausgelöst aus der ihm eigentlich zugehörigen historischen Umgebung und entmaterialisiert bis zur Abstraktion steht sein Name für das Prinzip und die Idee der monarchischen Herrschaft im weitesten Sinne. Und wie es schon zu Lebzeiten Caesars möglich war, in ihm den Heilsbringer oder aber die Inkarnation des Bösen zu sehen, so kann bis heute die von ihm verkörperte umfassende Idee mit den verschiedenartigsten Inhalten gefüllt werden. Von daher ist es zu verstehen, wenn drei Autoren unserer von Rom wahrhaft nicht nur durch zwei Jahrtausende getrennten Zeit bei der Darstellung der sie bewegenden, ihrem Wesen nach divergierenden, immer aber höchst gegenwärtigen Probleme übereinstimmend auf das Modell Caesar verfallen. Es dokumentiert sich darin das Bewußtsein von einer Aktualität und Lebendigkeit dieser Gestalt, wie sie in dem Maße wohl kein zweites Mal in der Geschichte zu finden sind. Daß wir von eben diesem Caesar authentische Zeugnisse seines Wirkens besitzen, muß nach allem als Glücksfall gelten, werden wir doch so in die Lage versetzt, mit ihm auch unmittelbar Bekanntschaft zu schließen. Dabei kommt dem *Bellum Gallicum* vorrangige Bedeutung zu; denn es zeigt uns Caesar im sicherlich entscheidenden Stadium seines Lebens, als die Weichen für seine künftige Rolle in der Menschheitsgeschichte gestellt werden. In seiner Schrift besitzen wir sozusagen die Quelle, welche all die Ströme und Bäche bis hin zu den feinsten Rinnsalen seines weitverzweigten Einflusses speist. Unabhängig vom Grad ihrer geschichtlichen Wahrheit bleibt seine Darstellung unstreitig die Selbstaussage eines der bedeutendsten Menschen. Wer ihn kennenlernen will und sich nicht scheut, das eigene Menschentum an dem seinen zu messen – das sollte doch wohl der Sinn einer jeden Beschäftigung mit überragenden, uns die Möglichkeiten des Menschseins erschließenden Persönlichkeiten sein –, der kann am *Bellum Gallicum* nicht vorübergehen.

COMMENTARIORUM BELLI GALLICI

LIBER PRIMUS

1. Gallia est omnis divisa in partes tres, quarum unam incolunt Belgae, aliam Aquitani, tertiam qui ipsorum lingua Celtae, nostra Galli appellantur. hi omnes lingua, institutis, legibus inter se differunt. Gallos ab Aquitanis Garunna flumen, a Belgis Matrona et Sequana dividit. horum omnium fortissimi sunt Belgae, propterea quod a cultu atque humanitate provinciae longissime absunt minimeque ad eos mercatores saepe commeant atque ea, quae ad effeminandos animos pertinent, important proximique sunt Germanis, qui trans Rhenum incolunt, quibuscum continenter bellum gerunt. qua de causa Helvetii quoque reliquos Gallos virtute praecedunt, quod fere cotidianis proeliis cum Germanis contendunt, cum aut suis finibus eos prohibent aut ipsi in eorum finibus bellum gerunt. eorum una pars, quam Gallos obtinere dictum est, initium capit a flumine Rhodano, continetur Garunna flumine, Oceano, finibus Belgarum, attingit etiam ab Sequanis et Helvetiis flumen Rhenum, vergit ad septentriones. Belgae ab extremis Galliae finibus oriuntur, pertinent ad inferiorem partem fluminis Rheni, spectant in septentrionem et orientem solem. Aquitania a Garunna flumine ad Pyrenaeos montes et eam partem Oceani, quae est ad Hispaniam, pertinet, spectat inter occasum solis et septentriones.

2. Apud Helvetios longe nobilissimus fuit et ditissimus Orgetorix. is M. Messala [et P.] M. Pisone consulibus regni cupiditate inductus coniurationem nobilitatis fecit et civitati persuasit, ut de finibus suis cum omnibus copiis exirent: perfacile esse, cum virtute omnibus praestarent, totius Galliae imperio potiri. id hoc facilius iis persuasit, quod undique loci natura Helvetii continentur: una ex parte flumine Rheno latissimo atque altissimo, qui agrum Helvetium a Germanis dividit, altera ex parte monte Iura altissimo, qui est inter Sequanos et Helvetios, tertia lacu Lemanno et flumine Rhodano, qui provinciam

4 nostram ab Helvetiis dividit. his rebus fiebat ut et minus late vagarentur et minus facile finitimis bellum inferre possent; qua ex parte homines bellandi cupidi magno dolore adficiebantur.
5 pro multitudine autem hominum et pro gloria belli atque fortitudinis angustos se fines habere arbitrabantur, qui in longitudinem milia passuum CCXL, in latitudinem CLXXX patebant.

1 **3.** His rebus adducti et auctoritate Orgetorigis permoti constituerunt ea quae ad proficiscendum pertinerent comparare, iumentorum et carrorum quam maximum numerum coemere, sementes quam maximas facere, ut in itinere copia frumenti suppeteret, cum proximis civitatibus pacem et amicitiam
2 confirmare. ad eas res conficiendas biennium sibi satis esse duxerunt, in tertium annum profectionem lege confirmant. ad eas
3 res conficiendas Orgetorix deligitur. is sibi legationem ad
4 civitates suscepit. in eo itinere persuadet Castico Catamantaloedis filio Sequano, cuius pater regnum in Sequanis multos annos obtinuerat et ab senatu populi Romani amicus appellatus erat, ut regnum in civitate sua occuparet, quod pater ante
5 habuerat; itemque Dumnorigi Haeduo, fratri Diviciaci, qui eo tempore principatum in civitate obtinebat ac maxime plebi acceptus erat, ut idem conaretur persuadet eique filiam suam in
6 matrimonium dat. perfacile factu esse illis probat conata perficere propterea quod ipse suae civitatis imperium obtenturus es-
7 set: non esse dubium, quin totius Galliae plurimum Helvetii possent; se suis copiis suoque exercitu illis regna conciliaturum
8 confirmat. hac oratione adducti inter se fidem et ius iurandum dant et regno occupato per tres potentissimos ac firmissimos populos totius Galliae sese potiri posse sperant.

1 **4.** Ea res est Helvetiis per indicium enuntiata. moribus suis Orgetorigem ex vinculis causam dicere coegerunt; damnatum
2 poenam sequi oportebat ut igni cremaretur. die constituta causae dictionis Orgetorix ad iudicium omnem suam familiam, ad hominum milia decem, undique coegit et omnes clientes obaeratosque suos, quorum magnum numerum habebat, eo-
3 dem conduxit; per eos ne causam diceret se eripuit. cum civitas ob eam rem incitata armis ius suum exsequi conaretur multitudinemque hominum ex agris magistratus cogerent, Orgetorix
4 mortuus est; neque abest suspicio, ut Helvetii arbitrantur, quin ipse sibi mortem consciverit.

1 **5.** Post eius mortem nihilominus Helvetii id quod

constituerant facere conantur, ut e finibus suis exeant. ubi iam 2
se ad eam rem paratos esse arbitrati sunt, oppida sua omnia numero ad duodecim, vicos ad quadringentos, reliqua privata 3
aedificia incendunt, frumentum omne, praeter quod secum
portaturi erant, comburunt, ut domum reditionis spe sublata
paratiores ad omnia pericula subeunda essent; trium mensum
molita cibaria sibi quemque domo efferre iubent. persuadent 4
Rauracis et Tulingis et Latobrigis finitimis uti eodem usi
consilio oppidis suis vicisque exustis una cum iis proficiscantur,
Boiosque, qui trans Rhenum incoluerant et in agrum Noricum
transierant Noreiamque oppugnabant, receptos ad se socios
sibi adsciscunt.

6. Erant omnino itinera duo, quibus itineribus domo exire 1
possent. unum per Sequanos, angustum et difficile, inter montem Iuram et flumen Rhodanum, vix qua singuli carri ducerentur, mons autem altissimus impendebat, ut facile perpauci
prohibere possent; alterum per provinciam nostram, multo fa- 2
cilius atque expeditius, propterea quod inter fines Helvetiorum
et Allobrogum, qui nuper pacati erant, Rhodanus fluit isque
nonnullis locis vado transitur. extremum oppidum Allobro- 3
gum est proximumque Helvetiorum finibus Genava. ex eo oppido pons ad Helvetios pertinet. Allobrogibus sese vel persuasuros, quod nondum bono animo in populum Romanum viderentur, existimabant vel vi coacturos ut per suos fines eos ire paterentur. omnibus rebus ad profectionem comparatis diem di- 4
cunt qua die ad ripam Rhodani omnes conveniant. is dies erat
a. d. V. Kal. Apr. L. Pisone A. Gabinio consulibus.

7. Caesari cum id nuntiatum esset eos per provinciam no- 1
stram iter facere conari, maturat ab urbe proficisci et quam maximis potest itineribus in Galliam ulteriorem contendit et ad
Genavam pervenit. provinciae toti quam maximum potest mili- 2
tum numerum imperat – erat omnino in Gallia ulteriore legio
una –; pontem qui erat ad Genavam iubet rescindi. ubi de eius 3
adventu Helvetii certiores facti sunt, legatos ad eum mittunt
nobilissimos civitatis, cuius legationis Nammeius et Verucloetius principem locum obtinebant, qui dicerent sibi esse in
animo sine ullo maleficio iter per provinciam facere, propterea
quod aliud iter haberent nullum; rogare ut eius voluntate id sibi
facere liceat. Caesar, quod memoria tenebat L. Cassium 4
consulem occisum exercitumque eius ab Helvetiis pulsum et

₅ sub iugum missum, concedendum non putabat; neque homines inimico animo, data facultate per provinciam itineris faciendi, ₆ temperaturos ab iniuria et maleficio existimabat. tamen, ut spatium intercedere posset, dum milites quos imperaverat convenirent, legatis respondit diem se ad deliberandum sumpturum; si quid vellent, ad Id. Apr. reverterentur.

₁ **8.** Interea ea legione, quam secum habebat, militibusque, qui ex provincia convenerant, a lacu Lemanno, qui in flumen Rhodanum influit, ad montem Iuram, qui fines Sequanorum ab Helvetiis dividit, milia passuum decem novem murum in alti- ₂ tudinem pedum sedecim fossamque perducit. eo opere perfecto praesidia disponit, castella communit, quo facilius si se invito ₃ transire conarentur, prohibere possit. ubi ea dies quam constituerat cum legatis, venit et legati ad eum reverterunt, negat se more et exemplo populi Romani posse iter ulli per provinciam dare et, si vim facere conentur, prohibiturum ostendit. ₄ Helvetii ea spe deiecti navibus iunctis ratibusque compluribus factis, alii vadis Rhodani, qua minima altitudo fluminis erat, nonnumquam interdiu, saepius noctu si perrumpere possent conati, operis munitione et militum concursu et telis repulsi hoc conatu destiterunt.

₁ **9.** Relinquebatur una per Sequanos via, qua Sequanis invitis ₂ propter angustias ire non poterant. his cum sua sponte persuadere non possent, legatos ad Dumnorigem Haeduum mittunt, ₃ ut eo deprecatore a Sequanis impetrarent. Dumnorix gratia et largitione apud Sequanos plurimum poterat et Helvetiis erat amicus, quod ex ea civitate Orgetorigis filiam in matrimonium duxerat, et cupiditate regni adductus novis rebus studebat et quam plurimas civitates suo beneficio habere obstrictas vole- ₄ bat. itaque rem suscipit et a Sequanis impetrat, ut per fines suos Helvetios ire patiantur, obsidesque uti inter sese dent perficit: Sequani, ne itinere Helvetios prohibeant, Helvetii, ut sine maleficio et iniuria transeant.

₁ **10.** Caesari nuntiatur Helvetiis esse in animo per agrum Sequanorum et Haeduorum iter in Santonum fines facere, qui non longe a Tolosatium finibus absunt, quae civitas est in pro- ₂ vincia. id si fieret, intellegebat magno cum periculo provinciae futurum, ut homines bellicosos, populi Romani inimicos, locis ₃ patentibus maximeque frumentariis finitimos haberet. ob eas causas ei munitioni, quam fecerat, T. Labienum legatum praefecit; ipse in Italiam magnis itineribus contendit duasque ibi legiones conscribit et tres, quae circum Aquileiam hiemabant, ex hibernis educit et, qua proximum iter in ulteriorem Galliam per Alpes erat, cum his quinque legionibus ire contendit. ibi Ceutrones et Graioceli et Caturiges locis superioribus occupatis itinere exercitum prohibere conantur. compluribus his proeliis pulsis ab Ocelo, quod est citerioris provinciae extremum, in fines Vocontiorum ulterioris provinciae die septimo pervenit; inde in Allobrogum fines, ab Allobrogibus in Segusiavos exercitum ducit. hi sunt extra provinciam trans Rhodanum primi.

11. Helvetii iam per angustias et fines Sequanorum suas copias traduxerant et in Haeduorum fines pervenerant eorumque agros populabantur. Haedui cum se suaque ab iis defendere non possent, legatos ad Caesarem mittunt rogatum auxilium: ita se omni tempore de populo Romano meritos esse, ut paene in conspectu exercitus nostri agri vastari, liberi eorum in servitutem abduci, oppida expugnari non debuerint. eodem tempore [Haedui] Ambarri, necessarii et consanguinei Haeduorum, Caesarem certiorem faciunt sese depopulatis agris non facile ab oppidis vim hostium prohibere. item Allobroges qui trans Rhodanum vicos possessionesque habebant, fuga se ad Caesarem recipiunt et demonstrant sibi praeter agri solum nihil esse reliqui. quibus rebus adductus Caesar non exspectandum sibi statuit, dum omnibus fortunis sociorum consumptis in Santonos Helvetii pervenirent.

12. Flumen est Arar, quod per fines Haeduorum et Sequanorum in Rhodanum influit, incredibili lenitate, ita ut oculis in utram partem fluat iudicari non possit. id Helvetii ratibus ac lintribus iunctis transibant. ubi per exploratores Caesar certior factus est tres iam partes copiarum Helvetios id flumen traduxisse, quartam vero partem citra flumen Ararim reliquam esse, de tertia vigilia cum legionibus tribus e castris profectus ad eam partem pervenit quae nondum flumen transierat. eos impeditos et inopinantes adgressus magnam partem eorum concidit; reliqui sese fugae mandarunt atque in proximas silvas abdiderunt. is pagus appellabatur Tigurinus; nam omnis civitas Helvetia in quattuor partes vel pagos est divisa. hic pagus unus, cum domo exisset, patrum nostrorum memoria L. Cassium consulem interfecerat et eius exercitum sub iugum miserat. ita sive casu sive consilio deorum immortalium, quae pars civitatis Helvetiae in-

signem calamitatem populo Romano intulerat, ea princeps
7 poenas persolvit. qua in re Caesar non solum publicas, sed
etiam privatas iniurias ultus est, quod eius soceri L. Pisonis
avum, L. Pisonem legatum, Tigurini eodem proelio quo
Cassium interfecerant.

1   13. Hoc proelio facto reliquas copias Helvetiorum ut consequi posset, pontem in Arari faciendum curat atque ita exer-
2 citum traducit. Helvetii repentino eius adventu commoti, cum
id quod ipsi diebus XX aegerrime confecerant, ut flumen transirent, illum uno die fecisse intellegerent, legatos ad eum mittunt. cuius legationis Divico princeps fuit, qui bello Cassiano
3 dux Helvetiorum fuerat. is ita cum Caesare egit: si pacem populus Romanus cum Helvetiis faceret, in eam partem ituros atque
ibi futuros Helvetios ubi eos Caesar constituisset atque esse vo-
4 luisset; sin bello persequi perseveraret, reminisceretur et veteris
incommodi populi Romani et pristinae virtutis Helvetiorum.
5 quod improviso unum pagum adortus esset, cum ii qui flumen
transissent, suis auxilium ferre non possent, ne ob eam rem aut
6 suae magnopere virtuti tribueret aut ipsos despiceret. se ita a
patribus maioribusque suis didicisse, ut magis virtute quam
7 dolo contenderent aut insidiis niterentur. quare ne
committeret, ut is locus ubi constitissent ex calamitate populi
Romani et internecione exercitus nomen caperet aut memoriam
proderet.

1   14. His Caesar ita respondit: eo sibi minus dubitationis dari,
quod eas res, quas legati Helvetii commemorassent, memoria
teneret, atque eo gravius ferre, quo minus merito populi Ro-
2 mani accidissent. qui si alicuius iniuriae sibi conscius fuisset,
non fuisse difficile cavere; sed eo deceptum quod neque
commissum a se intellegeret quare timeret, neque sine causa ti-
3 mendum putaret. quod si veteris contumeliae oblivisci vellet,
num etiam recentium iniuriarum, quod eo invito iter per provinciam per vim temptassent, quod Haeduos, quod Ambarros,
4 quod Allobroges vexassent, memoriam deponere posse? quod
sua victoria tam insolenter gloriarentur quodque tam diu se
impune iniurias tulisse admirarentur, eodem pertinere.
5 consuesse enim deos immortales, quo gravius homines ex
commutatione rerum doleant, quos pro scelere eorum ulcisci
velint, his secundiores interdum res et diuturniorem impunita-
6 tem concedere. cum ea ita sint, tamen si obsides ab iis sibi den-

tur, uti ea quae polliceantur facturos intellegat, et si Haeduis de iniuriis quas ipsis sociisque eorum intulerint, item si Allobrogibus satisfaciant, sese cum iis pacem esse facturum. Divico respondit: ita Helvetios a maioribus suis institutos esse uti obsides accipere, non dare consuerint; eius rei populum Romanum esse testem. hoc responso dato discessit.

15. Postero die castra ex eo loco movent. idem facit Caesar equitatumque omnem, ad numerum quattuor milium, quem ex omni provincia et Haeduis atque eorum sociis coactum habebat, praemittit, qui videant quas in partes hostes iter faciant. qui cupidius novissimum agmen insecuti alieno loco cum equitatu Helvetiorum proelium committunt, et pauci de nostris cadunt. quo proelio sublati Helvetii, quod quingentis equitibus tantam multitudinem equitum propulerant, audacius subsistere nonnumquam et novissimo agmine proelio nostros lacessere coeperunt. Caesar suos a proelio continebat ac satis habebat in praesentia hostem rapinis pabulationibusque prohibere. ita dies circiter quindecim iter fecerunt, uti inter novissimum hostium agmen et nostrum primum non amplius quinis aut senis milibus passuum interesset.

16. Interim cotidie Caesar Haeduos frumentum, quod essent publice polliciti, flagitare. nam propter frigora – quod Gallia sub septentrionibus, ut ante dictum est, posita est – non modo frumenta in agris matura non erant, sed ne pabuli quidem satis magna copia suppetebat. eo autem frumento, quod flumine Arari navibus subvexerat, propterea minus uti poterat quod iter ab Arari Helvetii averterant, a quibus discedere nolebat. diem ex die ducere Haedui: conferri, comportari, adesse dicere. ubi se diutius duci intellexit et diem instare, quo die frumentum militibus metiri oporteret, convocatis eorum principibus, quorum magnam copiam in castris habebat, in his Diviciaco et Lisco qui summo magistratui praeerat, quem vergobretum appellant Haedui, qui creatur annuus et vitae necisque in suos habet potestatem, graviter eos accusat quod, cum neque emi neque ex agris sumi posset, tam necessario tempore, tam propinquis hostibus ab iis non sublevetur, praesertim cum magna ex parte eorum precibus adductus bellum susceperit. multo etiam gravius, quod sit destitutus, queritur.

17. Tum demum Liscus oratione Caesaris adductus, quod antea tacuerat, proponit: esse nonnullos quorum auctoritas

apud plebem plurimum valeat, qui privatim plus possint quam
2 ipsi magistratus. hos seditiosa atque improba oratione multitu-
3 dinem deterrere, ne frumentum conferant, quod debeant: praestare, si iam principatum Galliae obtinere non possent, Gallo-
4 rum quam Romanorum imperia perferre; neque dubitare debeant, quin si Helvetios superaverint, Romani una cum reliqua
Gallia Haeduis libertatem sint erepturi. ab isdem nostra
5 consilia quaeque in castris gerantur, hostibus enuntiari; hos a se
coerceri non posse. quin etiam, quod necessariam rem coactus
6 Caesari enuntiarit, intellegere sese, quanto id cum periculo fecerit, et ob eam causam quamdiu potuerit tacuisse.

1 **18.** Caesar hac oratione Lisci Dumnorigem, Diviciaci fratrem, designari sentiebat, sed quod pluribus praesentibus eas
res iactari nolebat, celeriter concilium dimittit, Liscum retinet.
2 quaerit ex solo ea quae in conventu dixerat. dicit liberius atque
3 audacius. eadem secreto ab aliis quaerit; reperit esse vera: ipsum esse Dumnorigem, summa audacia, magna apud plebem
propter liberalitatem gratia, cupidum rerum novarum.
complures annos portoria reliquaque omnia Haeduorum vectigalia parvo pretio redempta habere, propterea quod illo licente
4 contra liceri audeat nemo. his rebus et suam rem familiarem au-
5 xisse et facultates ad largiendum magnas comparasse; magnum
numerum equitatus suo sumptu semper alere et circum se habe-
6 re; neque solum domi, sed etiam apud finitimas civitates largi-
ter posse, atque huius potentiae causa matrem in Biturigibus
7 homini illic nobilissimo ac potentissimo conlocasse, ipsum ex
Helvetiis uxorem habere, sororem ex matre et propinquas suas
8 nuptum in alias civitates conlocasse. favere et cupere Helvetiis
propter eam adfinitatem, odisse etiam suo nomine Caesarem et
Romanos, quod eorum adventu potentia eius deminuta et Diviciacus frater in antiquum locum gratiae atque honoris sit resti-
9 tutus. si quid accidat Romanis, summam in spem per Helvetios
regni obtinendi venire; imperio populi Romani non modo de
10 regno, sed etiam de ea quam habeat gratia desperare. reperiebat
etiam in quaerendo Caesar, quod proelium equestre adversum
paucis ante diebus esset factum, initium eius fugae factum ab
Dumnorige atque eius equitibus – nam equitatui, quem auxilio
Caesari Haedui miserant, Dumnorix praeerat –; eorum fuga
reliquum esse equitatum perterritum.

1 **19.** Quibus rebus cognitis, cum ad has suspiciones

Keltische Silbermünze
(Originalgröße: 14 mm Durchmesser, Gewicht: 1,86 g)
Wahrscheinlich eine Abbildung des Haeduerführers Dumnorix

Rückseite: hier ist eine stehende Figur mit einem langen Schwert
an der Seite dargestellt. In der rechten Hand hält sie eine gallische
Trompete und ein Emblem mit der Abbildung eines Schweines
darauf, in der linken einen abgeschlagenen Kopf.

Prägedatum: Zeitraum zwischen 58 und 52 v. Chr.

certissimae res accederent, quod per fines Sequanorum Helvetios traduxisset, quod obsides inter eos dandos curasset, quod ea omnia non modo iniussu suo et civitatis, sed etiam inscientibus ipsis fecisset, quod a magistratu Haeduorum accusaretur, satis esse causae arbitrabatur quare in eum aut ipse 2 animadverteret aut civitatem animadvertere iuberet. his omnibus rebus unum repugnabat quod Diviciaci fratris summum in populum Romanum studium, summam in se voluntatem, egregiam fidem, iustitiam, temperantiam cognoverat; nam ne eius 3 supplicio Diviciaci animum offenderet, verebatur. itaque priusquam quicquam conaretur, Diviciacum ad se vocari iubet et cotidianis interpretibus remotis per C. Valerium Troucillum, principem Galliae provinciae, familiarem suum, cui summam omnium rerum fidem habebat, cum eo conloquitur; 4 simul commonefacit, quae ipso praesente in concilio Gallorum de Dumnorige sint dicta, et ostendit quae separatim quisque de 5 eo apud se dixerit. petit atque hortatur, ut sine eius offensione animi vel ipse de eo causa cognita statuat vel civitatem statuere iubeat.

1 **20.** Diviciacus multis cum lacrimis Caesarem complexus ob2 secrare coepit ne quid gravius in fratrem statueret: scire se illa esse vera, nec quemquam ex eo plus quam se doloris capere, propterea quod, cum ipse gratia plurimum domi atque in reliqua Gallia, ille minimum propter adulescentiam posset, per se crevisset, quibus opibus ac nervis non solum ad minuendam 3 gratiam, sed paene ad perniciem suam uteretur. sese tamen et 4 amore fraterno et existimatione vulgi commoveri. quod si quid ei a Caesare gravius accidisset, cum ipse eum locum amicitiae apud eum teneret, neminem existimaturum non sua voluntate factum. qua ex re futurum uti totius Galliae animi a se averte5 rentur. haec cum pluribus verbis flens a Caesare peteret, Caesar eius dextram prendit; consolatus rogat, finem orandi faciat; tanti eius apud se gratiam esse ostendit uti et rei publicae iniuriam et suum dolorem eius voluntati ac precibus condonet. 6 Dumnorigem ad se vocat, fratrem adhibet; quae in eo reprehendat ostendit; quae ipse intellegat, quae civitas queratur proponit; monet ut in reliquum tempus omnes suspiciones vitet; praeterita se Diviciaco fratri condonare dicit. Dumnorigi custodes ponit, ut quae agat, quibuscum loquatur, scire possit.

1 **21.** Eodem die ab exploratoribus certior factus hostes sub

monte consedisse milia passuum ab ipsius castris octo, qualis esset natura montis et qualis in circuitu ascensus qui cognoscerent misit. renuntiatum est facilem esse. de tertia vigilia T. Labienum legatum pro praetore cum duabus legionibus et iis ducibus, qui iter cognoverant, summum iugum montis ascendere iubet; quid sui consilii sit ostendit. ipse de quarta vigilia eodem itinere, quo hostes ierant, ad eos contendit equitatumque omnem ante se mittit. P. Considius, qui rei militaris peritissimus habebatur et in exercitu L. Sullae et postea in M. Crassi fuerat, cum exploratoribus praemittitur.

22. Prima luce, cum summus mons a [Lucio] Labieno teneretur, ipse ab hostium castris non longius mille et quingentis passibus abesset neque, ut postea ex captivis comperit, aut ipsius adventus aut Labieni cognitus esset, Considius equo admisso ad eum accurrit, dicit montem quem a Labieno occupari voluerit, ab hostibus teneri: id se a Gallicis armis atque insignibus cognovisse. Caesar suas copias in proximum collem subducit, aciem instruit. Labienus, ut erat ei praeceptum a Caesare, ne proelium committeret, nisi ipsius copiae prope hostium castra visae essent, ut undique uno tempore in hostes impetus fieret, monte occupato nostros exspectabat proelioque abstinebat. multo denique die per exploratores Caesar cognovit et montem ab suis teneri et Helvetios castra movisse et Considium timore perterritum, quod non vidisset, pro viso sibi renuntiavisse. eo die quo consueverat intervallo hostes sequitur et milia passuum tria ab eorum castris castra ponit.

23. Postridie eius diei, quod omnino biduum supererat, cum exercitui frumentum metiri oporteret, et quod a Bibracte, oppido Haeduorum longe maximo et copiosissimo, non amplius milibus passuum XVIII aberat, rei frumentariae prospiciendum existimans iter ab Helvetiis avertit ac Bibracte ire contendit. ea res per fugitivos L. Aemilii, decurionis equitum Gallorum, hostibus nuntiatur. Helvetii seu quod timore perterritos Romanos discedere a se existimarent, eo magis quod pridie superioribus locis occupatis proelium non commisissent, sive eo quod re frumentaria intercludi posse confiderent, commutato consilio atque itinere converso nostros a novissimo agmine insequi ac lacessere coeperunt.

24. Postquam id animadvertit, copias suas Caesar in proximum collem subducit equitatumque, qui sustineret hostium

2 impetum, misit. ipse interim in colle medio triplicem aciem in-
3 struxit legionum quattuor veteranarum; in summo iugo duas
legiones, quas in Gallia citeriore proxime conscripserat, et omnia auxilia conlocari, ita uti supra se totum montem hominibus
compleret, interea sarcinas in unum locum conferri et eum ab
4 his, qui in superiore acie constiterant, muniri iussit. Helvetii
cum omnibus suis carris secuti impedimenta in unum locum
5 contulerunt; ipsi confertissima acie reiecto nostro equitatu phalange facta sub primam nostram aciem successerunt.

1 **25.** Caesar primum suo, deinde omnium ex conspectu remotis equis, ut aequato omnium periculo spem fugae tolleret,
2 cohortatus suos proelium commisit. milites e loco superiore pilis missis facile hostium phalangem perfregerunt. ea disiecta
3 gladiis destrictis in eos impetum fecerunt. Gallis magno ad
pugnam erat impedimento, quod pluribus eorum scutis uno
ictu pilorum transfixis et conligatis, cum ferrum se inflexisset,
neque evellere neque sinistra impedita satis commode pugnare
4 poterant, multi ut diu iactato bracchio praeoptarent scuta e
5 manu emittere et nudo corpore pugnare. tandem vulneribus defessi et pedem referre et, quod mons suberat circiter mille pas-
6 suum, eo se recipere coeperunt. capto monte et succedentibus
nostris Boii et Tulingi, qui hominum milibus circiter XV agmen
hostium claudebant et novissimis praesidio erant, ex itinere
nostros ab latere aperto adgressi circumvenire et id conspicati
Helvetii, qui in montem sese receperant, rursus instare et proe-
7 lium redintegrare coeperunt. Romani conversa signa bipertito
intulerunt: prima et secunda acies, ut victis ac submotis resisteret, tertia, ut venientes sustineret.

1 **26.** Ita ancipiti proelio diu atque acriter pugnatum est. diutius cum sustinere nostrorum impetus non possent, alteri se, ut
coeperant, in montem receperunt, alteri ad impedimenta et
2 carros suos se contulerunt. nam hoc toto proelio, cum ab hora
septima ad vesperum pugnatum sit, aversum hostem videre
3 nemo potuit. ad multam noctem etiam ad impedimenta pugnatum est, propterea quod pro vallo carros obiecerant et e loco
superiore in nostros venientes tela coniciebant et nonnulli inter
carros rotasque mataras ac tragulas subiciebant nostrosque vul-
4 nerabant. diu cum esset pugnatum, impedimentis castrisque
nostri potiti sunt. ibi Orgetorigis filia atque unus e filiis captus
5 est. ex eo proelio circiter milia hominum CXXX superfuerunt ea-

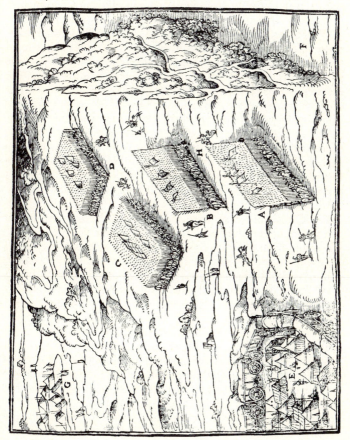

Die Darstellung der Truppenformationen entstammt einer der ältesten Caesar-Ausgaben (1575)

Originalgröße: 13 × 16 cm

que tota nocte continenter ierunt. nullam partem noctis itinere intermisso in fines Lingonum die quarto pervenerunt, cum et propter vulnera militum et propter sepulturam occisorum nos-
6 tri triduum morati eos sequi non potuissent. Caesar ad Lingones litteras nuntiosque misit, ne eos frumento neve alia re iuvarent: qui si iuvissent, se eodem loco quo Helvetios habiturum. ipse triduo intermisso cum omnibus copiis eos sequi coepit.

1   27. Helvetii omnium rerum inopia adducti legatos de dedi-
2 tione ad eum miserunt. qui cum eum in itinere convenissent seque ad pedes proiecissent suppliciterque locuti flentes pacem petissent atque eos in eo loco, quo tum essent, suum adventum
3 exspectare iussisset, paruerunt. eo postquam Caesar pervenit,
4 obsides, arma, servos, qui ad eos perfugissent, poposcit. dum ea conquiruntur et conferuntur nocte intermissa, circiter hominum milia sex eius pagi qui Verbigenus appellatur, sive timore perterriti, ne armis traditis supplicio adficerentur, sive spe salutis inducti quod in tanta multitudine dediticiorum suam fugam aut occultari aut omnino ignorari posse existimarent, prima nocte e castris Helvetiorum egressi ad Rhenum finesque Germanorum contenderunt.

1   28. Quod ubi Caesar resciit, quorum per fines ierant, his uti conquirerent et reducerent, si sibi purgati esse vellent, impera-
2 vit; reductos in hostium numero habuit; reliquos omnes obsi-
3 dibus, armis, perfugis traditis in deditionem accepit. Helvetios, Tulingos, Latobrigos in fines suos unde erant profecti reverti iussit et quod omnibus frugibus amissis domi nihil erat quo famem tolerarent, Allobrogibus imperavit ut iis frumenti copiam facerent; ipsos oppida vicosque quos incenderant restituere ius-
4 sit. id ea maxime ratione fecit, quod noluit eum locum unde Helvetii discesserant vacare, ne propter bonitatem agrorum Germani qui trans Rhenum incolunt e suis finibus in Helvetiorum fines transirent et finitimi Galliae provinciae Allobrogi-
5 busque essent. Boios petentibus Haeduis, quod egregia virtute erant cogniti, ut in finibus suis conlocarent, concessit; quibus illi agros dederunt quosque postea in parem iuris libertatisque condicionem atque ipsi erant receperunt.

1   29. In castris Helvetiorum tabulae repertae sunt litteris Graecis confectae et ad Caesarem relatae, quibus in tabulis nominatim ratio confecta erat, qui numerus domo exisset eorum qui arma ferre possent, et item separatim pueri, senes mulieres-

que. quarum omnium rerum summa erat capitum Helvetiorum 2
milia ducenta sexaginta tria, Tulingorum milia XXXVI, Latobrigorum XIV, Rauracorum XXIII, Boiorum XXXII; ex his qui arma
ferre possent ad milia nonaginta duo. summa omnium fuerunt 3
ad milia trecenta sexaginta octo. eorum qui domum redierunt,
censu habito ut Caesar imperaverat, repertus est numerus milium centum et decem.

30. Bello Helvetiorum confecto totius fere Galliae legati 1
principes civitatum ad Caesarem gratulatum convenerunt: in- 2
tellegere sese, tametsi pro veteribus Helvetiorum iniuriis populi Romani ab his poenas bello repetisset, tamen eam rem non
minus ex usu terrae Galliae quam populi Romani accidisse,
propterea quod eo consilio florentissimis rebus domos suas 3
Helvetii reliquissent, uti toti Galliae bellum inferrent imperioque potirentur locumque domicilio ex magna copia deligerent
quem ex omni Gallia opportunissimum ac fructuosissimum iudicassent reliquasque civitates stipendiarias haberent. petive- 4
runt uti sibi concilium totius Galliae in diem certam indicere
idque Caesaris voluntate facere liceret; sese habere quasdam res
quas ex communi consensu ab eo petere vellent. ea re permissa 5
diem concilio constituerunt et iure iurando, ne quis enuntiaret,
nisi quibus communi consilio mandatum esset, inter se sanxerunt.

31. Eo concilio dimisso idem principes civitatum, qui ante 1
fuerant, ad Caesarem reverterunt petieruntque, uti sibi secreto
in occulto de sua omniumque salute cum eo agere liceret. ea re 2
impetrata sese omnes flentes Caesari ad pedes proiecerunt: non
minus se id contendere et laborare, ne ea quae dixissent enuntiarentur, quam uti ea quae vellent impetrarent, propterea
quod, si enuntiatum esset, summum in cruciatum se venturos
viderent. locutus est pro his Diviciacus Haeduus: Galliae totius 3
factiones esse duas: harum alterius principatum tenere Haeduos, alterius Arvernos. hi cum tantopere de potentatu inter se 4
multos annos contenderent, factum esse uti ab Arvernis Sequanisque Germani mercede arcesserentur. horum primo circiter
milia XV Rhenum transisse; posteaquam agros et cultum et 5
copias Gallorum homines feri ac barbari adamassent, traductos
plures; nunc esse in Gallia ad centum et viginti milium numerum. cum his Haeduos eorumque clientes semel atque iterum 6
armis contendisse; magnam calamitatem pulsos accepisse, om-

[I 29-31] 45

nem nobilitatem, omnem senatum, omnem equitatum amisisse. quibus proeliis calamitatibusque fractos, qui et sua virtute et populi Romani hospitio atque amicitia plurimum ante in Gallia potuissent, coactos esse Sequanis obsides dare nobilissimos civitatis et iure iurando civitatem obstringere, sese neque obsides repetituros neque auxilium a populo Romano imploraturos neque recusaturos, quominus perpetuo sub illorum dicione atque imperio essent. unum se esse ex omni civitate Haeduorum, qui adduci non potuerit, ut iuraret aut liberos suos obsides daret. ob eam rem se ex civitate profugisse et Romam ad senatum venisse auxilium postulatum, quod solus neque iure iurando neque obsidibus teneretur. sed peius victoribus Sequanis quam Haeduis victis accidisse, propterea quod Ariovistus rex Germanorum in eorum finibus consedisset tertiamque partem agri Sequani, qui esset optimus totius Galliae, occupavisset, et nunc de altera parte tertia Sequanos decedere iuberet, propterea quod paucis mensibus ante Harudum milia hominum XXIV ad eum venissent, quibus locus ac sedes pararentur. futurum esse paucis annis, uti omnes ex Galliae finibus pellerentur atque omnes Germani Rhenum transirent; neque enim conferendum esse Gallicum cum Germanorum agro, neque hanc consuetudinem victus cum illa comparandam. Ariovistum autem ut semel Gallorum copias proelio vicerit, quod proelium factum sit ad Magetobrigam, superbe et crudeliter imperare, obsides nobilissimi cuiusque liberos poscere et in eos omnia exempla cruciatusque edere, si qua res non ad nutum aut ad voluntatem eius facta sit. hominem esse barbarum, iracundum, temerarium; non posse eius imperia diutius sustineri. nisi quid in Caesare populoque Romano sit auxilii, omnibus Gallis idem esse faciendum, quod Helvetii fecerint, ut domo emigrent, aliud domicilium, alias sedes, remotas a Germanis, petant fortunamque, quaecumque accidat, experiantur. haec si enuntiata Ariovisto sint, non dubitare quin de omnibus obsidibus, qui apud eum sint, gravissimum supplicium sumat. Caesarem vel auctoritate sua atque exercitus vel recenti victoria vel nomine populi Romani deterrere posse, ne maior multitudo Germanorum Rhenum traducatur, Galliamque omnem ab Ariovisti iniuria posse defendere.

32. Hac oratione ab Diviciaco habita omnes qui aderant magno fletu auxilium a Caesare petere coeperunt. animadvertit

Caesar unos ex omnibus Sequanos nihil earum rerum facere quas ceteri facerent, sed tristes capite demisso terram intueri. eius rei quae causa esset miratus ex ipsis quaesiit. nihil Sequani 3 respondere, sed in eadem tristitia taciti permanere. cum ab his saepius quaereret neque ullam omnino vocem exprimere posset, idem Diviciacus Haeduus respondit: hoc esse miseriorem 4 et graviorem fortunam Sequanorum quam reliquorum, quod soli ne in occulto quidem queri neque auxilium implorare auderent absentisque Ariovisti crudelitatem velut si coram adesset horrerent, propterea quod reliquis tamen fugae facultas da- 5 retur, Sequanis vero, qui intra fines suos Ariovistum recepissent, quorum oppida omnia in potestate eius essent, omnes cruciatus essent perferendi.

33. His rebus cognitis Caesar Gallorum animos verbis con- 1 firmavit pollicitusque est sibi eam rem curae futuram; magnam se habere spem et beneficio suo et auctoritate adductum Ariovistum finem iniuriis facturum. hac oratione habita concilium dimisit. et secundum ea multae res eum hortabantur, quare sibi 2 eam rem cogitandam et suscipiendam putaret, inprimis, quod Haeduos fratres consanguineosque saepenumero a senatu appellatos in servitute atque in dicione videbat Germanorum teneri eorumque obsides esse apud Ariovistum ac Sequanos intellegebat; quod in tanto imperio populi Romani turpissimum sibi et rei publicae esse arbitrabatur. paulatim autem Germanos 3 consuescere Rhenum transire et in Galliam magnam eorum multitudinem venire populo Romano periculosum videbat, neque sibi homines feros ac barbaros temperaturos existimabat, 4 quin cum omnem Galliam occupavissent, ut ante Cimbri Teutonique fecissent, in provinciam exirent atque inde in Italiam contenderent, praesertim cum Sequanos a provincia nostra Rhodanus divideret; quibus rebus quam maturrime occurrendum putabat. ipse autem Ariovistus tantos sibi spiritus, 5 tantam arrogantiam sumpserat, ut ferendus non videretur.

34. Quamobrem placuit ei ut ad Ariovistum legatos mitte- 1 ret, qui ab eo postularent, uti aliquem locum medium utriusque conloquio deligeret: velle sese de re publica et summis utriusque rebus cum eo agere. ei legationi Ariovistus respondit: si 2 quid ipsi a Caesare opus esset, sese ad eum venturum fuisse; si quid ille se velit, illum ad se venire oportere. praeterea se neque 3 sine exercitu in eas partes Galliae venire audere quas Caesar

possideret, neque exercitum sine magno commeatu atque mo-
limento in unum locum contrahere posse. sibi autem mirum videri, quid in sua Gallia, quam bello vicisset, aut Caesari aut
omnino populo Romano negotii esset.

35. His responsis ad Caesarem relatis iterum ad eum Caesar
legatos cum his mandatis mittit: quoniam tanto suo populique
Romani beneficio adfectus, cum in consulatu suo rex atque
amicus ab senatu appellatus esset, hanc sibi populoque Romano
gratiam referret, ut in conloquium venire invitatus gravaretur
neque de communi re dicendum sibi et cognoscendum putaret,
haec esse, quae ab eo postularet: primum, ne quam multitudinem hominum amplius trans Rhenum in Galliam traduceret;
deinde obsides, quos haberet ab Haeduis, redderet Sequanisque permitteret, ut quos illi haberent, voluntate eius reddere illis liceret; neve Haeduos iniuria lacesseret neve his sociisque eorum bellum inferret. si id ita fecisset, sibi populoque Romano
perpetuam gratiam atque amicitiam cum eo futuram; si non im-
petraret, sese, quoniam M. Messala M. Pisone consulibus senatus censuisset, uti, quicumque Galliam provinciam obtine-
ret, quod commodo rei publicae facere posset, Haeduos
ceterosque amicos populi Romani defenderet, se Haeduorum
iniurias non neglecturum.

36. Ad haec Ariovistus respondit: ius esse belli, ut qui vicissent, iis quos vicissent, quemadmodum vellent, imperarent;
item populum Romanum victis non ad alterius praescriptum,
sed ad suum arbitrium imperare consuesse. si ipse populo Romano non praescriberet quemadmodum suo iure uteretur, non
oportere se a populo Romano in suo iure impediri. Haeduos
sibi, quoniam belli fortunam temptassent et armis congressi ac
superati essent, stipendiarios esse factos. magnam Caesarem
iniuriam facere, qui suo adventu vectigalia sibi deteriora faceret. Haeduis se obsides redditurum non esse neque his neque
eorum sociis iniuria bellum inlaturum, si in eo manerent quod
convenisset, stipendiumque quotannis penderent. si id non fecissent, longe his fraternum nomen populi Romani afuturum.
quod sibi Caesar denuntiaret se Haeduorum iniurias non neglecturum, neminem secum sine sua pernicie contendisse. cum
vellet, congrederetur: intellecturum quid invicti Germani,
exercitatissimi in armis, qui inter annos XIV tectum non subis-
sent, virtute possent.

37. Haec eodem tempore Caesari mandata referebantur et
legati ab Haeduis et a Treveris veniebant: Haedui questum,
quod Harudes qui nuper in Galliam transportati essent, fines
eorum popularentur; sese ne obsidibus quidem datis pacem
Ariovisti redimere potuisse; Treveri autem, pagos centum Sueborum ad ripas Rheni consedisse qui Rhenum transire
conarentur; his praeesse Nasuam et Cimberium fratres. quibus
rebus Caesar vehementer commotus maturandum sibi existimavit, ne si nova manus Sueborum cum veteribus copiis Ariovisti sese coniunxisset, minus facile resisti posset. itaque re
frumentaria, quam celerrime potuit, comparata magnis itineribus ad Ariovistum contendit.

38. Cum tridui viam processisset, nuntiatum est ei Ariovistum cum suis omnibus copiis ad occupandum Vesontionem,
quod est oppidum maximum Sequanorum, contendere tridui-
que viam a suis finibus processisse. id ne accideret, magnopere
sibi praecavendum Caesar existimabat. namque omnium rerum, quae ad bellum usui erant, summa erat in eo oppido facultas, idque natura loci sic muniebatur, ut magnam ad ducendum bellum daret facultatem, propterea quod flumen Dubis
ut circino circumductum paene totum oppidum cingit; reliquum spatium, quod est non amplius pedum ⟨mille⟩ ses-
centorum, qua flumen intermittit, mons continet magna altitudine, ita ut radices eius montis ex utraque parte ripae fluminis
contingant. hunc murus circumdatus arcem efficit et cum oppido coniungit. huc Caesar magnis nocturnis diurnisque itineribus contendit occupatoque oppido ibi praesidium conlocat.

39. Dum paucos dies ad Vesontionem ˙rei frumentariae
commeatusque causa moratur, ex percontatione nostrorum vocibusque Gallorum ac mercatorum, qui ingenti magnitudine
corporum Germanos, incredibili virtute atque exercitatione in
armis esse praedicabant – saepenumero sese cum his congressos
ne vultum quidem atque aciem oculorum dicebant ferre potuisse –, tantus subito timor omnem exercitum occupavit, ut non
mediocriter omnium mentes animosque perturbaret. hic primum ortus est a tribunis militum, praefectis reliquisque, qui ex
urbe amicitiae causa Caesarem secuti non magnum in re militari
usum habebant. quorum alius alia causa inlata, quam sibi ad
proficiscendum necessariam esse diceret, petebat ut eius voluntate discedere liceret; nonnulli pudore adducti, ut timoris

4 suspicionem vitarent, remanebant. hi neque vultum fingere neque interdum lacrimas tenere poterant; abditi in tabernaculis aut suum fatum querebantur aut cum familiaribus suis commune periculum miserabantur. vulgo totis castris testa-
5 menta obsignabantur. horum vocibus ac timore paulatim etiam ii qui magnum in castris usum habebant, milites centurionesque
6 quique equitatui praeerant, perturbabantur. qui se ex his minus timidos existimari volebant, non se hostem vereri, sed angustias itineris et magnitudinem silvarum, quae inter eos atque Ariovistum intercederent, aut rem frumentariam, ut satis commode
7 supportari posset, timere dicebant. nonnulli etiam Caesari nuntiabant, cum castra moveri ac signa ferri iussisset, non fore dicto audientes milites neque propter timorem signa laturos.

1 **40.** Haec cum animadvertisset, convocato consilio omniumque ordinum ad id consilium adhibitis centurionibus vehementer eos incusavit: primum quod aut quam in partem aut quo consilio ducerentur, sibi quaerendum aut cogitandum pu-
2 tarent. Ariovistum se consule cupidissime populi Romani amicitiam adpetisse; cur hunc tam temere quisquam ab officio dis-
3 cessurum iudicaret? sibi quidem persuaderi cognitis suis postulatis atque aequitate condicionum perspecta eum neque suam
4 neque populi Romani gratiam repudiaturum. quodsi furore atque amentia impulsus bellum intulisset, quid tandem vererentur? aut cur de sua virtute aut de ipsius diligentia desperarent?
5 factum eius hostis periculum patrum nostrorum memoria, cum Cimbris et Teutonis a C. Mario pulsis non minorem laudem exercitus quam ipse imperator meritus videretur; factum etiam nuper in Italia servili tumultu, quos tamen aliquid usus ac dis-
6 ciplina, quam a nobis accepissent, sublevarent, ex quo iudicari posset, quantum haberet in se boni constantia, propterea quod, quos aliquamdiu inermes sine causa timuissent, hos postea armatos ac victores superassent. denique hos esse eosdem Ger-
7 manos, quibuscum saepenumero Helvetii congressi non solum in suis, sed etiam in illorum finibus plerumque superassent, qui
8 tamen pares esse nostro exercitui non potuerint. si quos adversum proelium et fuga Gallorum commoveret, hos, si quaererent, reperire posse diuturnitate belli defatigatis Gallis Ariovistum, cum multos menses castris se ac paludibus tenuisset neque sui potestatem fecisset, desperantes iam de pugna et dispersos subito adortum magis ratione et consilio quam virtute vicisse.

cui rationi contra homines barbaros atque imperitos locus fuis- 9
set, hac ne ipsum quidem sperare nostros exercitus capi posse.
qui suum timorem in rei frumentariae simulationem angustias- 10
que itineris conferrent, facere arroganter, cum aut de officio
imperatoris desperarent aut praescribere auderent. haec sibi 11
esse curae; frumentum Sequanos, Leucos, Lingones submini-
strare iamque esse in agris frumenta matura; de itinere ipsos
brevi tempore iudicaturos. quod non fore dicto audientes ne- 12
que signa laturi dicantur, nihil se ea re commoveri; scire enim
quibuscumque exercitus dicto audiens non fuerit, aut male re
gesta fortunam defuisse aut aliquo facinore comperto avaritiam
esse convictam. suam innocentiam perpetua vita, felicitatem 13
Helvetiorum bello esse perspectam. itaque se, quod in longio- 14
rem diem conlaturus fuisset, repraesentaturum et proxima
nocte de quarta vigilia castra moturum, ut quam primum intellegere posset, utrum apud eos pudor atque officium an timor
plus valeret. quodsi praeterea nemo sequatur, tamen se cum 15
sola decima legione iturum, de qua non dubitaret, sibique eam
praetoriam cohortem futuram. huic Caesar legioni indulserat
praecipue et propter virtutem confidebat maxime.

41. Hac oratione habita mirum in modum conversae sunt 1
omnium mentes summaque alacritas et cupiditas belli gerendi
iniecta est, princepsque decima legio per tribunos militum ei 2
gratias egit, quod de se optimum iudicium fecisset, seque esse
ad bellum gerendum paratissimam confirmavit. deinde reliquae 3
legiones cum tribunis militum et primorum ordinum
centurionibus egerunt, uti per eos Caesari satisfacerent; se neque umquam dubitasse neque timuisse neque· de summa belli
suum iudicium, sed imperatoris esse existimavisse. eorum satis- 4
factione accepta et itinere exquisito per Diviciacum, quod e
Gallis ei maximam fidem habebat, ut milium amplius quinquaginta circuitu locis apertis exercitum duceret, de quarta vigilia,
ut dixerat, profectus est. septimo die, cum iter non intermitte- 5
ret, ab exploratoribus certior factus est Ariovisti copias a nostris milia passuum quattuor et viginti abesse.

42. Cognito Caesaris adventu Ariovistus legatos ad eum 1
mittit: quod antea de conloquio postulasset, id per se fieri licere, quoniam propius accessisset seque id sine periculo facere
posse existimaret. non respuit condicionem Caesar, iamque 2
eum ad sanitatem reverti arbitrabatur, cum id quod antea pe-

[I 40–42] 51

3 tenti denegasset, ultro polliceretur, magnamque in spem veniebat pro suis tantis populique Romani in eum beneficiis cognitis suis postulatis fore, uti pertinacia desisteret. dies conloquio 4 dictus est ex eo die quintus. interim cum legati saepe ultro citroque inter eos mitterentur, Ariovistus postulavit ne quem peditem ad conloquium Caesar adduceret: vereri se ne per insidias ab eo circumveniretur; uterque cum equitatu veniret; alia 5 ratione sese non esse venturum. Caesar, quod neque conloquium interposita causa tolli volebat neque salutem suam Gallorum equitatui committere audebat, commodissimum esse statuit omnibus equis Gallis equitibus detractis eo legionarios milites legionis decimae, cui quam maxime confidebat, imponere, ut praesidium quam amicissimum, siquid opus facto es- 6 set, haberet. quod cum fieret, non inridicule quidam ex militibus decimae legionis dixit plus quam pollicitus esset Caesarem ei facere: pollicitum se in cohortis praetoriae loco decimam legionem habiturum ad equum rescribere.

1 **43.** Planities erat magna et in ea tumulus terrenus satis grandis. hic locus aequum fere spatium a castris utriusque, Ariovisti 2 et Caesaris, aberat. eo, ut erat dictum, ad conloquium venerunt. legionem Caesar, quam equis devexerat, passibus ducentis ab eo tumulo constituit; item equites Ariovisti pari intervallo 3 constiterunt. Ariovistus, ex equis ut conloquerentur et praeter 4 se denos ad conloquium adducerent, postulavit. ubi eo ventum est, Caesar initio orationis sua senatusque in eum beneficia commemoravit, quod rex appellatus esset a senatu, quod amicus, quod munera amplissime missa; quam rem et paucis contigisse et pro magnis hominum officiis consuesse tribui do- 5 cebat; illum, cum neque aditum neque causam postulandi iustam haberet, beneficio ac liberalitate sua ac senatus ea praemia 6 consecutum. docebat etiam quam veteres quamque iustae 7 causae necessitudinis ipsis cum Haeduis intercederent, quae senatus consulta quotiens quamque honorifica in eos facta essent, ut omni tempore totius Galliae principatum Haedui tenuissent, 8 prius etiam quam nostram amicitiam adpetissent. populi Romani hanc esse consuetudinem, ut socios atque amicos non modo sui nihil deperdere, sed gratia, dignitate, honore auctiores velit esse; quod vero ad amicitiam populi Romani attulis- 9 sent, id iis eripi quis pati posset? postulavit deinde eadem, quae legatis in mandatis dederat: ne aut Haeduis aut eorum sociis

bellum inferret, obsides redderet, si nullam partem Germanorum domum remittere posset, at ne quos amplius Rhenum transire pateretur.

44. Ariovistus ad postulata Caesaris pauca respondit, de suis virtutibus multa praedicavit: transisse Rhenum sese non sua sponte, sed rogatum et accersitum a Gallis; non sine magna spe magnisque praemiis domum propinquosque reliquisse; sedes habere in Gallia ab ipsis concessas, obsides ipsorum voluntate datos; stipendium capere iure belli, quod victores victis imponere consuerint. non sese Gallis, sed Gallos sibi bellum intulisse; omnes Galliae civitates ad se oppugnandum venisse ac contra se castra habuisse; eas omnes copias uno a se proelio pulsas ac superatas esse. si iterum experiri velint, se iterum paratum esse decertare; si pace uti velint, iniquum esse de stipendio recusare, quod sua voluntate ad id tempus pependerint. amicitiam populi Romani sibi ornamento et praesidio, non detrimento esse oportere, idque se hac spe petisse. si per populum Romanum stipendium remittatur et dediticii subtrahantur, non minus se libenter recusaturum populi Romani amicitiam quam adpetierit. quod multitudinem Germanorum in Galliam traducat, id se sui muniendi, non Galliae inpugnandae causa facere. eius rei testimonium esse quod nisi rogatus non venerit et quod bellum non intulerit, sed defenderit. se prius in Galliam venisse quam populum Romanum; numquam ante hoc tempus exercitum populi Romani Galliae provinciae e finibus egressum. quid sibi vellet? cur in suas possessiones veniret? provinciam suam hanc esse Galliam, sicut illam nostram. ut ipsi concedi non oporteret, si in nostros fines impetum faceret, sic item nos esse iniquos, quod in suo iure se interpellaremus. quod a se Haeduos amicos appellatos diceret, non se tam barbarum neque tam imperitum esse rerum ut non sciret neque bello Allobrogum proximo Haeduos Romanis auxilium tulisse, neque ipsos in his contentionibus, quas Haedui secum et cum Sequanis habuissent, auxilio populi Romani usos esse. debere se suspicari simulata Caesarem amicitia, quod exercitum in Gallia habeat, sui opprimendi causa habere. qui nisi decedat atque exercitum deducat ex his regionibus, sese illum non pro amico, sed pro hoste habiturum. quodsi eum interfecerit, multis se nobilibus principibusque populi Romani gratum esse facturum – id se ab ipsis per eorum nuntios compertum habere –, quorum om-

nium gratiam atque amicitiam eius morte redimere posset.
13 quodsi decessisset et liberam possessionem Galliae sibi tradidisset, magno se illum praemio remuneraturum et quaecumque bella geri vellet sine ullo eius labore et periculo confecturum.

1 **45.** Multa a Caesare in eam sententiam dicta sunt quare negotio desistere non posset; neque suam neque populi Romani consuetudinem pati uti optime meritos socios desereret, neque se iudicare Galliam potius esse Ariovisti quam populi Romani.
2 bello superatos esse Arvernos et Rutenos a Q. Fabio Maximo, quibus populus Romanus ignovisset neque in provinciam rede-
3 gisset neque stipendium imposuisset. quodsi antiquissimum quodque tempus spectari oporteret, populi Romani iustissimum esse in Gallia imperium; si iudicium senatus observari oporteret, liberam debere esse Galliam, quam bello victam suis legibus uti voluisset.

1 **46.** Dum haec in conloquio geruntur, Caesari nuntiatum est equites Ariovisti propius tumulum accedere et ad nostros ad-
2 equitare, lapides telaque in nostros conicere. Caesar loquendi finem fecit seque ad suos recepit suisque imperavit ne quod
3 omnino telum in hostes reicerent. nam etsi sine ullo periculo legionis delectae cum equitatu proelium fore videbat, tamen committendum non putabat, ut pulsis hostibus dici posset eos
4 ab se per fidem in conloquio circumventos. posteaquam in vulgus militum elatum est, qua arrogantia in conloquio Ariovistus usus omni Gallia Romanis interdixisset impetumque in nostros eius equites fecissent eaque res conloquium diremisset, multo maior alacritas studiumque pugnandi maius exercitui iniectum est.

1 **47.** Biduo post Ariovistus ad Caesarem legatos mittit: velle se de iis rebus, quae inter eos agi coeptae neque perfectae essent, agere cum eo; uti aut iterum conloquio diem constitueret aut, si id minus vellet, ex suis legatis aliquem ad se mitteret.
2 conloquendi Caesari causa visa non est, et eo magis, quod pridie eius diei Germani retineri non potuerant quin in nostros tela
3 conicerent. legatum ex suis sese magno cum periculo ad eum missurum et hominibus feris obiecturum existimabat.
4 commodissimum visum est C. Valerium Procillum, C. Valeri Caburi filium, summa virtute et humanitate adulescentem, cuius pater a C. Valerio Flacco civitate donatus erat, et propter fidem et propter linguae Gallicae scientiam, qua multa iam

Ariovistus longinqua consuetudine utebatur, et quod in eo peccandi Germanis causa non esset, ad eum mittere et una M. Metium, qui hospitio Ariovisti utebatur. his mandavit ut quae diceret Ariovistus cognoscerent et ad se referrent. quos cum apud se in castris Ariovistus conspexisset, exercitu suo praesente conclamavit: quid ad se venirent? an speculandi causa? conantes dicere prohibuit et in catenas coniecit.

48. Eodem die castra promovit et milibus passuum sex a Caesaris castris sub monte consedit. postridie eius diei praeter castra Caesaris suas copias traduxit et milibus passuum duobus ultra eum castra fecit eo consilio uti frumento commeatuque, qui ex Sequanis et Haeduis supportaretur, Caesarem intercluderet. ex eo die dies continuos quinque Caesar pro castris suas copias produxit et aciem instructam habuit, ut, si vellet Ariovistus proelio contendere, ei potestas non deesset. Ariovistus his omnibus diebus exercitum castris continuit, equestri proelio cotidie contendit. genus hoc erat pugnae quo se Germani exercuerant: equitum milia erant sex, totidem numero pedites velocissimi ac fortissimi, quos ex omni copia singuli singulos suae salutis causa delegerant; cum his in proeliis versabantur, ad hos se equites recipiebant; hi, si quid erat durius, concurrebant; si qui graviore vulnere accepto equo deciderat, circumsistebant; si quo erat longius prodeundum aut celerius recipiendum, tanta erat horum exercitatione celeritas, ut iubis equorum sublevati cursum adaequarent.

49. Ubi eum castris se tenere Caesar intellexit, ne diutius commeatu prohiberetur, ultra eum locum quo in loco Germani consederant, circiter passus sescentos ab his, castris idoneum locum delegit acieque triplici instructa ad eum locum venit. primam et secundam aciem in armis esse, tertiam castra munire iussit. hic locus ab hoste circiter passus sescentos, uti dictum est, aberat. eo circiter hominum numero sedecim milia expedita cum omni equitatu Ariovistus misit, quae copiae nostros terrerent et munitione prohiberent. nihilo setius Caesar, ut ante constituerat, duas acies hostem propulsare, tertiam opus perficere iussit. munitis castris duas ibi legiones reliquit et partem auxiliorum, quattuor reliquas legiones in castra maiora reduxit.

50. Proximo die instituto suo Caesar ex castris utrisque copias suas eduxit paulumque a maioribus castris progressus aciem instruxit hostibusque pugnandi potestatem fecit. ubi ne

Acies und castra
Aus einer Friedrich Wilhelm von Brandenburg (einem Sohn des Großen Kurfürsten) gewidmeten Ausgabe von 1713

Originalgröße: 16 × 20 cm

tum quidem eos prodire intellexit, circiter meridiem exercitum in castra reduxit. tum demum Ariovistus partem suarum copiarum, quae castra minora oppugnaret, misit. acriter utrim- 3 que usque ad vesperum pugnatum est. solis occasu suas copias Ariovistus multis et inlatis et acceptis vulneribus in castra reduxit. cum ex captivis quaereret Caesar, quamobrem Ariovistus 4 proelio non decertaret, hanc reperiebat causam, quod apud Germanos ea consuetudo esset, ut matres familiae eorum sortibus vaticinationibusque declararent, utrum proelium committi ex usu esset necne; eas ita dicere: non esse fas Germanos supera- 5 re, si ante novam lunam proelio contendissent.

51. Postridie eius diei Caesar praesidio utrisque castris, 1 quod satis esse visum est, reliquit, alarios omnes in conspectu hostium pro castris minoribus constituit, quod minus multitudine militum legionariorum pro hostium numero valebat, ut ad speciem alariis uteretur; ipse triplici instructa acie usque ad castra hostium accessit. tum demum necessario Germani suas 2 copias castris eduxerunt generatimque constituerunt paribus intervallis – Harudes, Marcomanos, Tribocos, Vangiones, Nemetes, Sedusios, Suebos –, omnemque aciem suam raedis et carris circumdederunt, ne qua spes in fuga relinqueretur. eo mulieres imposuerunt, quae ad proelium proficiscentes passis 3 manibus flentes implorabant, ne se in servitutem Romanis traderent.

52. Caesar singulis legionibus singulos legatos et quaesto- 1 rem praefecit, uti eos testes suae quisque virtutis haberet; ipse a 2 dextro cornu, quod eam partem minime firmam hostium esse animadverterat, proelium commisit. ita nostri acriter in hostes 3 signo dato impetum fecerunt, itaque hostes repente celeriterque procurrerunt, ut spatium pila in hostes coniciendi non daretur. relictis pilis comminus gladiis pugnatum est. at Ger- 4 mani celeriter ex consuetudine sua phalange facta impetus gladiorum exceperunt. reperti sunt complures nostri, qui in pha- 5 langem insilirent et scuta manibus revellerent et desuper vulnerarent. cum hostium acies a sinistro cornu pulsa atque in fugam 6 coniecta esset, a dextro cornu vehementer multitudine suorum nostram aciem premebant. id cum animadvertisset P. Crassus 7 adulescens qui equitatui praeerat, quod expeditior erat quam ii, qui inter aciem versabantur, tertiam aciem laborantibus nostris subsidio misit.

1   53. Ita proelium restitutum est, atque omnes hostes terga
verterunt neque prius fugere destiterunt, quam ad flumen Rhe-
2 num milia passuum ex eo loco circiter quinque pervenerunt. ibi
perpauci aut viribus confisi tranare contenderunt aut lintribus
3 inventis sibi salutem reppererunt. in his fuit Ariovistus qui na-
viculam deligatam ad ripam nactus ea profugit; reliquos omnes
4 equitatu consecuti nostri interfecerunt. duae fuerunt Ariovisti
uxores, una Sueba natione, quam domo secum duxerat, altera
Norica regis Voccionis soror, quam in Gallia duxerat a fratre
missam: utraque in ea fuga periit; duae filiae: harum altera oc-
5 cisa, altera capta est. C. Valerius Procillus, cum a custodibus in
fuga trinis catenis vinctus traheretur, in ipsum Caesarem hostes
6 equitatu persequentem incidit. quae quidem res Caesari non
minorem quam ipsa victoria voluptatem attulit, quod hominem
honestissimum provinciae Galliae, suum familiarem et hospitem, ereptum ex manibus hostium sibi restitutum videbat neque eius calamitate de tanta voluptate et gratulatione quicquam
7 fortuna deminuerat. is se praesente de se ter sortibus consultum
dicebat, utrum igni statim necaretur an in aliud tempus reserva-
8 retur; sortium beneficio se esse incolumem. item M. Metius
repertus et ad eum reductus est.

1   54. Hoc proelio trans Rhenum nuntiato Suebi, qui ad ripas
Rheni venerant, domum reverti coeperunt. quos ubi, qui proximi Rhenum incolunt, perterritos senserunt, insecuti magnum
2 ex his numerum occiderunt. Caesar una aestate duobus maximis bellis confectis maturius paulo quam tempus anni postula-
3 bat, in hiberna in Sequanos exercitum deduxit. hibernis Labienum praeposuit, ipse in citeriorem Galliam ad conventus agendos profectus est.

COMMENTARIORUM BELLI GALLICI

LIBER SECUNDUS

1   1. Cum esset Caesar in citeriore Gallia [in hibernis], ita uti
supra demonstravimus, crebri ad eum rumores adferebantur,
litterisque item Labieni certior fiebat omnes Belgas, quam ter-

tiam esse Galliae partem dixeramus, contra populum Romanum coniurare obsidesque inter se dare. coniurandi has esse 2 causas: primum, quod vererentur, ne omni pacata Gallia ad eos exercitus noster adduceretur; deinde, quod ab nonnullis Gallis 3 sollicitarentur, partim qui, ut Germanos diutius in Gallia versari noluerant, ita populi Romani exercitum hiemare atque inveterascere in Gallia moleste ferebant, partim qui mobilitate et levitate animi novis imperiis studebant; ab nonnullis etiam, 4 quod in Gallia a potentioribus atque iis, qui ad conducendos homines facultates habebant, vulgo regna occupabantur, qui minus facile eam rem imperio nostro consequi poterant.

2. His nuntiis litterisque commotus Caesar duas legiones in 1 citeriore Gallia novas conscripsit et inita aestate in interiorem Galliam qui deduceret, Q. Pedium legatum misit. ipse cum 2 primum pabuli copia esse inciperet, ad exercitum venit. dat neg- 3 otium Senonibus reliquisque Gallis qui finitimi Belgis erant, uti ea, quae apud eos gerantur, cognoscant seque de his rebus certiorem faciant. hi constanter omnes nuntiaverunt manus 4 cogi, exercitum in unum locum conduci. tum vero dubitandum 5 non existimavit, quin ad eos proficisceretur. re frumentaria 6 provisa duodecimo die castra movet diebusque circiter XV ad fines Belgarum pervenit.

3. Eo cum de improviso celeriusque omni opinione venisset, 1 Remi, qui proximi Galliae ex Belgis sunt, ad eum legatos Iccium et Andecumborium primos civitatis miserunt, qui dice- 2 rent se suaque omnia in fidem atque in potestatem populi Romani permittere, neque se cum reliquis Belgis consensisse neque contra populum Romanum omnino coniurasse, paratos- 3 que esse et obsides dare et imperata facere et oppidis recipere et frumento ceterisque rebus iuvare; reliquos omnes Belgas in ar- 4 mis esse Germanosque, qui cis Rhenum incolant, sese cum his coniunxisse, tantumque esse eorum omnium furorem, ut ne 5 Suessiones quidem fratres consanguineosque suos, qui eodem iure et isdem legibus utantur, unum imperium unumque magistratum cum ipsis habeant, deterrere potuerint, quin cum iis consentirent.

4. Cum ab his quaereret, quae civitates quantaeque in armis 1 essent et quid in bello possent, sic reperiebat: plerosque Belgas 2 esse ortos a Germanis Rhenumque antiquitus traductos propter loci fertilitatem ibi consedisse Gallosque, qui ea loca incole-

[II 1–4]

rent, expulisse solosque esse qui patrum nostrorum memoria omni Gallia vexata Teutonos Cimbrosque intra suos fines in-
3 gredi prohibuerint; qua ex re fieri uti earum rerum memoria magnam sibi auctoritatem magnosque spiritus in re militari su-
4 merent. de numero eorum omnia se habere explorata Remi dicebant, propterea quod propinquitatibus affinitatibusque coniuncti, quantam quisque multitudinem in communi Belga-
5 rum concilio ad id bellum pollicitus sit cognoverint. plurimum inter eos Bellovacos et virtute et auctoritate et hominum numero valere: hos posse conficere armata milia centum, pollicitos ex eo numero electa milia sexaginta totiusque belli impe-
6 rium sibi postulare. Suessiones suos esse finitimos; fines latis-
7 simos feracissimosque agros possidere. apud eos fuisse regem nostra etiam memoria Diviciacum, totius Galliae potentissimum, qui cum magnae partis harum regionum, tum etiam Britanniae imperium obtinuerit; nunc esse regem Galbam; ad hunc propter iustitiam prudentiamque summam totius belli omnium
8 voluntate deferri; oppida habere numero XII, polliceri milia armata quinquaginta; totidem Nervios, qui maxime feri inter ip-
9 sos habeantur longissimeque absint; quindecim milia Atrebates, Ambianos decem milia, Morinos XXV milia, Menapios IX milia, Caletos X milia, Veliocasses et Viromanduos totidem,
10 Atuatucos decem et novem milia; Condrusos, Eburones, Caerosos, Caemanos, qui uno nomine Germani appellantur, arbitrari ad XL milia.

1 **5.** Caesar Remos cohortatus liberaliterque oratione prosecutus omnem senatum ad se convenire principumque liberos obsides ad se adduci iussit. quae omnia ab his diligenter ad diem
2 facta sunt. ipse Diviciacum Haeduum magnopere cohortatus docet, quanto opere rei publicae communisque salutis intersit manus hostium distineri, ne cum tanta multitudine uno tem-
3 pore confligendum sit. id fieri posse, si suas copias Haedui in fines Bellovacorum introduxerint et eorum agros populari
4 coeperint. his ⟨datis⟩ mandatis eum ab se dimittit. postquam omnes Belgarum copias in unum locum coactas ad se venire vidit neque iam longe abesse ab iis quos miserat exploratoribus et ab Remis cognovit, flumen Axonam, quod est in extremis Remorum finibus, exercitum traducere maturavit atque ibi castra
5 posuit. quae res et latus unum castrorum ripis fluminis muniebat et post eum, quae essent tuta ab hostibus, reddebat, et

commeatus ab Remis reliquisque civitatibus ut sine periculo ad eum portari possent, efficiebat. in eo flumine pons erat. ibi 6 praesidium ponit et in altera parte fluminis Q. Titurium Sabinum legatum cum sex cohortibus relinquit; castra in altitudinem pedum XII vallo fossaque duodeviginti pedum muniri iubet.

6. Ab his castris oppidum Remorum nomine Bibrax aberat 1 milia passuum octo. id ex itinere magno impetu Belgae oppugnare coeperunt. aegre eo die sustentatum est. Gallorum eadem 2 atque Belgarum oppugnatio est haec: ubi circumiecta multitudine hominum totis moenibus undique in murum lapides iaci coepti sunt murusque defensoribus nudatus est, testudine facta portas succendunt murumque subruunt. quod tum facile fiebat. nam cum tanta multitudo lapides ac tela conicerent, in 3 muro consistendi potestas erat nulli. cum finem oppugnandi 4 nox fecisset, Iccius Remus, summa nobilitate et gratia inter suos, qui tum oppido praefuerat, unus ex iis qui legati de pace ad Caesarem venerant, nuntios ad eum mittit, nisi subsidium sibi submittatur, sese diutius sustinere non posse.

7. Eo de media nocte Caesar isdem ducibus usus, qui nuntii 1 ab Iccio venerant, Numidas et Cretas sagittarios et funditores Baleares subsidio oppidanis mittit. quorum adventu et Remis 2 cum spe defensionis studium propugnandi accessit et hostibus eadem de causa spes potiundi oppidi discessit. itaque paulisper 3 apud oppidum morati agrosque Remorum depopulati omnibus vicis aedificiisque, quo adire potuerant, incensis ad castra Caesaris omnibus copiis contenderunt et a. milibus passuum minus duobus castra posuerunt; quae castra, ut fumo atque 4 ignibus significabatur, amplius milibus passuum octo in latitudinem patebant.

8. Caesar primo et propter multitudinem hostium et propter 1 eximiam opinionem virtutis proelio supersedere statuit. cotidie 2 tamen equestribus proeliis, quid hostis virtute posset et quid nostri auderent, periclitabatur. ubi nostros non esse inferiores 3 intellexit, loco pro castris ad aciem instruendam natura opportuno atque idoneo, quod is collis, ubi castra posita erant, paululum ex planitie editus tantum adversus in latitudinem patebat, quantum loci acies instructa tenere poterat, atque ex utraque parte lateris deiectus habebat et in fronte leniter fastigatus paulatim ad planitiem redibat, ab utroque latere eius collis trans- 4

versam fossam obduxit circiter passuum quadringentorum et ad extremas fossas castella constituit ibique tormenta conlocavit, ne, cum aciem instruxisset, hostes, quod tantum multitudine poterant, ab lateribus pugnantes suos circumvenire
5 possent. hoc facto duabus legionibus, quas proxime conscripserat, in castris relictis, ut, si quo opus esset subsidio,
6 duci possent, reliquas sex legiones pro castris in acie constituit. hostes item suas copias ex castris eductas instruxerant.

1 **9.** Palus erat non magna inter nostrum atque hostium exercitum. hanc si nostri transirent, hostes exspectabant; nostri autem, si ab illis initium transeundi fieret, ut impeditos adgrede-
2 rentur, parati in armis erant. interim proelio equestri inter duas acies contendebatur. ubi neutri transeundi initium faciunt, secundiore equitum proelio nostris Caesar suos in castra reduxit.
3 hostes protinus ex eo loco ad flumen Axonam contenderunt,
4 quod esse post nostra castra demonstratum est. ibi vadis repertis partem suarum copiarum traducere conati sunt eo consilio, ut, si possent, castellum, cui praeerat Q. Titurius legatus, ex-
5 pugnarent pontemque interscinderent, si minus potuissent, agros Remorum popularentur, qui magno nobis usui ad bellum gerendum erant, commeatuque nostros prohiberent.

1 **10.** Certior factus ab Titurio omnem equitatum et levis armaturae Numidas, funditores sagittariosque pontem traducit
2 atque ad eos contendit. acriter in eo loco pugnatum est. hostes impeditos nostri in flumine adgressi magnum eorum numerum
3 occiderunt; per eorum corpora reliquos audacissime transire conantes multitudine telorum reppulerunt, primos qui transie-
4 rant equitatu circumventos interfecerunt. hostes ubi et de expugnando oppido et de flumine transeundo spem se fefellisse intellexerunt neque nostros in locum iniquiorem progredi pugnandi causa viderunt atque ipsos res frumentaria deficere coepit, concilio convocato constituerunt optimum esse domum suam quemque reverti et quorum in fines primum Romani exercitum introduxissent, ad eos defendendos undique convenire, ut potius in suis quam in alienis finibus decertarent
5 et domesticis copiis rei frumentariae uterentur. ad eam sententiam cum reliquis causis haec quoque ratio eos deduxit, quod Diviciacum atque Haeduos finibus Bellovacorum adpropinquare cognoverant. his persuaderi ut diutius morarentur neque suis auxilium ferrent non poterat.

11. Ea re constituta secunda vigilia magno cum strepitu ac tumultu castris egressi nullo certo ordine neque imperio, cum sibi quisque primum itineris locum peteret et domum pervenire properaret, fecerunt ut consimilis fugae profectio videretur. hac re statim Caesar per speculatores cognita insidias veritus, quod qua de causa discederent nondum perspexerat, exercitum equitatumque castris continuit. prima luce confirmata re ab exploratoribus omnem equitatum, qui novissimum agmen moraretur, praemisit. his Q. Pedium et L. Aurunculeium Cottam legatos praefecit; T. Labienum legatum cum legionibus tribus subsequi iussit. hi novissimos adorti et multa milia passuum prosecuti magnam multitudinem eorum fugientium conciderunt, cum ab extremo agmine ad quos ventum erat consisterent fortiterque impetum nostrorum militum sustinerent, priores quod abesse a periculo viderentur neque ulla necessitate neque imperio continerentur, exaudito clamore perturbatis ordinibus omnes in fuga sibi praesidium ponerent. ita sine ullo periculo tantam eorum multitudinem nostri interfecerunt, quantum fuit diei spatium, sub occasumque solis destiterunt seque in castra, ut erat imperatum, receperunt.

12. Postridie eius diei Caesar, priusquam se hostes ex terrore ac fuga reciperent, in fines Suessionum, qui proximi Remis erant, exercitum duxit et magno itinere confecto ad oppidum Noviodunum contendit. id ex itinere oppugnare conatus, quod vacuum ab defensoribus esse audiebat, propter latitudinem fossae muriqe altitudinem paucis defendentibus expugnare non potuit, castris munitis vineas agere quaeque ad oppugnandum usui erant comparare coepit. interim omnis ex fuga Suessionum multitudo in oppidum proxima nocte convenit. celeriter vineis ad oppidum actis, aggere iacto turribusque constitutis, magnitudine operum, quae neque viderant ante Galli neque audierant, et celeritate Romanorum permoti legatos ad Caesarem de deditione mittunt et petentibus Remis ut conservarentur impetrant.

13. Caesar obsidibus acceptis primis civitatis atque ipsius Galbae regis duobus filiis armisque omnibus ex oppido traditis in deditionem Suessiones accepit exercitumque in Bellovacos ducit. qui cum se suaque omnia in oppidum Bratuspantium contulissent atque ab eo oppido Caesar cum exercitu circiter milia passuum quinque abesset, omnes maiores natu ex oppido

egressi manus ad Caesarem tendere et voce significare
coeperunt sese in eius fidem ac potestatem venire neque contra
3 populum Romanum armis contendere. item, cum ad oppidum
accessisset castraque ibi poneret, pueri mulieresque ex muro
passis manibus suo more pacem ab Romanis petiverunt.

1 **14.** Pro his Diviciacus – nam post discessum Belgarum di-
2 missis Haeduorum copiis ad eum reverterat – facit verba: Bellovacos omni tempore in fide atque amicitia civitatis Haeduae
3 fuisse; impulsos ab suis principibus, qui dicerent Haeduos a
Caesare in servitutem redactos omnes indignitates
contumeliasque perferre, et ab Haeduis defecisse et populo
4 Romano bellum intulisse. qui eius consilii principes fuissent,
quod intellegerent quantam calamitatem civitati intulissent, in
5 Britanniam profugisse. petere non solum Bellovacos, sed etiam
pro his Haeduos, ut sua clementia ac mansuetudine in eos uta-
6 tur. quod si fecerit, Haeduorum auctoritatem apud omnes Belgas amplificaturum, quorum auxiliis atque opibus, si qua bella
inciderint, sustentare consuerint.

1 **15.** Caesar honoris Diviciaci atque Haeduorum causa sese
eos in fidem recepturum et conservaturum dixit; quod erat
civitas magna inter Belgas auctoritate atque hominum multitu-
2 dine praestabat, sescentos obsides poposcit. his traditis omnibusque armis ex oppido conlatis ab eo loco in fines Ambiano-
3 rum pervenit, qui se suaque omnia sine mora dediderunt. eorum fines Nervii attingebant. quorum de natura moribusque
4 cum quaereret, sic reperiebat: nullum esse aditum ad eos mercatoribus; nihil pati vini reliquarumque rerum ad luxuriam per-
tinentium inferri, quod his rebus relanguescere animos eorum
5 virtutemque remitti existimarent; esse homines feros magnaeque virtutis; increpitare atque incusare reliquos Belgas, qui se
populo Romano dedidissent patriamque virtutem proiecissent;
6 confirmare sese neque legatos missuros neque ullam condicionem pacis accepturos.

1 **16.** Cum per eorum fines triduo iter fecisset, inveniebat ex
captivis Sabim flumen a castris suis non amplius milibus pas-
2 suum X abesse; trans id flumen omnes Nervios consedisse ad-
ventumque ibi Romanorum exspectare una cum Atrebatibus et
3 Viromanduis, finitimis suis – nam his utrisque persuaserant, uti
4 eandem belli fortunam experirentur –; exspectari etiam ab iis
5 Atuatucorum copias atque esse in itinere; mulieres quique per

aetatem ad pugnam inutiles viderentur, in eum locum coniecisse, quo propter paludes exercitui aditus non esset.

17. His rebus cognitis exploratores centurionesque praemittit, qui locum castris idoneum deligant. cum ex dediticiis Belgis reliquisque Gallis complures Caesarem secuti una iter facerent, quidam ex his, ut postea ex captivis cognitum est, eorum dierum consuetudine itineris nostri exercitus perspecta nocte ad Nervios pervenerunt atque his demonstrarunt inter singulas legiones impedimentorum magnum numerum intercedere neque esse quicquam negotii, cum prima legio in castra venisset reliquaeque legiones magnum spatium abessent, hanc sub sarcinis adoriri; qua pulsa impedimentisque direptis futurum ut reliquae contra consistere non auderent. adiuvabat etiam eorum consilium, qui rem deferebant, quod Nervii antiquitus, cum equitatu nihil possent – neque enim ad hoc tempus ei rei student, sed quicquid possunt, pedestribus valent copiis –, quo facilius finitimorum equitatum, si praedandi causa ad eos venissent, impedirent, teneris arboribus incisis atque inflexis crebrisque in latitudinem ramis enatis et rubis sentibusque interiectis effecerant, ut instar muri hae saepes munimentum praeberent, quo non modo non intrari, sed ne perspici quidem posset. his rebus cum iter agminis nostri impediretur, non omittendum sibi consilium Nervii existimaverunt.

18. Loci natura erat haec, quem locum nostri castris delegerant: collis ab summo aequaliter declivis ad flumen Sabim, quod supra nominavimus, vergebat. ab eo flumine pari acclivitate collis nascebatur adversus huic et contrarius, passus circiter ducentos, infimus apertus, ab superiore parte silvestris, ut non facile introrsus perspici posset. intra eas silvas hostes in occulto sese continebant. in aperto loco secundum flumen paucae stationes equitum videbantur. fluminis erat altitudo pedum circiter trium.

19. Caesar equitatu praemisso subsequebatur omnibus copiis. sed ratio ordoque agminis aliter se habebat ac Belgae ad Nervios detulerant. nam quod hostibus adpropinquabat, consuetudine sua Caesar sex legiones expeditas ducebat; post eas totius exercitus impedimenta conlocarat; inde duae legiones quae proxime conscriptae erant totum agmen claudebant praesidioque impedimentis erant. equites nostri cum funditoribus sagittariisque flumen transgressi cum hostium equitatu proe-

₅ lium commiserunt. cum se illi identidem in silvas ad suos reciperent ac rursus ex silva in nostros impetum facerent neque nostri longius quam quem ad finem porrecta loca aperta pertinebant cedentes insequi auderent, interim legiones sex, quae
₆ primae venerant, opere dimenso castra munire coeperunt. ubi prima impedimenta nostri exercitus ab iis qui in silvis abditi latebant visa sunt, quod tempus inter eos committendi proelii convenerat, ita ut intra silvas aciem ordinesque constituerant atque ipsi sese confirmaverant, subito omnibus copiis provola-
₇ verunt impetumque in nostros equites fecerunt. his facile pulsis ac proturbatis incredibili celeritate ad flumen decucurrerunt, ut paene uno tempore et ad silvas et in flumine et iam in manibus
₈ nostris hostes viderentur. eadem autem celeritate adverso colle ad nostra castra atque eos, qui in opere occupati erant, contenderunt.

₁ **20.** Caesari omnia uno tempore erant agenda: vexillum proponendum, quod erat insigne, cum ad arma concurri oporteret, signum tuba dandum, ab opere revocandi milites, qui paulo longius aggeris petendi causa processerant, arcessendi, acies in-
₂ struenda, milites cohortandi, signum dandum. quarum rerum magnam partem temporis brevitas et incursus hostium impe-
₃ diebat. his difficultatibus duae res erant subsidio, scientia atque usus militum, quod superioribus proeliis exercitati, quid fieri oporteret, non minus commode ipsi sibi praescribere quam ab aliis doceri poterant, et quod ab opere singulisque legionibus singulos legatos Caesar discedere nisi munitis castris vetuerat.
₄ hi propter propinquitatem et celeritatem hostium nihil iam Caesaris imperium exspectabant, sed per se quae videbantur administrabant.

₁ **21.** Caesar necessariis rebus imperatis ad cohortandos milites, quam in partem fors obtulit, decucurrit et ad legionem de-
₂ cimam devenit. milites non longiore oratione cohortatus, quam uti suae pristinae virtutis memoriam retinerent neu perturba-
₃ rentur animo hostiumque impetum fortiter sustinerent, quod non longius hostes aberant quam quo telum adigi posset, proe-
₄ lii committendi signum dedit. atque in alteram partem item
₅ cohortandi causa profectus pugnantibus occurrit. temporis tanta fuit exiguitas hostiumque tam paratus ad dimicandum animus, ut non modo ad insignia accommodanda, sed etiam ad galeas induendas scutisque tegimenta detrahenda tempus de-

fuerit. quam quisque ab opere in partem casu devenit quaeque 6 prima signa conspexit, ad haec constitit, ne in quaerendis suis pugnandi tempus dimitteret.

22. Instructo exercitu magis ut loci natura deiectusque collis 1 et necessitas temporis, quam ut rei militaris ratio atque ordo postulabat, cum diversis legionibus aliae alia in parte hostibus resisterent saepibusque densissimis, ut ante demonstravimus, interiectis prospectus impediretur, neque certa subsidia conlocari neque quid in quaque parte opus esset, provideri neque ab uno omnia imperia administrari poterant. itaque in tanta 2 rerum iniquitate fortunae quoque eventus varii sequebantur.

23. Legionis nonae et decimae milites, ut in sinistra parte 1 aciei constiterant, pilis emissis cursu ac lassitudine exanimatos vulneribusque confectos Atrebates – nam his ea pars obvenerat – celeriter ex loco superiore in flumen compulerunt et transire conantes insecuti gladiis magnam partem eorum impeditam interfecerunt. ipsi transire flumen non dubitaverunt et in locum 2 iniquum progressi rursus resistentes hostes redintegrato proelio in fugam dederunt. item alia in parte diversae duae legiones 3 undecima et octava, profligatis Viromanduis quibuscum erant congressi, ex loco superiore in ipsis fluminis ripis proeliabantur. at totis fere castris a fronte et a sinistra parte nudatis, cum in 4 dextro cornu legio duodecima et non magno ab ea intervallo septima constitisset, omnes Nervii confertissimo agmine duce Boduognato, qui summam imperii tenebat, ad eum locum contenderunt. quorum pars ab aperto latere legiones cir- 5 cumvenire, pars summum castrorum locum petere coepit.

24. Eodem tempore equites nostri levisque armaturae pedi- 1 tes, qui cum iis una fuerant quos primo hostium impetu pulsos dixeram, cum se in castra reciperent, adversis hostibus occurrebant ac rursus aliam in partem fugam petebant, et calones, qui ab decumana porta ac summo iugo collis nostros victores 2 flumen transisse conspexerant, praedandi causa egressi, cum respexissent et hostes in nostris castris versari vidissent, praecipites fugae sese mandabant. simul eorum, qui cum impedi- 3 mentis veniebant, clamor fremitusque oriebatur, aliique aliam in partem perterriti ferebantur. quibus omnibus rebus permoti 4 equites Treveri, quorum inter Gallos virtutis opinio est singularis, qui auxilii causa a civitate missi ad Caesarem venerant, cum multitudine hostium castra nostra compleri, legiones premi et paene circumventas teneri, calones, equites, funditores, Numidas diversos dissipatosque in omnes partes fugere vidissent, desperatis nostris rebus domum contenderunt; Romanos pulsos superatosque, castris impedimentisque eorum hostes potitos civitati renuntiaverunt.

25. Caesar ab decimae legionis cohortatione ad dextrum cornu profectus, ubi suos urgeri signisque in unum locum conlatis duodecimae legionis confertos milites sibi ipsos ad pugnam esse impedimento vidit, quartae cohortis omnibus centurionibus occisis signiferoque interfecto signo amisso, reliquarum cohortium omnibus fere centurionibus aut vulneratis aut occisis, in his primipilo P. Sextio Baculo fortissimo viro multis gravibusque vulneribus confecto, ut iam se sustinere non posset, reliquos esse tardiores et nonnullos ab novissimis desertos proelio excedere ac tela vitare, hostes neque a fronte ex inferiore loco subeuntes intermittere et ab utroque latere instare et rem esse in angusto vidit neque ullum esse subsidium, quod submitti posset: scuto ab novissimis uni militi detracto, quod ipse eo sine scuto venerat, in primam aciem processit centurionibusque nominatim appellatis reliquos cohortatus milites signa inferre et manipulos laxare iussit, quo facilius gladiis uti possent. cuius adventu spe inlata militibus ac redintegrato animo, cum pro se quisque in conspectu imperatoris etiam extremis suis rebus operam navare cuperet, paulum hostium impetus tardatus est.

26. Caesar cum septimam legionem quae iuxta constiterat, item urgeri ab hoste vidisset, tribunos militum monuit ut paulatim sese legiones coniungerent et conversa signa in hostes inferrent. quo facto cum alius alii subsidium ferret neque timerent ne aversi ab hoste circumvenirentur, audacius resistere ac fortius pugnare coeperunt. interim milites legionum duarum, quae in novissimo agmine praesidio impedimentis fuerant, proelio nuntiato cursu incitato in summo colle ab hostibus conspiciebantur, et Labienus castris hostium potitus et ex loco superiore, quae res in nostris castris gererentur, conspicatus decimam legionem subsidio nostris misit. qui cum ex equitum et calonum fuga, quo in loco res esset quantoque in periculo et castra et legiones et imperator versaretur, cognovissent, nihil ad celeritatem sibi reliqui fecerunt.

27. Horum adventu tanta rerum commutatio est facta, ut

nostri, etiam qui vulneribus confecti procubuissent, scutis innixi proelium redintegrarent, calones perterritos hostes 2 conspicati etiam inermes armatis occurrerent, equites vero, ut turpitudinem fugae virtute delerent, omnibus in locis pugnantes studio se legionariis militibus praeferrent. at hostes etiam in 3 extrema spe salutis tantam virtutem praestiterunt, ut cum primi eorum cecidissent, proximi iacentibus insisterent atque ex eorum corporibus pugnarent, his deiectis et coacervatis 4 cadaveribus, qui superessent ut ex tumulo tela in nostros conicerent pilaque intercepta remitterent: ut non nequiquam 5 tantae virtutis homines iudicari deberet ausos esse transire latissimum flumen, ascendere altissimas ripas, subire iniquissimum locum; quae facilia ex difficillimis animi magnitudo redegerat.

28. Hoc proelio facto et prope ad internecionem gente ac 1 nomine Nerviorum redacto maiores natu, quos una cum pueris mulieribusque in aestuaria ac paludes coniectos dixeramus, hac pugna nuntiata cum victoribus nihil impeditum, victis nihil tutum arbitrarentur, omnium, qui supererant, consensu legatos 2 ad Caesarem miserunt seque ei dediderunt et in commemoranda civitatis calamitate ex sescentis ad tres senatores, ex hominum milibus LX vix quingentos qui arma ferre possent, sese redactos esse dixerunt. quos Caesar, ut in miseros ac sup- 3 plices usus misericordia videretur, diligentissime conservavit suisque finibus atque oppidis uti iussit et finitimis imperavit, ut ab iniuria et maleficio se suosque prohiberent.

29. Atuatuci, de quibus supra diximus, cum omnibus copiis 1 auxilio Nerviis venirent, hac pugna nuntiata ex itinere domum reverterunt; cunctis oppidis castellisque desertis sua omnia in 2 unum oppidum egregie natura munitum contulerunt. quod 3 cum ex omnibus in circuitu partibus altissimas rupes despectusque haberet, una ex parte leniter acclivis aditus in latitudinem non amplius ducentorum pedum relinquebatur; quem locum duplici altissimo muro munierant; tum magni ponderis saxa et praeacutas trabes in muro conlocabant. ipsi erant ex 4 Cimbris Teutonisque prognati, qui cum iter in provinciam nostram atque Italiam facerent, iis impedimentis, quae secum agere ac portare non poterant, citra flumen Rhenum depositis custodiam ex suis ac praesidium, sex milia hominum, una reliquerunt. hi post eorum obitum multos annos a finitimis exagi- 5 tati, cum alias bellum inferrent, alias inlatum defenderent, consensu eorum omnium pace facta hunc sibi domicilio locum delegerunt.

30. Ac primo adventu exercitus nostri crebras ex oppido excursiones faciebant parvulisque proeliis cum nostris contendebant; postea vallo pedum in circuitu quindecim milium crebrisque castellis circummuniti oppido se continebant. ubi vineis actis aggere exstructo turrim procul constitui viderunt, primum inridere ex muro atque increpitare vocibus, quod tanta machinatio a tanto spatio instrueretur: quibusnam manibus aut quibus viribus praesertim homines tantulae staturae – nam plerumque omnibus Gallis prae magnitudine corporum suorum brevitas nostra contemptui est – tanti oneris turrim in muro posse conlocare confiderent?

31. Ubi vero moveri et adpropinquare moenibus viderunt, nova atque inusitata specie commoti legatos ad Caesarem de pace miserunt, qui ad hunc modum locuti: non se existimare Romanos sine ope divina bellum gerere, qui tantae altitudinis machinationes tanta celeritate promovere et ex propinquitate pugnare possent, se suaque omnia eorum potestati permittere dixerunt. unum petere ac deprecari: si forte pro sua clementia ac mansuetudine, quam ipsi ab aliis audirent, statuisset Atuatucos esse conservandos, ne se armis despoliaret. sibi omnes fere finitimos esse inimicos ac suae virtuti invidere, a quibus se defendere traditis armis non possent. sibi praestare, si in eum casum deducerentur, quamvis fortunam a populo Romano pati, quam ab his per cruciatum interfici, inter quos dominari consuessent.

32. Ad haec Caesar respondit: se magis consuetudine sua quam merito eorum civitatem conservaturum, si priusquam murum aries attigisset, se dedidissent; sed deditionis nullam esse condicionem nisi armis traditis. se id quod in Nerviis fecisset facturum finitimisque imperaturum ne quam dediticiis populi Romani iniuriam inferrent. re renuntiata ad suos, quae imperarentur facere dixerunt. armorum magna multitudine de muro in fossam quae erat ante oppidum iacta, sic ut prope summam muri aggerisque altitudinem acervi armorum adaequarent, et tamen circiter parte tertia, ut postea perspectum est, celata atque in oppido retenta, portis patefactis eo die pace sunt usi.

33. Sub vesperum Caesar portas claudi militesque ex oppido exire iussit, ne quam noctu oppidani a militibus iniuriam accuperent. illi ante inito ut intellectum est consilio, quod deditione facta nostros praesidia deducturos aut denique indiligentius servaturos crediderant, partim cum iis quae retinuerant et celaverant armis, partim scutis ex cortice factis aut viminibus intextis, quae subito ut temporis exiguitas postulabat, pellibus induxerant, tertia vigilia, qua minime arduus ad nostras munitiones ascensus videbatur, omnibus copiis repente ex oppido eruptionem fecerunt. celeriter ut ante Caesar imperarat ignibus significatione facta ex proximis castellis eo concursum est, pugnatumque ab hostibus ita acriter est ut a viris fortibus in extrema spe salutis iniquo loco contra eos qui ex vallo turribusque tela iacerent, pugnari debuit, cum in una virtute omnis spes consisteret. occisis ad hominum milibus quattuor reliqui in oppidum reiecti sunt. postridie eius diei refractis portis, cum iam defenderet nemo, atque intromissis militibus nostris sectionem eius oppidi universam Caesar vendidit. ab iis qui emerant capitum numerus ad eum relatus est milium quinquaginta trium.

34. Eodem tempore a P. Crasso, quem cum legione una miserat ad Venetos, Unellos, Osismos, Coriosolitas, Essuvios, Aulercos, Redones, quae sunt maritimae civitates Oceanumque attingunt, certior factus est omnes eas civitates in dicionem potestatemque populi Romani redactas esse.

35. His rebus gestis omni Gallia pacata tanta huius belli ad barbaros opinio perlata est, uti ab iis nationibus, quae trans Rhenum incolerent, legati ad Caesarem mitterentur, qui se obsides daturas, imperata facturas pollicerentur. quas legationes Caesar, quod in Italiam Illyricumque properabat, initio proximae aestatis ad se reverti iussit. ipse in Carnutes, Andes, Turonos quaeque civitates propinquae his locis erant, ubi bellum gesserat, legionibus in hiberna deductis in Italiam profectus est. ob easque res ex litteris Caesaris in dies quindecim supplicatio decreta est, quod ante id tempus accidit nulli.

COMMENTARIORUM BELLI GALLICI

LIBER TERTIUS

1. Cum in Italiam proficisceretur Caesar, Ser. Galbam cum legione XII. et parte equitatus in Nantuates, Veragros Sedunosque misit, qui a finibus Allobrogum et lacu Lemanno et flumine Rhodano ad summas Alpes pertinent. causa mittendi fuit, quod iter per Alpes, quo magno cum periculo magnisque cum portoriis mercatores ire consueverant, patefieri volebat. huic permisit, si opus esse arbitraretur, uti in his locis legionem hiemandi causa conlocaret. Galba secundis aliquot proeliis factis castellisque compluribus eorum expugnatis, missis ad eum undique legatis obsidibusque datis et pace facta constituit cohortes duas in Nantuatibus conlocare et ipse cum reliquis eius legionis cohortibus in vico Veragrorum qui appellatur Octodurus hiemare. qui vicus positus in valle, non magna adiecta planitie, altissimis montibus undique continetur. cum hic in duas partes flumine divideretur, alteram partem eius vici Gallis ad hiemandum concessit, alteram vacuam ab his relictam cohortibus attribuit. eum locum vallo fossaque munivit.

2. Cum dies hibernorum complures transissent frumentumque eo comportari iussisset, subito per exploratores certior factus est ex ea parte vici, quam Gallis concesserat, omnes noctu discessisse montesque qui impenderent a maxima multitudine Sedunorum et Veragrorum teneri. id aliquot de causis acciderat, ut subito Galli belli renovandi legionisque opprimendae consilium caperent: primum quod legionem neque eam plenissimam detractis cohortibus duabus et compluribus singillatim, qui commeatus petendi causa missi erant, absentibus, propter paucitatem despiciebant; tum etiam quod propter iniquitatem loci, cum ipsi ex montibus in vallem decurrerent et tela conicerent, ne primum quidem posse impetum suum sustineri existimabant. accedebat, quod suos ab se liberos abstractos obsidum nomine dolebant et Romanos non solum itinerum causa, sed etiam perpetuae possessionis culmina Alpium occupare conari et ea loca finitimae provinciae adiungere sibi persuasum habebant.

3. His nuntiis acceptis Galba, cum neque opus hibernorum munitionesque plene essent perfectae neque de frumento reliquoque commeatu satis esset provisum, quod deditione facta obsidibusque acceptis nihil de bello timendum existimaverat, consilio celeriter convocato sententias exquirere coepit. quo in consilio, cum tantum repentini periculi praeter opinionem accidisset ac iam omnia fere superiora loca multitudine armatorum completa conspicerentur neque subsidio veniri neque commeatus supportari interclusis itineribus possent, prope iam desperata salute nonnullae huiusmodi sententiae dicebantur, ut impedimentis relictis eruptione facta isdem itineribus, quibus eo pervenissent, ad salutem contenderent. maiori tamen parti placuit hoc reservato ad extremum consilio interim rei eventum experiri et castra defendere.

4. Brevi spatio interiecto, vix ut rebus quas constituissent conlocandis atque administrandis tempus daretur, hostes ex omnibus partibus signo dato decurrere, lapides gaesaque in vallum conicere. nostri primo integris viribus fortiter repugnare neque ullum frustra telum ex loco superiore mittere, ut quaeque pars castrorum nudata defensoribus premi videbatur, eo occurrere et auxilium ferre, sed hoc superari quod diuturnitate pugnae hostes defessi proelio excedebant, alii integris viribus succedebant; quarum rerum a nostris propter paucitatem fieri nihil poterat, ac non modo defesso ex pugna excedendi, sed ne saucio quidem eius loci ubi constiterat relinquendi ac sui recipiendi facultas dabatur.

5. Cum iam amplius horis sex continenter pugnaretur ac non solum vires, sed etiam tela nostros deficerent atque hostes acrius instarent languidioribusque nostris vallum scindere et fossas complere coepissent resque esset iam ad extremum perducta casum, P. Sextius Baculus, primi pili centurio, quem Nervico proelio compluribus confectum vulneribus diximus, et item C. Volusenus, tribunus militum, vir et consilii magni et virtutis, ad Galbam adcurrunt atque unam esse spem salutis docent, si eruptione facta extremum auxilium experirentur. itaque convocatis centurionibus celeriter milites certiores facit, paulisper intermitterent proelium ac tantummodo tela missa exciperent seque ex labore reficerent, post dato signo e castris erumperent atque omnem spem salutis in virtute ponerent.

6. Quod iussi sunt, faciunt ac subito omnibus portis eruptione facta neque cognoscendi quid fieret neque sui colligendi hostibus facultatem relinquunt. ita commutata fortuna eos qui in spem potiundorum castrorum venerant, undique circumventos intercipiunt et ex hominum milibus amplius triginta, quem numerum barbarorum ad castra venisse constabat, plus tertia parte interfecta reliquos perterritos in fugam coniciunt ac ne in locis quidem superioribus consistere patiuntur. sic omnibus hostium copiis fusis armisque exutis se intra munitiones suas recipiunt. quo proelio facto, quod saepius fortunam temptare Galba nolebat atque alio se in hiberna consilio venisse meminerat, aliis occurrisse rebus videbat, maxime frumenti commeatusque inopia permotus postero die omnibus eius vici aedificiis incensis in provinciam reverti contendit ac nullo hoste prohibente aut iter demorante incolumem legionem in Nantuates, inde in Allobroges perduxit ibique hiemavit.

7. His rebus gestis cum omnibus de causis Caesar pacatam Galliam existimaret, superatis Belgis, expulsis Germanis, victis in Alpibus Sedunis, atque ita inita hieme in Illyricum profectus esset, quod eas quoque nationes adire et regiones cognoscere volebat, subitum bellum in Gallia coortum est. eius belli haec fuit causa: P. Crassus adulescens cum legione septima proximus mari in Andibus hiemarat. is quod in his locis inopia frumenti erat, praefectos tribunosque militum complures in finitimas civitates frumenti commeatusque petendi causa dimisit; quo in numero est T. Terrasidius missus in Unellos Essuviosque, M. Trebius Gallus in Coriosolitas, Q. Velanius cum T. Sillio in Venetos.

8. Huius est civitatis longe amplissima auctoritas omnis orae maritimae regionum earum, quod et naves habent Veneti plurimas, quibus in Britanniam navigare consuerunt, et scientia atque usu rerum nauticarum ceteros antecedunt et in magno impetu maris atque aperto Oceano paucis portibus interiectis, quos tenent ipsi, omnes fere, qui eo mari uti consuerunt, habent vectigales. ab his fit initium retinendi Sillii atque Velanii et si quos intercipere potuerunt, quod per eos suos se obsides, quos Crasso dedissent, recuperaturos existimabant. horum auctoritate finitimi adducti, ut sunt Gallorum subita et repentina consilia, eadem de causa Trebium Terrasidiumque retinent et celeriter missis legatis per suos principes inter se coniurant nihil nisi communi consilio acturos eundemque omnes fortunae exitum esse laturos, reliquasque civitates sollicitant, ut in ea libertate, quam a maioribus acceperint, permanere quam Ro-

manorum servitutem perferre malint. omni ora maritima celeriter ad suam sententiam perducta communem legationem ad P. Crassum mittunt, si velit suos recuperare, obsides sibi remittat.

9. Quibus de rebus Caesar a Crasso certior factus, quod ipse aberat longius, naves interim longas aedificari in flumine Ligeri quod influit in Oceanum, remiges ex provincia institui, nautas gubernatoresque comparari iubet. his rebus celeriter administratis ipse, cum primum per anni tempus potuit, ad exercitum contendit. Veneti reliquaeque item civitates cognito Caesaris adventu, ⟨et de recipiendis obsidibus spem se fefellisse⟩ certiores facti, simul quod quantum in se facinus admisissent intellegebant – legatos, quod nomen apud omnes nationes sanctum inviolatumque semper fuisset, retentos ab se et in vincula coniectos–, pro magnitudine periculi bellum parare et maxime ea quae ad usum navium pertinent providere instituunt, hoc maiore spe quod multum natura loci confidebant. pedestria esse itinera concisa aestuariis, navigationem impeditam propter inscientiam locorum paucitatemque portuum sciebant; neque nostros exercitus propter frumenti inopiam diutius apud se morari posse confidebant; ac iam ut omnia contra opinionem acciderent, tamen se plurimum navibus posse, [quam] Romanos neque ullam facultatem habere navium neque eorum locorum, ubi bellum gesturi essent, vada portus insulas novisse; ac longe aliam esse navigationem in concluso mari atque in vastissimo atque apertissimo Oceano perspiciebant. his initis consiliis oppida muniunt, frumenta ex agris in oppida comportant, naves in Venetiam, ubi Caesarem primum bellum gesturum constabat, quam plurimas possunt, cogunt. socios sibi ad id bellum Osismos Lexovios Namnetes Ambiliatos Morinos Diablintes Menapios adsciscunt; auxilia ex Britannia, quae contra eas regiones posita est, arcessunt.

10. Erant hae difficultates belli gerendi, quas supra ostendimus, sed multa tamen Caesarem ad id bellum incitabant: iniuria retentorum equitum Romanorum, rebellio facta post deditionem, defectio datis obsidibus, tot civitatum coniuratio, in primis ne hac parte neglecta reliquae nationes sibi idem licere arbitrarentur. itaque cum intellegeret omnes fere Gallos novis rebus studere et ad bellum mobiliter celeriterque excitari, omnes autem homines natura libertatis studio incitari et condicionem servitutis odisse, priusquam plures civitates conspirarent, partiendum sibi ac latius distribuendum exercitum putavit.

11. Itaque T. Labienum legatum in Treveros, qui proximi flumini Rheno sunt, cum equitatu mittit. huic mandat, Remos reliquosque Belgas adeat atque in officio contineat Germanosque, qui auxilio a Gallis arcessiti dicebantur, si per vim navibus flumen transire conentur, prohibeat. P. Crassum cum cohortibus legionariis duodecim et magno numero equitatus in Aquitaniam proficisci iubet, ne ex his nationibus auxilia in Galliam mittantur ac tantae nationes coniungantur. Q. Titurium Sabinum legatum cum legionibus tribus in Unellos, Coriosolitas Lexoviosque mittit, qui eam manum distinendam curet. D. Brutum adulescentem classi Gallicisque navibus, quas ex Pictonibus et Santonis reliquisque pacatis regionibus convenire iusserat, praeficit et, cum primum posset, in Venetos proficisci iubet. ipse eo pedestribus copiis contendit.

12. Erant eiusmodi fere situs oppidorum, ut posita in extremis lingulis promunturiisque neque pedibus aditum haberent, cum ex alto se aestus incitavisset, quod bis accidit semper horarum duodenarum spatio, neque navibus, quod rursus minuente aestu naves in vadis adflictarentur. ita utraque re oppidorum oppugnatio impediebatur. ac si quando magnitudine operis forte superati extruso mari aggere ac molibus atque his oppidi moenibus adaequatis suis fortunis desperare coeperant, magno numero navium adpulso, cuius rei summam facultatem habebant, sua deportabant omnia seque in proxima oppida recipiebant; ibi se rursus isdem loci opportunitatibus defendebant. haec eo facilius magnam partem aestatis faciebant, quod nostrae naves tempestatibus detinebantur summaque erat vasto atque aperto mari, magnis aestibus, raris ac prope nullis portibus difficultas navigandi.

13. Namque ipsorum naves ad hunc modum factae armataeque erant: carinae aliquanto planiores quam nostrarum navium, quo facilius vada ac decessum aestus excipere possent; prorae admodum erectae atque item puppes, ad magnitudinem fluctuum tempestatumque adcommodatae; naves totae factae ex robore ad quamvis vim et contumeliam perferendam; transtra ex pedalibus in altitudinem trabibus confixa clavis ferreis digiti pollicis crassitudine; ancorae pro funibus ferreis catenis revinctae; pelles pro velis alutaeque tenuiter confectae, sive prop-

ter lini inopiam atque eius usus inscientiam, sive – quod est magis veri simile – quod tantas tempestates Oceani tantosque impetus ventorum sustineri ac tanta onera navium regi velis non satis commode posse arbitrabantur. cum his navibus nostrae classi eius modi congressus erat, ut una celeritate et pulsu remorum praestaret, reliqua pro loci natura, pro vi tempestatum illis essent aptiora et adcommodatiora. neque enim his nostrae rostro nocere poterant – tanta in iis erat firmitudo –, neque propter altitudinem facile telum adigebatur, et eadem de causa minus commode copulis continebantur. accedebat, ut, cum se vento dedissent, tempestatem ferrent facilius et in vadis consisterent tutius et ab aestu relictae nihil saxa et cotes timerent; quarum rerum omnium nostris navibus casus erant extimescendi.

14. Compluribus expugnatis oppidis Caesar ubi intellexit frustra tantum laborem sumi neque hostium fugam captis oppidis reprimi neque iis noceri posse, statuit exspectandam classem. quae ubi convenit ac primum ab hostibus visa est, circiter CCXX naves eorum paratissimae atque omni genere armorum ornatissimae ex portu profectae nostris adversae constiterunt. neque satis Bruto, qui classi praeerat, vel tribunis militum centurionibusque, quibus singulae naves erant attributae, constabat quid agerent aut quam rationem pugnae insisterent. rostro enim noceri non posse cognoverant; turribus autem excitatis tamen has altitudo puppium ex barbaris navibus superabat, ut neque ex inferiore loco satis commode tela adigi possent et missa a Gallis gravius acciderent. una erat magno usui res praeparata ab nostris, falces praeacutae insertae adfixaeque longuriis, non absimili forma muralium falcium. his cum funes qui antemnas ad malos destinabant, comprehensi adductique erant, navigio remis incitato praerumpebantur. quibus abscisis antemnae necessario concidebant, ut cum omnis Gallicis navibus spes in velis armamentisque consisteret, his ereptis omnis usus navium uno tempore eriperetur. reliquum erat certamen positum in virtute, qua nostri milites facile superabant, atque eo magis quod in conspectu Caesaris atque omnis exercitus res gerebatur, ut nullum paulo fortius factum latere posset. omnes enim colles ac loca superiora, unde erat propinquus despectus in mare, ab exercitu tenebantur.

15. Deiectis ut diximus antemnis, cum singulas binae ac ter-

nae naves circumsisterent, milites summa vi transcendere in
hostium naves contendebant. quod postquam fieri barbari
animadverterunt, expugnatis compluribus navibus, cum ei rei
nullum reperiretur auxilium, fuga salutem petere
contendebant. ac iam conversis in eam partem navibus quo ventus ferebat, tanta subito malacia ac tranquillitas exstitit, ut se ex
loco movere non possent. quae quidem res ad negotium
conficiendum maximae fuit opportunitati. nam singulas nostri
consectati expugnaverunt, ut perpaucae ex omni numero noctis
interventu ad terram pervenirent, cum ab hora fere quarta usque ad solis occasum pugnaretur.

16. Quo proelio bellum Venetorum totiusque orae maritimae confectum est. nam cum omnis iuventus, omnes etiam gravioris aetatis, in quibus aliquid consilii aut dignitatis fuit, eo
convenerant, tum navium quod ubique fuerat unum in locum
coegerant. quibus amissis reliqui neque quo se reciperent neque
quemadmodum oppida defenderent habebant. itaque se suaque
omnia Caesari dediderunt. in quos eo gravius Caesar vindicandum statuit quo diligentius in reliquum tempus a barbaris
ius legatorum conservaretur. itaque omni senatu necato reliquos sub corona vendidit.

17. Dum haec in Venetis geruntur, Q. Titurius Sabinus cum
iis copiis, quas a Caesare acceperat, in fines Unellorum pervenit. his praeerat Viridovix ac summam imperii tenebat earum
omnium civitatum, quae defecerant, ex quibus exercitum magnasque copias coegerat; atque his paucis diebus Aulerci Eburovices Lexoviique senatu suo interfecto, quod auctores belli esse
nolebant, portas clauserunt seseque cum Viridovice
coniunxerunt. magnaque praeterea multitudo undique ex Gallia perditorum hominum latronumque convenerat, quos spes
praedandi studiumque bellandi ab agri cultura et cotidiano labore revocabat. Sabinus idoneo omnibus rebus loco castris se
tenebat, cum Viridovix contra eum duorum milium spatio
consedisset cotidieque productis copiis pugnandi potestatem
faceret, ut iam non solum hostibus in contemptionem Sabinus
veniret, sed etiam nostrorum militum vocibus nonnihil
carperetur; tantamque opinionem timoris praebuit, ut iam ad
vallum castrorum hostes accedere auderent. id ea de causa faciebat quod cum tanta multitudine hostium, praesertim eo absente qui summam imperii teneret, nisi aequo loco aut oppor-

tunitate aliqua data legato dimicandum non existimabat.

18. Hac confirmata opinione timoris idoneum quendam 1 hominem et callidum delegit Gallum ex iis, quos auxilii causa secum habebat. huic magnis praemiis pollicitationibusque per- 2 suadet uti ad hostes transeat et quid fieri velit edocet. qui ubi 3 pro perfuga ad eos venit, timorem Romanorum proponit, quibus angustiis ipse Caesar a Venetis prematur docet, neque lon- 4 gius abesse, quin proxima nocte Sabinus clam ex castris exercitum educat et ad Caesarem auxilii ferendi causa proficiscatur. quod ubi auditum est, conclamant omnes occasionem negotii 5 bene gerendi amittendam non esse, ad castra iri oportere. mul- 6 tae res ad hoc consilium Gallos hortabantur: superiorum dierum Sabini cunctatio, perfugae confirmatio, inopia cibariorum, cui rei parum diligenter ab iis erat provisum, spes Venetici belli, et quod fere libenter homines id quod volunt credunt. his rebus 7 adducti non prius Viridovicem reliquosque duces ex concilio dimittunt, quam ab his sit concessum arma uti capiant et ad castra contendant. qua re concessa laeti, ut explorata victoria, 8 sarmentis virgultisque collectis, quibus fossas Romanorum compleant, ad castra pergunt.

19. Locus erat castrorum editus et paulatim ab imo acclivis 1 circiter passus mille. huc magno cursu contenderunt, ut quam minimum spatii ad se colligendos armandosque Romanis daretur, exanimatique pervenerunt. Sabinus suos hortatus 2 cupientibus signum dat. impeditis hostibus propter ea quae ferebant onera, subito duabus portis eruptionem fieri iubet. fac- 3 tum est opportunitate loci, hostium inscientia ac defatigatione, virtute militum et superiorum pugnarum exercitatione, ut ne primum quidem nostrorum impetum ferrent ac statim terga verterent. quos integris viribus milites nostri consecuti mag- 4 num numerum eorum occiderunt; reliquos equites consectati paucos, qui ex fuga evaserant, reliquerunt. sic uno tempore et 5 de navali pugna Sabinus et de Sabini victoria Caesar est certior factus, civitatesque omnes se statim Titurio dediderunt. nam ut 6 ad bella suscipienda Gallorum alacer ac promptus est animus, sic mollis ac minime resistens ad calamitates ferendas mens eorum est.

20. Eodem fere tempore P. Crassus, cum in Aquitaniam 1 pervenisset, quae pars ut ante dictum est et regionum latitudine et multitudine hominum ex tertia parte Galliae est aestimanda.

cum intellegeret in illis locis sibi bellum gerendum, ubi paucis ante annis L. Valerius Praeconinus legatus exercitu pulso interfectus esset atque unde L. Manlius proconsul impedimentis amissis profugisset, non mediocrem sibi diligentiam adhibendam intellegebat. itaque re frumentaria provisa, auxiliis equitatuque comparato, multis praeterea viris fortibus Tolosa et Carcasone et Narbone – quae sunt civitates Galliae provinciae finitimae his regionibus – nominatim evocatis in Sotiatium fines exercitum introduxit. cuius adventu cognito Sotiates magnis copiis coactis equitatuque, quo plurimum valebant, in itinere agmen nostrum adorti primum equestre proelium commiserunt, deinde equitatu suo pulso atque insequentibus nostris subito pedestres copias, quas in convalle in insidiis conlocaverant, ostenderunt. iis nostros diiectos adorti proelium renovarunt.

21. Pugnatum est diu atque acriter, cum Sotiates superioribus victoriis freti in sua virtute totius Aquitaniae salutem positam putarent, nostri autem, quid sine imperatore et sine reliquis legionibus adulescentulo duce efficere possent, perspici cuperent. tandem confecti vulneribus hostes terga verterunt. quorum magno numero interfecto Crassus ex itinere oppidum Sotiatium oppugnare coepit. quibus fortiter resistentibus vineas turresque egit. illi alias eruptione temptata, alias cuniculis ad aggerem vineasque actis – cuius rei sunt longe peritissimi Aquitani, propterea quod multis locis apud eos aerariae secturaeque sunt –, ubi diligentia nostrorum nihil his rebus profici posse intellexerunt, legatos ad Crassum mittunt, seque in deditionem ut recipiat petunt. qua re impetrata arma tradere iussi faciunt.

22. Atque in eam rem omnium nostrorum intentis animis alia ex parte oppidi Adiatuanus, qui summam imperii tenebat, cum DC devotis, quos Galli soldurios appellant – quorum haec est condicio uti omnibus in vita commodis una cum iis fruantur quorum se amicitiae dediderint, si quid his per vim accidat, aut eundem casum una ferant aut sibi mortem consciscant; neque adhuc hominum memoria repertus est quisquam qui eo interfecto, cuius se amicitiae devovisset, mortem recusaret – cum his Adiatuanus eruptionem facere conatus clamore ab ea parte munitionis sublato cum ad arma milites concurrissent vehementerque ibi pugnatum esset, repulsus in oppidum tamen uti eadem deditionis condicione uteretur a Crasso impetravit.

23. Armis obsidibusque acceptis Crassus in fines Vocatium et Tarusatium profectus est. tum vero barbari commoti, quod oppidum et natura loci et manu munitum paucis diebus, quibus eo ventum erat, expugnatum cognoverant, legatos quoque versus dimittere, coniurare, obsides inter se dare, copias parare coeperunt. mittuntur etiam ad eas civitates legati quae sunt citerioris Hispaniae finitimae Aquitaniae; inde auxilia ducesque arcessuntur. quorum adventu magna cum auctoritate et magna cum hominum multitudine bellum gerere conantur. duces vero ii deliguntur, qui una cum Q. Sertorio omnes annos fuerant summamque scientiam rei militaris habere existimabantur. hi consuetudine populi Romani loca capere, castra munire, commeatibus nostros intercludere instituunt. quod ubi Crassus animadvertit suas copias propter exiguitatem non facile diduci, hostem et vagari et vias obsidere et castris satis praesidii relinquere, ob eam causam minus commode frumentum commeatumque sibi supportari, in dies hostium numerum augeri, non cunctandum existimavit quin pugna decertaret. hac re ad consilium delata ubi omnes idem sentire intellexit, posterum diem pugnae constituit.

24. Prima luce productis omnibus copiis, duplici acie instituta, auxiliis in mediam aciem coniectis, quid hostes consilii caperent exspectabat. illi etsi propter multitudinem et veterem belli gloriam paucitatemque nostrorum se tuto dimicaturos existimabant, tamen tutius esse arbitrabantur obsessis viis commeatu intercluso sine ullo vulnere victoria potiri, et si propter inopiam rei frumentariae Romani se recipere coepissent, impeditos in agmine et sub sarcinis inferiore ⟨s aequo⟩ animo adoriri cogitabant. hoc consilio probato a ducibus productis Romanorum copiis sese castris tenebant. hac re perspecta Crassus, cum sua cunctatione atque opinione timidiores hostes nostros milites alacriores ad pugnandum effecissent atque omnium voces audirentur exspectari diutius non oportere quin ad castra iretur, cohortatus suos omnibus cupientibus ad hostium castra contendit.

25. Ibi cum alii fossas complerent, alii multis telis coniectis defensores vallo munitionibusque depellerent, auxiliaresque, quibus ad pugnam non multum Crassus confidebat, lapidibus telisque subministrandis et ad aggerem caespitibus comportandis speciem atque opinionem pugnantium praeberent, cum

item ab hostibus constanter ac non timide pugnaretur telaque
2 ex loco superiore missa non frustra acciderent, equites circumitis hostium castris Crasso renuntiaverunt non eadem esse diligentia ab decumana porta castra munita facilemque aditum habere.

26. Crassus equitum praefectos cohortatus ut magnis praemiis pollicitationibusque suos excitarent, quid fieri vellet
2 ostendit. illi ut erat imperatum eductis iis cohortibus quae praesidio castris relictae intritae ab labore erant, et longiore itinere circumductis, ne ex hostium castris conspici possent, omnium oculis mentibusque ad pugnam intentis celeriter ad eas quas di-
3 ximus munitiones pervenerunt atque his prorutis prius in hostium castris constiterunt, quam plane ab his videri aut quid rei
4 gereretur cognosci posset. tum vero clamore ab ea parte audito nostri redintegratis viribus, quod plerumque in spe victoriae
5 accidere consuevit, acrius impugnare coeperunt. hostes undique circumventi desperatis omnibus rebus se per munitiones
6 deicere et fuga salutem petere intenderunt. quos equitatus apertissimis campis consectatus ex numero milium L, quae ex Aquitania Cantabrisque convenisse constabat, vix quarta parte relicta multa nocte se in castra recepit.

27. Hac audita pugna maxima pars Aquitaniae sese Crasso dedidit obsidesque ultro misit. quo in numero fuerunt Tarbelli, Bigerriones, Ptianii, Vocates, Tarusates, Elusates, Gates, Aus-
2 ci, Garunni, Sibulates, Cocosates; paucae ultimae nationes anni tempore confisae, quod hiems suberat, id facere neglexerunt.

28. Eodem fere tempore Caesar, etsi prope exacta iam aestas erat, tamen quod omni Gallia pacata Morini Menapiique supererant qui in armis essent neque ad eum umquam legatos de pace misissent, arbitratus id bellum celeriter confici posse, eo exercitum duxit. qui longe alia ratione ac reliqui Galli bellum gerere
2 instituerunt. nam quod intellegebant maximas nationes, quae proelio contendissent, pulsas superatasque esse continentesque silvas ac paludes habebant, eo se suaque omnia contulerunt. ad
3 quarum initium silvarum cum Caesar pervenisset castraque munire instituisset neque hostis interim visus esset, dispersis in opere nostris subito ex omnibus partibus silvae evolaverunt et
4 in nostros impetum fecerunt. nostri celeriter arma ceperunt eosque in silvas reppulerunt et compluribus interfectis longius impeditioribus locis secuti paucos ex suis deperdiderunt.

29. Reliquis deinceps diebus Caesar silvas caedere instituit, et ne quis inermibus imprudentibusque militibus ab latere impetus fieri posset, omnen eam materiam quae erat caesa conversam ad hostem conlocabat et pro vallo ad utrumque latus exstruebat. incredibili celeritate magno spatio paucis diebus confecto, cum iam pecus atque extrema impedimenta a nostris tenerentur, ipsi densiores silvas peterent, eiusmodi tempestates sunt consecutae, uti opus necessario intermitteretur et continuatione imbrium diutius sub pellibus milites contineri non possent. itaque vastatis omnibus eorum agris, vicis aedificiisque incensis Caesar exercitum reduxit et in Aulercis Lexoviis reliquisque item civitatibus quae proxime bellum fecerant, in hibernis conlocavit.

COMMENTARIORUM BELLI GALLICI

LIBER QUARTUS

1. Ea quae secuta est hieme, qui fuit annus Cn. Pompeio M. Crasso consulibus, Usipetes Germani, item Tenctheri magna cum multitudine hominum flumen Rhenum transierunt non longe a mari quo Rhenus influit. causa transeundi fuit, quod ab Suebis complures annos exagitati bello premebantur et agri cultura prohibebantur.
Sueborum gens est longe maxima et bellicosissima Germanorum omnium. hi centum pagos habere dicuntur, ex quibus quotannis singula milia armatorum bellandi causa suis ex finibus educunt. reliqui, qui domi manserunt, se atque illos alunt. hi rursus invicem anno post in armis sunt, illi domi remanent. sic neque agri cultura nec ratio atque usus belli intermittitur. sed privati ac separati agri apud eos nihil est, neque longius anno remanere uno in loco colendi causa licet. neque multum frumento, sed maximam partem lacte atque pecore vivunt multumque sunt in venationibus. quae res et cibi genere et cotidiana exercitatione et libertate vitae, quod a pueris nullo officio aut disciplina adsuefacti nihil omnino contra voluntatem faciunt, et vires alit et immani corporum magnitudine homines efficit. atque in eam se consuetudinem adduxerunt, ut locis frigidissimis neque vestitus praeter pelles habeant quicquam, quarum prop-

ter exiguitatem magna est corporis pars aperta, et laventur in fluminibus.

2. Mercatoribus est aditus magis eo, ut quae bello ceperint, quibus vendant habeant, quam quo ullam rem ad se importari desiderent. quin etiam iumentis, quibus maxime Galli delectantur quaeque impenso parant pretio, Germani importatis non utuntur, sed quae sunt apud eos nata, parva atque deformia, haec cotidiana exercitatione summi ut sint laboris efficiunt. equestribus proeliis saepe ex equis desiliunt ac pedibus proeliantur, equosque eodem remanere vestigio adsuefaciunt, ad quos se celeriter cum usus est recipiunt. neque eorum moribus turpius quicquam aut inertius habetur quam ephippiis uti. itaque ad quemvis numerum ephippiatorum equitum quamvis pauci adire audent. vinum ad se omnino importari non patiuntur, quod ea re ad laborem ferendum remollescere homines atque effeminari arbitrantur.

3. Publice maximam putant esse laudem quam latissime a suis finibus vacare agros. hac re significari magnum numerum civitatum suam vim sustinere non potuisse. itaque una ex parte ab Suebis circiter milia passuum sescenta agri vacare dicuntur. ad alteram partem succedunt Ubii, quorum fuit civitas ampla atque florens, ut est captus Germanorum. et paulo quam eiusdem generis ceteri sunt humaniores, propterea quod Rhenum attingunt multumque ad eos mercatores ventitant et quod ipsi propter propinquitatem Gallicis sunt moribus adsuefacti. hos cum Suebi multis saepe bellis experti propter amplitudinem gravitatemque civitatis finibus expellere non potuissent, tamen vectigales sibi fecerunt ac multo humiliores infirmioresque redegerunt.

4. In eadem causa fuerunt Usipetes et Tenctheri quos supra diximus. qui complures annos Sueborum vim sustinuerunt, ad extremum tamen agris expulsi et multis locis Germaniae triennium vagati ad Rhenum pervenerunt, quas regiones Menapii incolebant. hi ad utramque ripam fluminis agros aedificia vicosque habebant. sed tantae multitudinis adventu perterriti ex iis aedificiis, quae trans flumen habuerant, demigraverunt et cis Rhenum dispositis praesidiis Germanos transire prohibebant. illi omnia experti cum neque vi contendere propter inopiam navium neque clam transire propter custodias Menapiorum possent, reverti se in suas sedes regionesque simulaverunt et tridui

viam progressi rursus reverterunt atque omni hoc itinere una nocte equitatu confecto inscios inopinantesque Menapios oppresserunt, qui de Germanorum discessu per exploratores 6 certiores facti sine metu trans Rhenum in suos vicos remigraverant. his interfectis navibusque eorum occupatis, priusquam 7 ea pars Menapiorum quae citra Rhenum erat certior fieret, flumen transierunt atque omnibus eorum aedificiis occupatis reliquam partem hiemis se eorum copiis aluerunt.

5. His de rebus Caesar certior factus et infirmitatem Gallo- 1 rum veritus, quod sunt in consiliis capiendis mobiles et novis plerumque rebus student, nihil his committendum existimavit. est autem hoc Gallicae consuetudinis, uti et viatores etiam invi- 2 tos consistere cogant et quid quisque eorum de quaque re audierit aut cognoverit quaerant et mercatores in oppidis vulgus circumsistat quibusque ex regionibus veniant quasque ibi res cognoverint pronuntiare cogat. his rebus atque auditionibus 3 permoti de summis saepe rebus consilia ineunt, quorum eos in vestigio paenitere necesse est, cum incertis rumoribus serviant et plerique ad voluntatem eorum ficta respondeant.

6. Qua consuetudine cognita Caesar, ne graviori bello oc- 1 curreret, maturius quam consuerat ad exercitum proficiscitur. eo cum venisset, ea quae fore suspicatus erat facta cognovit: 2 missas legationes ab nonnullis civitatibus ad Germanos 3 invitatosque eos uti ab Rheno discederent: omnia quaeque postulassent ab se fore parata. qua spe adducti Germani latius 4 iam vagabantur et in fines Eburonum et Condrusorum, qui sunt Treverorum clientes, pervenerant. principibus Galliae 5 evocatis Caesar ea quae cognoverat dissimulanda sibi existimavit eorumque animis permulsis et confirmatis equitatuque imperato bellum cum Germanis gerere constituit.

7. Re frumentaria comparata equitibusque delectis iter in ea 1 loca facere coepit, quibus in locis esse Germanos audiebat. a 2 quibus cum paucorum dierum iter abesset, legati ab his venerunt. quorum haec fuit oratio: Germanos neque priores populo 3 Romano bellum inferre neque tamen recusare, si lacessantur, quin armis contendant, quod Germanorum consuetudo haec sit a maioribus tradita, quicumque bellum inferant, resistere neque deprecari. haec tamen dicere: venisse invitos, eiectos 4 domo; si suam gratiam Romani velint, posse iis utiles esse amicos; vel sibi agros attribuant, vel patiantur eos tenere quos ar-

5 mis possederint; sese unis Suebis concedere, quibus ne di quidem immortales pares esse possint; reliquum quidem in terris esse neminem quem non superare possint.

1 **8.** Ad haec Caesar, quae visum est, respondit; sed exitus fuit orationis: sibi nullam cum iis amicitiam esse posse, si in Gallia 2 remanerent; neque verum esse, qui suos fines tueri non potuerint, alienos occupare, neque ullos in Gallia vacare agros, qui 3 dari tantae praesertim multitudini sine iniuria possint; sed licere si velint in Ubiorum finibus considere, quorum sint legati apud se et de Sueborum iniuriis querantur et ab se auxilium petant; hoc se ab Ubiis impetraturum.

1 **9.** Legati haec se ad suos relaturos dixerunt et re deliberata post diem tertium ad Caesarem reversuros. interea ne propius 2 se castra moveret petiverunt. ne id quidem Caesar ab se impe-3 trari posse dixit. cognoverat enim magnam partem equitatus ab iis aliquot diebus ante praedandi frumentandique causa ad Ambivaritos trans Mosam missam; hos exspectari equites atque eius rei causa moram interponi arbitrabatur.

1 **10.** Mosa profluit ex monte Vosego, qui est in finibus Lin-2 gonum, et parte quadam ex Rheno recepta, quae appellatur Vacalus, insulam efficit Batavorum [in Oceanum influit], neque longius ab Oceano milibus passuum LXXX in Rhenum influit. 3 Rhenus autem oritur ex Lepontiis qui Alpes incolunt, et longo spatio per fines Nantuatium, Helvetiorum, Sequanorum, Me-4 diomatricorum, Tribocorum, Treverorum citatus fertur, et ubi Oceano adpropinquavit, in plures diffluit partes multis ingentibusque insulis effectis, quarum pars magna a feris barbarisque 5 nationibus incolitur, ex quibus sunt qui piscibus atque ovis avium vivere existimantur, multisque capitibus in Oceanum influit.

1 **11.** Caesar cum ab hoste non amplius passuum XII milibus abesset, ut erat constitutum, ad eum legati revertuntur. qui in itinere congressi magnopere ne longius procederet orabant. 2 cum id non impetrassent, petebant uti ad eos equites qui agmen antecessissent praemitteret eosque pugna prohiberet sibique uti 3 potestatem faceret in Ubios legatos mittendi. quorum si principes ac senatus sibi iure iurando fidem fecissent, ea condicione quae a Caesare ferretur se usuros ostendebant: ad has res 4 conficiendas sibi tridui spatium daret. haec omnia Caesar eodem illo pertinere arbitrabatur, ut tridui mora interposita equi-

tes eorum, qui abessent, reverterentur, tamen se non longius milibus passuum quattuor aquationis causa processurum eo die dixit; huc postero die quam frequentissimi convenirent, ut de 5 eorum postulatis cognosceret. interim ad praefectos, qui cum 6 omni equitatu antecesserant, mittit qui nuntiarent ne hostes proelio lacesserent, et si ipsi lacesserentur, sustinerent, quoad ipse cum exercitu propius accessisset.

12. At hostes ubi primum nostros equites conspexerunt, quo- 1 rum erat v milium numerus, cum ipsi non amplius octingentos equites haberent, quod ii, qui frumentandi causa erant trans Mosam profecti, nondum redierant, nihil timentibus nostris, quod legati eorum paulo ante a Caesare discesserant atque is dies indutiis erat ab his petitus, impetu facto celeriter nostros perturbaverunt. rursus his resistentibus sua consuetudine ad 2 pedes desiluerunt subfossisque equis compluribusque nostris deiectis reliquos in fugam coniecerunt atque ita perterritos egerunt, ut non prius fuga desisterent quam in conspectum agminis nostri venissent. in eo proelio ex equitibus nostris interfi- 3 ciuntur quattuor et septuaginta, in his vir fortissimus Piso 4 Aquitanus amplissimo genere natus, cuius avus in civitate sua regnum obtinuerat, amicus ab senatu nostro appellatus. hic 5 cum fratri intercluso ab hostibus auxilium ferret, illum ex periculo eripuit, ipse equo vulnerato deiectus, quoad potuit, fortissime restitit; cum circumventus multis vulneribus acceptis ce- 6 cidisset atque id frater, qui iam proelio excesserat, procul animadvertisset, incitato equo se hostibus obtulit atque ⟨item⟩ interfectus est.

13. Hoc facto proelio Caesar neque iam sibi legatos audien- 1 dos neque condiciones accipiendas arbitrabatur ab iis, qui per dolum atque insidias petita pace ultro bellum intulissent; ex- 2 spectare vero dum hostium copiae augerentur equitatusque reverteretur, summae dementiae esse iudicabat et cognita Gallo- 3 rum infirmitate quantum iam apud eos hostes uno proelio auctoritatis essent consecuti sentiebat. quibus ad consilia capienda nihil spatii dandum existimabat. his constitutis rebus et consilio 4 cum legatis et quaestore communicato, ne quem diem pugnae praetermitteret, opportunissime res accidit, quod postridie eius diei mane eadem et perfidia et simulatione usi Germani frequentes omnibus principibus maioribusque natu adhibitis ad eum in castra venerunt, simul, ut dicebatur, sui purgandi causa, 5

quod contra atque esset dictum et ipsi petissent, proelium pridie commisissent, simul ut, si quid possent, de indutiis fallendo
6 impetrarent. quos sibi Caesar oblatos gavisus, illos retineri iussit, ipse omnes copias castris eduxit equitatumque, quod recenti proelio perterritum esse existimabat, agmen subsequi iussit.

1 **14.** Acie triplici instituta et celeriter octo milium itinere confecto prius ad hostium castra pervenit, quam quid ageretur
2 Germani sentire possent. qui omnibus rebus subito perterriti et celeritate adventus nostri et discessu suorum neque consilii habendi neque arma capiendi spatio dato perturbantur, copiasne adversus hostem ducere an castra defendere an fuga salutem pe-
3 tere praestaret. quorum timor cum fremitu et concursu significaretur, milites nostri pristini diei perfidia incitati in castra in-
4 ruperunt. quo loco qui celeriter arma capere potuerunt, paulisper nostris restiterunt atque inter carros impedimentaque proe-
5 lium commiserunt. at reliqua multitudo puerorum mulierumque – nam cum omnibus suis domo excesserant Rhenumque transierant – passim fugere coepit. ad quos consectandos Caesar equitatum misit.

1 **15.** Germani post tergum clamore audito cum suos interfici viderent, armis abiectis signisque militaribus relictis se ex cas-
2 tris eiecerunt et, cum ad confluentem Mosae et Rheni pervenissent, reliqua fuga desperata magno numero interfecto reliqui se in flumen praecipitaverunt atque ibi timore lassitudine vi flu-
3 minis oppressi perierunt. nostri ad unum omnes incolumes perpaucis vulneratis ex tanti belli timore, cum hostium numerus capitum quadringentorum triginta milium fuisset, se in
4 castra receperunt. Caesar iis, quos in castris retinuerat, dis-
5 cedendi potestatem fecit. illi supplicia cruciatusque Gallorum veriti, quorum agros vexaverant, remanere se apud eum velle dixerunt. his Caesar libertatem concessit.

1 **16.** Germanico bello confecto multis de causis Caesar statuit sibi Rhenum esse transeundum. quarum illa fuit iustissima quod, cum videret Germanos tam facile impelli ut in Galliam venirent, suis quoque rebus eos timere voluit, cum intellegerent et posse et audere populi Romani exercitum Rhenum transire.
2 accessit etiam quod illa pars equitatus Usipetum et Tenctherorum, quam supra commemoravi praedandi frumentandique causa Mosam transisse neque proelio interfuisse, post fugam

suorum se trans Rhenum in fines Sugambrorum receperat seque cum his coniunxerat. ad quos cum Caesar nuntios misisset, 3 qui postularent eos, qui sibi Galliaeque bellum intulissent, sibi dederent, responderunt: populi Romani imperium Rhenum fi- 4 nire; si se invito Germanos in Galliam transire non aequum existimaret, cur sui quicquam esse imperii aut potestatis trans Rhenum postularet? Ubii autem, qui uni ex Transrhenanis ad 5 Caesarem legatos miserant, amicitiam fecerant, obsides dederant, magnopere orabant ut sibi auxilium ferret, quod graviter ab Suebis premerentur; vel si id facere occupationibus rei publi- 6 cae prohiberetur, exercitum modo Rhenum transportaret; id sibi ⟨ad⟩ auxilium spemque reliqui temporis satis futurum. tantum esse nomen apud eos atque opinionem exercitus Ro- 7 mani Ariovisto pulso et hoc novissimo proelio facto etiam ad ultimas Germanorum nationes, uti opinione et amicitia populi Romani tuti esse possint. navium magnam copiam ad trans- 8 portandum exercitum pollicebantur.

17. Caesar his de causis, quas commemoravi, Rhenum 1 transire decreverat. sed navibus transire neque satis tutum esse arbitrabatur neque suae neque populi Romani dignitatis esse statuebat. itaque etsi summa difficultas faciendi pontis propo- 2 nebatur propter latitudinem rapiditatem altitudinemque fluminis, tamen id sibi contendendum aut aliter non traducendum exercitum existimabat. rationem pontis hanc instituit: tigna 3 bina sesquipedalia paulum ab imo praeacuta dimensa ad altitudinem fluminis intervallo pedum duorum inter se iungebat. haec cum machinationibus immissa in flumen defixerat festu- 4 culisque adegerat, non sublicae modo derecte ad perpendiculum, sed prone ac fastigate, ut secundum naturam fluminis procumberent, his item contraria duo ad eundem modum di- 5 iuncta intervallo pedum quadragenum ab inferiore parte contra vim atque impetum fluminis conversa statuebat. haec utraque 6 insuper bipedalibus trabibus immissis, quantum eorum tignorum iunctura distabat, binis utrimque fibulis ab extrema parte distinebantur. quibus disclusis atque in contrariam partem re- 7 vinctis tanta erat operis firmitudo atque ea rerum natura, ut, quo maior vis aquae se incitavisset, hoc artius inligata tenerentur. haec derecta materia iniecta contexebantur et longuriis 8 cratibusque consternebantur. ac nihilo setius sublicae et ad in- 9 feriorem partem fluminis oblique agebantur, quae pro ariete

Pons a Cæsare in Rheno factus

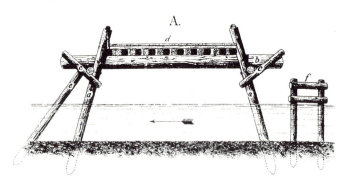

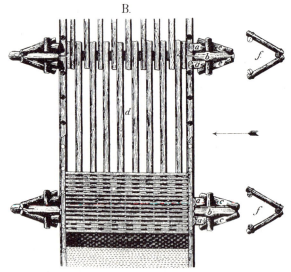

A. *jugum pontis a fronte* — **B** — *superne visum.*

Rekonstruktion der Rheinbrücke
(aus einer Schulausgabe des Bellum Gallicum von 1886)

Originalgröße: a) 11 × 17 cm, b) 19,5 × 11,5 cm

PONS A CÆSARE IN RHENO FACTUS.

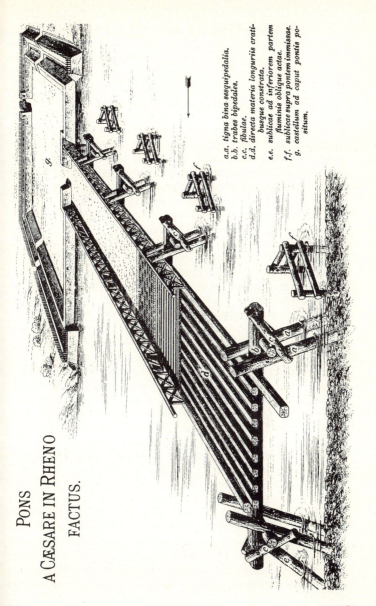

a.a. *tigna bina sesquipedalia.*
b.b. *trabes bipedales.*
c.c. *fibulae.*
d.d. *directa materia longuriis cratibusque constrata.*
e.e. *sublicae ad inferiorem partem fluminis oblique actae.*
f-f. *sublicae supra pontem immissae.*
g. *castellum ad caput pontis positum.*

subiectae et cum omni opere coniunctae vim fluminis excipe-
rent, et aliae item supra pontem mediocri spatio, ut si arborum trunci sive naves deiciendi operis causa essent a barbaris missae, his defensoribus earum rerum vis minueretur neu ponti nocerent.

18. Diebus decem, quibus materia coepta erat comportari, omni opere effecto exercitus traducitur. Caesar ad utramque partem pontis firmo praesidio relicto in fines Sugambrorum contendit. interim a compluribus civitatibus ad eum legati veniunt. quibus pacem atque amicitiam petentibus liberaliter respondet obsidesque ad se adduci iubet. at Sugambri ex eo tempore quo pons institui coeptus est, fuga comparata hortantibus iis, quos ex Tenctheris atque Usipetibus apud se habebant, finibus suis excesserant suaque omnia exportaverant seque in solitudinem ac silvas abdiderant.

19. Caesar paucos dies in eorum finibus moratus omnibus vicis aedificiisque incensis frumentisque succisis se in fines Ubiorum recepit atque his auxilium suum pollicitus, si ab Suebis premerentur, haec ab iis cognovit: Suebos posteaquam per exploratores pontem fieri comperissent, more suo concilio habito nuntios in omnes partes dimisisse, uti de oppidis demigrarent, liberos uxores suaque omnia in silvis deponerent atque omnes, qui arma ferre possent, unum in locum convenirent; hunc esse delectum medium fere regionum earum quas Suebi obtinerent. hic Romanorum adventum exspectare atque ibi decertare constituisse. quod ubi Caesar comperit, omnibus his rebus confectis, quarum rerum causa exercitum traducere constituerat, ut Germanis metum iniceret, ut Sugambros ulcisceretur, ut Ubios obsidione liberaret, diebus omnino XVIII trans Rhenum consumptis, satis et ad laudem et ad utilitatem populi Romani perfectum arbitratus se in Galliam recepit pontemque rescidit.

20. Exigua parte aestatis reliqua Caesar, etsi in his locis, quod omnis Gallia ad septentriones vergit, maturae sunt hiemes, tamen in Britanniam proficisci contendit, quod omnibus fere Gallicis bellis hostibus nostris inde subministrata auxilia intellegebat et, si tempus anni ad bellum gerendum deficeret, tamen magno sibi usui fore arbitrabatur, si modo insulam adisset, genus hominum perspexisset, loca portus aditus cognovisset. quae omnia fere Gallis erant incognita. neque

enim temere praeter mercatores adit ad illos quisquam, neque
iis ipsis quicquam praeter oram maritimam atque eas regiones,
quae sunt contra Galliam, notum est. itaque evocatis ad se undique mercatoribus, neque quanta esset insulae magnitudo neque quae aut quantae nationes incolerent neque quem usum
belli haberent aut quibus institutis uterentur neque qui essent
ad maiorum navium multitudinem idonei portus, reperire poterat.

21. Ad haec cognoscenda, priusquam periculum faceret,
idoneum esse arbitratus C. Volusenum cum navi longa praemittit. huic mandat uti exploratis omnibus rebus ad se quam
primum revertatur. ipse cum omnibus copiis in Morinos proficiscitur, quod inde erat brevissimus in Britanniam traiectus.
huc naves undique ex finitimis regionibus et, quam superiore
aestate ad Veneticum bellum fecerat classem, iubet convenire.
interim consilio eius cognito et per mercatores perlato ad Britannos a compluribus eius insulae civitatibus ad eum legati veniunt, qui polliceantur obsides dare atque imperio populi Romani obtemperare. quibus auditis liberaliter pollicitus hortatusque, ut in ea sententia permanerent, eos domum remittit et
cum iis una Commium, quem ipse Atrebatibus superatis regem
ibi constituerat, cuius et virtutem et consilium probabat, et
quem sibi fidelem esse arbitrabatur, cuiusque auctoritas in his
regionibus magni habebatur, mittit. huic imperat, quas possit,
adeat civitates horteturque, ut populi Romani fidem sequantur,
seque celeriter eo venturum nuntiet. Volusenus perspectis regionibus omnibus, quantum ei facultatis dari potuit, qui navi
egredi ac se barbaris committere non auderet, quinto die ad
Caesarem revertitur, quaeque ibi perspexisset, renuntiat.

22. Dum in his locis Caesar navium parandarum causa moratur, ex magna parte Morinorum ad eum legati venerunt, qui
se de superioris temporis consilio excusarent, quod homines
barbari et nostrae consuetudinis imperiti bellum populo Romano fecissent, seque ea quae imperasset facturos pollicerentur. hoc sibi Caesar satis opportune accidisse arbitratus,
quod neque post tergum hostem relinquere volebat neque belli
gerendi propter anni tempus facultatem habebat neque has tantularum rerum occupationes Britanniae anteponendas iudicabat, magnum iis numerum obsidum imperat. quibus adductis
eos in fidem recipit. navibus circiter LXXX onerariis coactis,

contractisque quot satis esse ad duas transportandas legiones existimabat, quicquid praeterea navium longarum habebat, id quaestori legatis praefectisque tribuit. huc accedebant XVIII onerariae naves, quae ex eo loco a milibus passuum octo vento tenebantur, quominus in eundem portum venire possent; has equitibus tribuit. reliquum exercitum Q. Titurio Sabino et L. Aurunculeio Cottae legatis in Menapios atque in eos pagos Morinorum, a quibus ad eum legati non venerant, ducendum dedit; P. Sulpicium Rufum legatum cum eo praesidio quod satis esse arbitrabatur, portum tenere iussit.

23. His constitutis rebus nactus idoneam ad navigandum tempestatem tertia fere vigilia naves solvit equitesque in ulteriorem portum progredi et naves conscendere et se sequi iussit. a quibus cum paulo tardius esset administratum, ipse hora diei circiter quarta cum primis navibus Britanniam attigit atque ibi in omnibus collibus expositas hostium copias armatas conspexit. cuius loci haec erat natura atque ita montibus angustis mare continebatur, uti ex locis superioribus in litus telum adigi posset. hunc ad egrediendum nequaquam idoneum locum arbitratus, dum reliquae naves eo convenirent, ad horam nonam in ancoris exspectavit. interim legatis tribunisque militum convocatis, et quae ex Voluseno cognovisset et quae fieri vellet ostendit monuitque, uti rei militaris ratio maximeque ut maritimae res postularent, ut, quam celerem atque instabilem motum haberent, ad nutum et ad tempus omnes res ab iis administrarentur. his dimissis et ventum et aestum uno tempore nactus secundum dato signo et sublatis ancoris circiter milia passuum septem ab eo loco progressus, aperto ac plano litore naves constituit.

24. At barbari consilio Romanorum cognito, praemisso equitatu et essedariis, quo plerumque genere in proeliis uti consuerunt, reliquis copiis subsecuti nostros navibus egredi prohibebant. erat ob has causas summa difficultas, quod naves propter magnitudinem nisi in alto constitui non poterant, militibus autem ignotis locis, impeditis manibus, magno et gravi onere armorum pressis simul et de navibus desiliendum et in fluctibus consistendum et cum hostibus erat pugnandum, cum illi aut ex arido aut paulum in aquam progressi omnibus membris expeditis, notissimis locis audacter tela conicerent et equos insuefactos incitarent. quibus rebus nostri perterriti atque hu-

ius omnino generis pugnae imperiti non eadem alacritate ac studio, quo in pedestribus uti proeliis consuerant, utebantur.

25. Quod ubi Caesar animadvertit, naves longas, quarum et species erat barbaris inusitatior et motus ad usum expeditior, paulum removeri ab onerariis navibus et remis incitari et ad latus apertum hostium constitui atque inde fundis, sagittis, tormentis hostes propelli ac submoveri iussit. quae res magno usui nostris fuit. nam et navium figura et remorum motu et inusitato genere tormentorum permoti barbari constiterunt ac paulum modo pedem rettulerunt. at nostris militibus cunctantibus maxime propter altitudinem maris, qui decimae legionis aquilam ferebat, obtestatus deos ut ea res legioni feliciter eveniret, 'desilite' inquit 'commilitones, nisi vultis aquilam hostibus prodere; ego certe meum rei publicae atque imperatori officium praestitero.' hoc cum voce magna dixisset, se ex navi proiecit atque in hostes aquilam ferre coepit. tum nostri cohortati inter se, ne tantum dedecus admitteretur, universi ex navi desiluerunt. hos item ex proximis navibus cum conspexissent, subsecuti hostibus adpropinquaverunt.

26. Pugnatum est ab utrisque acriter. nostri tamen, quod neque ordines servare neque firmiter insistere neque signa subsequi poterant atque alius alia ex navi quibuscumque signis occurrerat se adgregabat, magnopere perturbabantur. hostes vero notis omnibus vadis, ubi ex litore aliquos singulares ex navi egredientes conspexerant, incitatis equis impeditos adoriebantur, plures paucos circumsistebant, alii ab latere aperto in universos tela coniciebant. quod cum animadvertisset Caesar, scaphas longarum navium, item speculatoria navigia militibus compleri iussit, et quos laborantes conspexerat, his subsidia submittebat. nostri simul in arido constiterunt, suis omnibus consecutis in hostes impetum fecerunt atque eos in fugam dederunt, neque longius prosequi potuerunt, quod equites cursum tenere atque insulam capere non potuerant. hoc unum ad pristinam fortunam Caesari defuit.

27. Hostes proelio superati simulatque se ex fuga receperunt, statim ad Caesarem legatos de pace miserunt; obsides daturos quaeque imperasset sese facturos polliciti sunt. una cum his legatis Commius Atrebas venit, quem supra demonstraveram a Caesare in Britanniam praemissum. hunc illi e navi egressum, cum ad eos oratoris modo Caesaris mandata defer-

4 ret, comprehenderant atque in vincula coniecerant. tum proelio facto remiserunt et in petenda pace eius rei culpam in multitudinem contulerunt et propter imprudentiam ut ignosceretur
5 petiverunt. Caesar questus quod, cum ultro in continentem legatis missis pacem ab se petissent, bellum sine causa intulissent,
6 ignoscere imprudentiae dixit obsidesque imperavit. quorum illi partem statim dederunt, partem ex longinquioribus locis ac-
7 cersitam paucis diebus sese daturos dixerunt. interea suos in agros remigrare iusserunt, principesque undique convenire et se civitatesque suas Caesari commendare coeperunt.

1 **28.** His rebus pace confirmata post diem quartum, quam est in Britanniam ventum, naves XVIII de quibus supra demonstratum est, quae equites sustulerant, ex superiore portu leni
2 vento solverunt. quae cum adpropinquarent Britanniae et ex castris viderentur, tanta tempestas subito coorta est ut nulla earum cursum tenere posset, sed aliae eodem unde erant profectae referrentur, aliae ad inferiorem partem insulae, quae est propius solis occasum, magno suo cum periculo deicerentur. quae
3 tamen ancoris iactis cum fluctibus complerentur, necessario adversa nocte in altum provectae continentem petierunt.

1 **29.** Eadem nocte accidit ut esset luna plena, qui dies maritimos aestus maximos in Oceano efficere consuevit, nostrisque
2 id erat incognitum. ita uno tempore et longas naves, quibus Caesar exercitum transportandum curaverat quasque in aridum subduxerat, aestus complebat, et onerarias quae ad ancoras erant deligatae, tempestas adflictabat, neque ulla nostris fa-
3 cultas aut administrandi aut auxiliandi dabatur. compluribus navibus fractis reliquae cum essent funibus ancoris reliquisque armamentis amissis ad navigandum inutiles, magna, id quod
4 necesse erat accidere, totius exercitus perturbatio facta est. neque enim naves erant aliae, quibus reportari possent, et omnia deerant, quae ad reficiendas naves erant usui, et, quod omnibus constabat hiemari in Gallia oportere, frumentum his in locis in hiemem provisum non erat.

1 **30.** Quibus rebus cognitis principes Britanniae, qui post proelium ad Caesarem convenerant, inter se conlocuti, cum et equites et naves et frumentum Romanis deesse intellegerent et paucitatem militum ex castrorum exiguitate cognoscerent, quae hoc erant etiam angustiora quod sine impedimentis Caesar le-
2 giones transportaverat, optimum factu esse duxerunt rebellione

facta frumento commeatuque nostros prohibere et rem in hiemem producere, quod his superatis aut reditu interclusis neminem postea belli inferendi causa in Britanniam transiturum confidebant. itaque rursus coniuratione facta paulatim ex castris discedere et suos clam ex agris deducere coeperunt.

31. At Caesar, etsi nondum eorum consilia cognoverat, tamen et ex eventu navium suarum et ex eo, quod obsides dare intermiserant, fore id quod accidit suspicabatur. itaque ad omnes casus subsidia comparabat. nam et frumentum ex agris cotidie in castra conferebat et quae gravissime adflictae erant naves, earum materia atque aere ad reliquas reficiendas utebatur et quae ad eas res erant usui, ex continenti comportari iubebat. itaque, cum summo studio a militibus administraretur, XII navibus amissis, reliquis ut navigari commode posset, effecit.

32. Dum ea geruntur, legione ex consuetudine una frumentatum missa, quae appellabatur septima, neque ulla ad id tempus belli suspicione interposita, cum pars hominum in agris remaneret, pars etiam in castra ventitaret, ii qui pro portis castrorum in statione erant, Caesari nuntiaverunt pulverem maiorem, quam consuetudo ferret, in ea parte videri quam in partem legio iter fecisset. Caesar id quod erat suspicatus, aliquid novi a barbaris initum consilii, cohortes, quae in stationibus erant, secum in eam partem proficisci, ex reliquis duas in stationem succedere, reliquas armari et confestim se subsequi iussit. cum paulo longius a castris processisset, suos ab hostibus premi atque aegre sustinere et conferta legionę ex omnibus partibus tela conici animadvertit. nam quod omni ex reliquis partibus demesso frumento una pars erat reliqua, suspicati hostes huc nostros esse venturos noctu in silvis delituerant. tum dispersos depositis armis in metendo occupatos subito adorti paucis interfectis reliquos incertis ordinibus perturbaverant, simul equitatu atque essedis circumdederant.

33. Genus hoc est ex essedis pugnae: primo per omnes partes perequitant et tela coniciunt atque ipso terrore equorum et strepitu rotarum ordines plerumque perturbant, et cum se inter equitum turmas insinuaverint, ex essedis desiliunt et pedibus proeliantur. aurigae interim paulum ex proelio excedunt atque ita currus conlocant, ut, si illi a multitudine hostium premantur, expeditum ad suos receptum habeant. ita mobilitatem equitum, stabilitatem peditum in proeliis praestant ac tantum usu cotidiano et exercitatione efficiunt, uti in declivi ac praecipiti loco incitatos equos sustinere et brevi moderari ac flectere et per temonem percurrere et in iugo insistere et inde se in currus citissime recipere consuerint.

34. Quibus rebus perturbatis nostris [novitate pugnae] tempore opportunissimo Caesar auxilium tulit. namque eius adventu hostes constiterunt, nostri se ex timore receperunt. quo facto ad lacessendum hostem et ad committendum proelium alienum esse tempus arbitratus suo se loco continuit et brevi tempore intermisso in castra legiones reduxit. dum haec geruntur, nostris omnibus occupatis, qui erant in agris reliqui discesserunt. secutae sunt complures dies continuae tempestates, quae et nostros in castris continerent et hostem a pugna prohiberent. interim barbari nuntios in omnes partes dimiserunt paucitatemque nostrorum militum suis praedicaverunt, et quanta praedae faciendae atque in perpetuum sui liberandi facultas daretur, si Romanos castris expulissent, demonstraverunt. his rebus celeriter magna multitudine peditatus equitatusque coacta ad castra venerunt.

35. Caesar etsi idem quod superioribus diebus acciderat, fore videbat, ut si essent hostes pulsi, celeritate periculum effugerent, tamen nactus equites circiter XXX, quos Commius Atrebas de quo ante dictum est secum transportaverat, legiones in acie pro castris constituit. commisso proelio diutius nostrorum militum impetum hostes ferre non potuerunt ac terga verterunt. quos tanto spatio secuti, quantum cursu et viribus efficere potuerunt, complures ex iis occiderunt, deinde omnibus longe lateque aedificiis incensis se in castra receperunt.

36. Eodem die legati ab hostibus missi ad Caesarem de pace venerunt. his Caesar numerum obsidum quem ante imperaverat duplicavit eosque in continentem adduci iussit, quod propinqua die aequinoctii infirmis navibus hiemi navigationem subiciendam non existimabat. ipse idoneam tempestatem nactus paulo post mediam noctem naves solvit. quae omnes incolumes ad continentem pervenerunt. sed ex iis onerariae duae eosdem portus quos reliquae capere non potuerunt et paulo infra delatae sunt.

37. Quibus ex navibus cum essent expositi milites circiter trecenti atque in castra contenderent, Morini, quos Caesar in Britanniam proficiscens pacatos reliquerat, spe praedae adducti

primo non ita magno suorum numero circumsteterunt ac, si sese interfici nollent, arma ponere iusserunt. cum illi orbe facto 2 sese defenderent, celeriter ad clamorem hominum circiter milia sex convenerunt. qua re nuntiata Caesar omnem ex castris equitatum suis auxilio misit. interim nostri milites impetum hostium sustinuerunt atque amplius horis quattuor fortissime pugnaverunt et paucis vulneribus acceptis complures ex iis occiderunt. postea vero, quam equitatus noster in conspectum 4 venit, hostes abiectis armis terga verterunt magnusque eorum numerus est occisus.

38. Caesar postero die T. Labienum legatum cum iis legionibus, quas ex Britannia reduxerat, in Morinos qui rebellionem fecerant misit. qui cum propter siccitates paludum, quo se reciperent, non haberent, quo perfugio superiore anno erant usi, omnes fere in potestatem Labieni venerunt. at Q. Titurius et L. Cotta legati qui in Menapiorum fines legiones duxerant, omnibus eorum agris vastatis, frumentis succisis, aedificiis incensis, quod Menapii se omnes in densissimas silvas abdiderant, ad Caesarem se receperunt. Caesar in Belgis omnium legionum hiberna constituit. eo duae omnino civitates ex Britannia obsides miserunt, reliquae neglexerunt. his rebus gestis ex litteris Caesaris dierum viginti supplicatio ab senatu decreta est.

COMMENTARIORUM BELLI GALLICI

LIBER QUINTUS

1. L. Domitio Ap. Claudio consulibus discedens ab hibernis Caesar in Italiam, ut quotannis facere consuerat, legatis imperat quos legionibus praefecerat, uti quam plurimas possent hieme naves aedificandas veteresque reficiendas curarent. earum modum formamque demonstrat. ad celeritatem onerandi subductionisque paulo facit humiliores, quam quibus in nostro mari uti consuevimus, atque id eo magis, quod propter crebras commutationes aestuum minus magnos ibi fluctus fieri cognoverat, ad onera ac multitudinem iumentorum transportandam paulo latiores quam quibus in reliquis utimur maribus.

has omnes actuarias imperat fieri, quam ad rem humilitas multum adiuvat. ea, quae sunt usui ad armandas naves, ex Hispania apportari iubet. ipse conventibus Galliae citerioris peractis in Illyricum proficiscitur, quod a Pirustis finitimam partem provinciae incursionibus vastari audiebat. eo cum venisset, civitatibus milites imperat certumque in locum convenire iubet. qua re nuntiata Pirustae legatos ad eum mittunt, qui doceant nihil earum rerum publico factum consilio, seseque paratos esse demonstrent omnibus rationibus de iniuriis satisfacere. accepta oratione eorum Caesar obsides imperat eosque ad certam diem adduci iubet; nisi ita fecerint, sese bello civitatem persecuturum demonstrat. iis ad diem adductis, ut imperaverat, arbitros inter civitates dat, qui litem aestiment poenamque constituant.

2. His confectis rebus conventibusque peractis in citeriorem Galliam revertitur atque inde ad exercitum proficiscitur. eo cum venisset, circumitis omnibus hibernis singulari militum studio in summa rerum omnium inopia circiter sescentas eius generis, cuius supra demonstravimus, naves et longas duodetriginta invenit instructas neque multum abesse ab eo, quin paucis diebus deduci possint. conlaudatis militibus atque iis qui negotio praefuerant, quid fieri velit ostendit atque omnes ad portum Itium convenire iubet, quo ex portu commodissimum in Britanniam traiectum esse cognoverat, circiter milium passuum XXX transmissum a continenti. huic rei quod satis esse visum est militum reliquit. ipse cum legionibus expeditis quattuor et equitibus DCCC in fines Treverorum proficiscitur, quod hi neque ad concilia veniebant neque imperio parebant Germanosque Transrhenanos sollicitare dicebantur.

3. Haec civitas longe plurimum totius Galliae equitatu valet magnasque habet copias peditum Rhenumque, ut supra demonstravimus, tangit. in ea civitate duo de principatu inter se contendebant, Indutiomarus et Cingetorix. ex quibus alter, simulatque de Caesaris legionumque adventu cognitum est, ad eum venit, se suosque omnes in officio futuros neque ab amicitia populi Romani defecturos confirmavit quaeque in Treveris gererentur, ostendit. at Indutiomarus equitatum peditatumque cogere iisque, qui per aetatem in armis esse non poterant, in silvam Arduennam abditis, quae ingenti magnitudine per medios fines Treverorum a flumine Rheno ad initium Remorum pertinet, bellum parare instituit. sed posteaquam nonnulli principes ex ea civitate, et auctoritate Cingetorigis adducti et adventu nostri exercitus perterriti, ad Caesarem venerunt et de suis privatim rebus ab eo petere coeperunt, quoniam civitati consulere non possent, Indutiomarus veritus ne ab omnibus desereretur, legatos ad Caesarem mittit: sese idcirco ab suis discedere atque 6 ad eum venire noluisse, quo facilius civitatem in officio contineret, ne omnis nobilitatis discessu plebs propter imprudentiam laberetur; itaque civitatem in sua potestate esse seque, 7 si Caesar permitteret, ad eum in castra venturum et suas civitatisque fortunas eius fidei permissurum.

4. Caesar etsi intellegebat qua de causa ea dicerentur quae- 1 que eum res ab instituto consilio deterreret, tamen, ne aestatem in Treveris consumere cogeretur omnibus rebus ad Britannicum bellum comparatis, Indutiomarum ad se cum ducentis obsidibus venire iussit. his adductis, in iis filio propinquisque eius 2 omnibus, quos nominatim evocaverat, consolatus Indutiomarum hortatusque est uti in officio maneret; nihilo tamen setius 3 principibus Treverorum ad se convocatis hos singillatim Cingetorigi conciliavit, quod cum merito eius ab se fieri intellegebat, tum magni interesse arbitrabatur eius auctoritatem inter suos quam plurimum valere, cuius tam egregiam in se voluntatem perspexisset. id factum graviter tulit Indutiomarus, suam 4 gratiam inter suos minui, et qui iam ante inimico in nos animo fuisset, multo gravius hoc dolore exarsit.

5. His rebus constitutis Caesar ad portum Itium cum legio- 1 nibus pervenit. ibi cognoscit LX naves, quae in Meldis factae 2 erant, tempestate reiectas cursum tenere non potuisse atque eodem unde erant profectae revertisse. reliquas paratas ad navigandum atque omnibus rebus instructas invenit. eodem equi- 3 tatus totius Galliae convenit numero milia quattuor principesque ex omnibus civitatibus. ex quibus perpaucos quorum in se 4 fidem perspexerat, relinquere in Gallia, reliquos obsidum loco secum ducere decreverat, quod cum ipse abesset, motum Galliae verebatur.

6. Erat una cum ceteris Dumnorix Haeduus, de quo a nobis 1 antea dictum est. hunc secum habere in primis constituerat, quod eum cupidum rerum novarum, cupidum imperii, magni animi, magnae inter Gallos auctoritatis cognoverat. accedebat 2 huc, quod iam in concilio Haeduorum Dumnorix dixerat sibi a Caesare regnum civitatis deferri; quod dictum Haedui graviter

ferebant neque recusandi aut deprecandi causa legatos ad
3 Caesarem mittere audebant. id factum ex suis hospitibus Caesar cognoverat. ille omnibus primo precibus petere contendit ut in Gallia relinqueretur, partim quod insuetus navigandi mare timeret, partim quod religionibus impediri sese diceret.
4 posteaquam id obstinate sibi negari vidit, omni spe impetrandi adempta, principes Galliae sollicitare, sevocare singulos horta-
5 rique coepit uti in continenti remanerent; metu territare: non sine causa fieri, ut Gallia omni nobilitate spoliaretur; id esse consilium Caesaris, ut quos in conspectu Galliae interficere
6 vereretur, hos omnes in Britanniam traductos necaret; fidem reliquis interponere, ius iurandum poscere, ut quod esse ex usu Galliae intellexissent, communi consilio administrarent. haec a compluribus ad Caesarem deferebantur.

1 **7.** Qua re cognita Caesar, quod tantum civitati Haeduae dignitatis tribuebat, coercendum atque deterrendum, quibus-
2 cumque rebus posset, Dumnorigem statuebat; at, quod longius eius amentiam progredi videbat, prospiciendum, ne quid sibi ac
3 rei publicae nocere posset. itaque dies circiter XXV in eo loco commoratus, quod corus ventus navigationem impediebat, qui magnam partem omnis temporis in his locis flare consuevit, dabat operam, uti in officio Dumnorigem contineret, nihilo ta-
4 men setius omnia eius consilia cognosceret. tandem idoneam nactus tempestatem milites equitesque conscendere naves iu-
5 bet. at omnium animis impeditis Dumnorix cum equitibus Haeduorum a castris insciente Caesare domum discedere
6 coepit. qua re nuntiata Caesar intermissa profectione atque omnibus rebus postpositis magnam partem equitatus ad eum
7 insequendum mittit retrahique imperat; si vim faciat neque pareat, interfici iubet, nihil hunc se absente pro sano facturum ar-
8 bitratus qui praesentis imperium neglexisset. ille autem revocatus resistere ac se manu defendere suorumque fidem implorare coepit, saepe clamitans liberum se liberaeque esse civitatis.
9 illi, ut erat imperatum, circumsistunt hominem atque interficiunt. at equites Haedui ad Caesarem omnes revertuntur.

1 **8.** His rebus gestis, Labieno in continenti cum tribus legionibus et equitum milibus duobus relicto, ut portus tueretur et rei frumentariae provideret, quaeque in Gallia gererentur
2 cognosceret, consiliumque pro tempore et pro re caperet, ipse cum quinque legionibus et pari numero equitum, quem in

continenti relinquebat, ad solis occasum naves solvit et leni Africo provectus, media circiter nocte vento intermisso, cursum non tenuit et longius delatus aestu orta luce sub sinistra Britanniam relictam conspexit. tum rursus aestus commutationem secutus remis contendit, ut eam partem insulae caperet qua optimum esse egressum superiore aestate cognoverat. qua in re admodum fuit militum virtus laudanda, qui vectoriis gravibusque navigiis non intermisso remigandi labore longarum navium cursum adaequarunt. accessum est ad Britanniam omnibus navibus meridiano fere tempore, neque in eo loco hostis est visus. sed ut postea Caesar ex captivis cognovit, cum magnae manus eo convenissent, multitudine navium perterritae, quae cum annotinis privatisque, quas sui quisque commodi causa fecerat, amplius octingentae uno erant visae tempore, ab litore discesserant ac se in superiora loca abdiderant.

9. Caesar exposito exercitu et loco castris idoneo capto, ubi ex captivis cognovit quo in loco hostium copiae consedissent, cohortibus decem ad mare relictis et equitibus trecentis, qui praesidio navibus essent, de tertia vigilia ad hostes contendit, eo minus veritus navibus, quod in litore molli atque aperto deligatas ad ancoras relinquebat. ei praesidio navibusque Q. Atrium praefecit. ipse noctu progressus milia passuum circiter XII hostium copias conspicatus est. illi equitatu atque essedis ad flumen progressi ex loco superiore nostros prohibere et proelium committere coeperunt. repulsi ab equitatu se in silvas abdiderunt, locum nacti egregie et natura et opere munitum, quem domestici belli, ut videbatur, causa iam ante praeparaverant; nam crebris arboribus succisis omnes introitus erant praeclusi. ipsi ex silvis rari propugnabant nostrosque intra munitiones ingredi prohibebant. at milites legionis septimae testudine facta et aggere ad munitiones adiecto locum ceperunt eosque ex silvis expulerunt paucis vulneribus acceptis. sed eos fugientes longius Caesar prosequi vetuit, et quod loci naturam ignorabat, et quod magna parte diei consumpta munitioni castrorum tempus relinqui volebat.

10. Postridie eius diei mane tripertito milites equitesque in expeditionem misit, ut eos qui fugerant persequerentur. his aliquantum itineris progressis cum iam extremi essent in prospectu, equites a Q. Atrio ad Caesarem venerunt, qui nuntiarent superiore nocte maxima coorta tempestate prope omnes naves

adflictas atque in litus eiectas esse, quod neque ancorae funesque subsisterent neque nautae gubernatoresque vim tempestatis pati possent; itaque ex eo concursu navium magnum esse incommodum acceptum.

11. His rebus cognitis Caesar legiones equitatumque revocari atque in itinere resistere iubet, ipse ad naves revertitur; eadem fere quae ex nuntiis litterisque cognoverat, coram perspicit, sic ut amissis circiter XL navibus reliquae tamen refici posse magno negotio viderentur. itaque ex legionibus fabros deligit et ex continenti alios arcessi iubet; Labieno scribit ut quam plurimas possit iis legionibus, quae sint apud eum, naves instituat. ipse, etsi res erat multae operae ac laboris, tamen commodissimum esse statuit omnes naves subduci et cum castris una munitione coniungi. in his rebus circiter dies X consumit, ne nocturnis quidem temporibus ad laborem militum intermissis. subductis navibus castrisque egregie munitis easdem copias quas ante praesidio navibus relinquit, ipse eodem unde redierat proficiscitur. eo cum venisset, maiores iam undique in eum locum copiae Britannorum convenerant summa imperii bellique administrandi communi consilio permissa Cassivellauno, cuius fines a maritimis civitatibus flumen dividit quod appellatur Tamesis, a mari circiter milia passuum LXXX. huic superiore tempore cum reliquis civitatibus continentia bella intercesserant. sed nostro adventu permoti Britanni hunc toti bello imperioque praefecerant.

12. Britanniae pars interior ab iis incolitur quos natos in insula ipsi memoria proditum dicunt, maritima pars ab iis qui praedae ac belli inferendi causa ex Belgio transierant – qui omnes fere iis nominibus civitatum appellantur, quibus orti ex civitatibus eo pervenerunt – et bello inlato ibi remanserunt atque agros colere coeperunt. hominum est infinita multitudo creberrimaque aedificia fere Gallicis consimilia, pecoris numerus ingens. utuntur aut aere aut nummo aureo aut taleis ferreis ad certum pondus examinatis pro nummo. nascitur ibi plumbum album in mediterraneis regionibus, in maritimis ferrum, sed eius exigua est copia; aere utuntur importato. materia cuiusque generis, ut in Gallia est praeter fagum atque abietem. leporem et gallinam et anserem gustare fas non putant; haec tamen alunt animi voluptatisque causa. loca sunt temperatiora quam in Gallia remissioribus frigoribus.

13. Insula natura triquetra, cuius unum latus est contra Galliam. huius lateris alter angulus, qui est ad Cantium, quo fere omnes ex Gallia naves adpelluntur, ad orientem solem, inferior ad meridiem spectat. hoc latus pertinet circiter milia passuum quingenta. alterum vergit ad Hispaniam atque occidentem solem. qua ex parte est Hibernia insula, dimidio minor ut existimatur quam Britannia, sed pari spatio transmissus atque ex Gallia est in Britanniam. in hoc medio cursu est insula quae appellatur Mona; complures praeterea minores obiectae insulae existimantur; de quibus insulis nonnulli scripserunt dies continuos XXX sub brumam esse noctem. nos nihil de eo percontationibus reperiebamus, nisi certis ex aqua mensuris breviores esse quam in continenti noctes videbamus. huius est longitudo lateris, ut fert illorum opinio, septingentorum milium. tertium est contra septentriones; cui parti nulla est obiecta terra, sed eius angulus lateris maxime ad Germaniam spectat. hoc milia passuum octingenta in longitudinem esse existimatur. ita omnis insula est in circuitu vicies centum milium passuum.

14. Ex his omnibus longe sunt humanissimi qui Cantium incolunt, quae regio est maritima omnis, neque multum a Gallica differunt consuetudine. interiores plerique frumenta non serunt, sed lacte et carne vivunt pellibusque sunt vestiti. omnes vero se Britanni vitro inficiunt, quod caeruleum efficit colorem, atque hoc horribiliores sunt in pugna adspectu; capilloque sunt promisso atque omni parte corporis rasa praeter caput et labrum superius. uxores habent deni duodenique inter se communes et maxime fratres cum fratribus parentesque cum liberis. sed si qui sunt ex iis nati, eorum habentur liberi, quo primum virgo quaeque deducta est.

15. Equites hostium essedariique acriter proelio cum equitatu nostro in itinere conflixerunt, ita tamen ut nostri omnibus partibus superiores fuerint atque eos in silvas collesque compulerint. sed compluribus interfectis cupidius insecuti nonnullos ex suis amiserunt. at illi intermisso spatio, imprudentibus nostris atque occupatis in munitione castrorum, subito se ex silvis eiecerunt impetuque in eos facto, qui erant in statione pro castris conlocati, acriter pugnaverunt, duabusque missis subsidio cohortibus a Caesare, atque his primis legionum duarum, cum eae perexiguo intermisso loci spatio inter se constitissent, novo genere pugnae perterritis nostris per medios

audacissime perruperunt seque inde incolumes receperunt. eo
5 die Q. Laberius Durus tribunus militum interficitur. illi pluribus submissis cohortibus repelluntur.

1 **16.** Toto hoc in genere pugnae cum sub oculis omnium ac pro castris dimicaretur, intellectum est nostros propter gravitatem armorum, quod neque insequi cedentes possent neque ab signis discedere auderent, minus aptos esse ad huius generis
2 hostem, equites autem magno cum periculo proelio dimicare, propterea quod illi etiam consulto plerumque cederent et, cum paulum ab legionibus nostros removissent, ex essedis desilirent
3 et pedibus dispari proelio contenderent. equestris autem proelii ratio et cedentibus et insequentibus par atque idem periculum
4 inferebat. accedebat huc ut numquam conferti, sed rari magnisque intervallis proeliarentur stationesque dispositas haberent atque alios alii deinceps exciperent integrique et recentes defatigatis succederent.

1 **17.** Postero die procul a castris hostes in collibus constiterunt rarique se ostendere et lenius quam pridie nostros
2 equites proelio lacessere coeperunt. sed meridie cum Caesar pabulandi causa tres legiones atque omnem equitatum cum C. Trebonio legato misisset, repente ex omnibus partibus ad pabulatores advolaverunt, sic uti ab signis legionibusque non
3 absisterent. nostri acriter in eos impetu facto reppulerunt neque finem sequendi fecerunt, quoad subsidio confisi equites, cum
4 post se legiones viderent, praecipites hostes egerunt magnoque eorum numero interfecto neque sui colligendi neque
5 consistendi aut ex essedis desiliendi facultatem dederunt. ex hac fuga protinus, quae undique convenerant, auxilia discesserunt, neque post id tempus umquam summis nobiscum copiis hostes contenderunt.

1 **18.** Caesar cognito consilio eorum ad flumen Tamesim in fines Cassivellauni exercitum duxit; quod flumen uno omnino
2 loco pedibus atque hoc aegre transiri potest. eo cum venisset, animadvertit ad alteram fluminis ripam magnas esse copias hos-
3 tium instructas. ripa autem erat acutis sudibus praefixisque munita, eiusdemque generis sub aqua defixae sudes flumine te-
4 gebantur. his rebus cognitis a perfugis captivisque Caesar
5 praemisso equitatu confestim legiones subsequi iussit. sed ea celeritate atque eo impetu milites ierunt, cum capite solo ex aqua exstarent, ut hostes impetum legionum atque equitum

sustinere non possent ripasque dimitterent ac se fugae mandarent.

19. Cassivellaunus ut supra demonstravimus omni deposita spe contentionis, dimissis amplioribus copiis, milibus circiter quattuor essedariorum relictis itinera nostra servabat paulumque ex via excedebat locisque impeditis ac silvestribus se occultabat atque iis regionibus, quibus nos iter facturos cognoverat, pecora atque homines ex agris in silvas compellebat et, cum equitatus noster liberius praedandi vastandique causa se in agros effunderet, omnibus viis semitisque notis essedarios ex silvis emittebat et magno cum periculo nostrorum equitum cum his confligebat atque hoc metu latius vagari prohibebat. relinquebatur ut neque longius ab agmine legionum discedi Caesar pateretur et tantum agris vastandis incendiisque faciendis hostibus noceretur, quantum in labore atque itinere legionarii milites efficere poterant.

20. Interim Trinovantes, prope firmissima earum regionum civitas – ex qua Mandubracius adulescens Caesaris fidem secutus ad eum in continentem venerat, cuius pater in ea civitate regnum obtinuerat interfectusque erat a Cassivellauno, ipse fuga mortem vitaverat –, legatos ad Caesarem mittunt pollicenturque sese ei dedituros atque imperata facturos; petunt ut Mandubracium ab iniuria Cassivellauni defendat atque in civitatem mittat, qui praesit imperiumque obtineat. his Caesar imperat obsides XL frumentumque exercitui Mandubraciumque ad eos mittit. illi imperata celeriter fecerunt, obsides ad numerum frumentumque miserunt.

21. Trinovantibus defensis atque ab omni militum iniuria prohibitis Cenimagni Segontiaci Ancalites Bibroci Cassi legationibus missis sese Caesari dedunt. ab his cognoscit non longe ex eo loco oppidum Cassivellauni abesse silvis paludibusque munitum, quo satis magnus hominum pecorisque numerus convenerit. oppidum autem Britanni vocant, cum silvas impeditas vallo atque fossa munierunt, quo incursionis hostium vitandae causa convenire consuerunt. eo proficiscitur cum legionibus. locum reperit egregie natura atque opere munitum. tamen hunc duabus ex partibus oppugnare contendit. hostes paulisper morati militum nostrorum impetum non tulerunt seseque alia ex parte oppidi eiecerunt. magnus ibi numerus pecoris repertus multique in fuga sunt comprehensi atque interfecti.

22. Dum haec in his locis geruntur, Cassivellaunus ad Cantium, quod esse ad mare supra demonstravimus, quibus regionibus quattuor reges praeerant, Cingetorix Carvilius Taximagulus Segovax, nuntios mittit atque his imperat, uti coactis omnibus copiis castra navalia de improviso adoriantur atque oppugnent. ii cum ad castra venissent, nostri eruptione facta multis eorum interfectis, capto etiam nobili duce Lugotorige suos incolumes reduxerunt. Cassivellaunus hoc proelio nuntiato, tot detrimentis acceptis, vastatis finibus, maxime etiam permotus defectione civitatum, legatos per Atrebatem Commium de deditione ad Caesarem mittit. Caesar, cum constituisset hiemare in continenti propter repentinos Galliae motus, neque multum aestatis superesset atque id facile extrahi posse intellegeret, obsides imperat, et quid in annos singulos vectigalis populo Romano Britannia penderet constituit; interdicit atque imperat Cassivellauno ne Mandubracio neu Trinovantibus noceat.

23. Obsidibus acceptis exercitum reducit ad mare, naves invenit refectas. his deductis, quod et captivorum magnum numerum habebat et nonnullae tempestate deperierant naves, duobus commeatibus exercitum reportare instituit. ac sic accidit uti ex tanto navium numero tot navigationibus neque hoc neque superiore anno ulla omnino navis, quae milites portaret, desideraretur, at ex iis, quae inanes ex continenti ad eum remitterentur – et prioris commeatus expositis militibus et quas postea Labienus faciendas curaverat numero LX – perpaucae locum caperent, reliquae fere omnes reicerentur. quas cum aliquamdiu Caesar frustra exspectasset, ne anni tempore a navigatione excluderetur, quod aequinoctium suberat, necessario angustius milites conlocavit ac summa tranquillitate consecuta secunda inita cum solvisset vigilia, prima luce terram attigit omnesque incolumes naves perduxit.

24. Subductis navibus concilioque Gallorum Samarobrivae peracto, quod eo anno frumentum in Gallia propter siccitates angustius provenerat, coactus est aliter ac superioribus annis exercitum in hibernis conlocare legionesque in plures civitates distribuere. ex quibus unam in Morinos ducendam C. Fabio legato dedit, alteram in Nervios Q. Ciceroni, tertiam in Essuvios L. Roscio; quartam in Remis cum T. Labieno in confinio Treverorum hiemare iussit; tres in Belgio conlocavit; his

M. Crassum quaestorem et L. Munatium Plancum et C. Trebonium legatos praefecit. unam legionem, quam proxime trans Padum conscripserat, et cohortes v in Eburones, quorum pars maxima est inter Mosam ac Rhenum, qui sub imperio Ambiorigis et Catuvolci erant, misit. his militibus Q. Titurium Sabinum et L. Aurunculeium Cottam legatos praeesse iussit. ad hunc modum distributis legionibus facillime inopiae frumentariae sese mederi posse existimavit. atque harum tamen omnium legionum hiberna praeter eam, quam L. Roscio in pacatissimam et quietissimam partem ducendam dederat, milibus passuum centum continebantur. ipse interea, quoad legiones conlocatas munitaque hiberna cognovisset, in Gallia morari constituit.

25. Erat in Carnutibus summo loco natus Tasgetius, cuius maiores in sua civitate regnum obtinuerant. huic Caesar pro eius virtute atque in se benevolentia, quod in omnibus bellis singulari eius opera fuerat usus, maiorum locum restituerat. tertium iam hunc annum regnantem inimici palam multis ex civitate auctoribus interfecerunt. defertur ea res ad Caesarem. ille veritus, quod ad plures pertinebat, ne civitas eorum impulsu deficeret, L. Plancum cum legione ex Belgio celeriter in Carnutes proficisci iubet ibique hiemare, quorumque opera cognoverit Tasgetium interfectum, hos comprehensos ad se mittere. interim ab omnibus legatis quaestoribusque quibus legiones tradiderat, certior factus est in hiberna perventum locumque hibernis esse munitum.

26. Diebus circiter quindecim, quibus in hiberna ventum est, initium repentini tumultus ac defectionis ortum est ab Ambiorige et Catuvolco. qui cum ad fines regni sui Sabino Cottaeque praesto fuissent frumentumque in hiberna comportavissent, Indutiomari Treveri nuntiis impulsi suos concitaverunt subitoque oppressis lignatoribus magna manu ad castra oppugnanda venerunt. cum celeriter nostri arma cepissent vallumque ascendissent atque una ex parte Hispanis equitibus emissis equestri proelio superiores fuissent, desperata re hostes suos ab oppugnatione reduxerunt. tum suo more conclamaverunt, uti aliqui ex nostris ad conloquium prodiret: habere sese quae de re communi dicere vellent, quibus rebus controversias minui posse sperarent.

27. Mittitur ad eos C. Arpinius eques Romanus, familiaris

Titurii, et Q. Iunius ex Hispania quidam, qui iam ante missu Caesaris ad Ambiorigem ventitare consuerat. apud quos Ambiorix ad hunc modum locutus est: sese pro Caesaris in se beneficiis plurimum ei confiteri debere, quod eius opera stipendio liberatus esset, quod Atuatucis finitimis suis pendere consuesset, quodque ei et filius et fratris filius a Caesare remissi essent, quos Atuatuci obsidum numero missos apud se in servitute et catenis tenuissent. neque id quod fecerit de oppugnatione castrorum, aut iudicio aut voluntate sua fecisse, sed coactu civitatis, suaque esse eiusmodi imperia, ut non minus haberet iuris in se multitudo, quam ipse in multitudinem. civitati porro hanc fuisse belli causam, quod repentinae Gallorum coniurationi resistere non potuerit. id se facile ex humilitate sua probare posse, quod non adeo sit imperitus rerum ut suis copiis populum Romanum superari posse confidat. sed esse Galliae commune consilium: omnibus hibernis Caesaris oppugnandis hunc esse dictum diem, ne qua legio alteri legioni subsidio venire posset. non facile Gallos Gallis negare potuisse, praesertim cum de recuperanda communi libertate consilium initum videretur. quibus quoniam pro pietate satisfecerit, habere nunc se rationem officii pro beneficiis Caesaris: monere, orare Titurium pro hospitio, ut suae ac militum saluti consulat. magnam manum Germanorum conductam Rhenum transisse; hanc adfore biduo. ipsorum esse consilium, velintne prius, quam finitimi sentiant, eductos ex hibernis milites aut ad Ciceronem aut ad Labienum deducere, quorum alter milia passuum circiter quinquaginta, alter paulo amplius ab iis absit. illud se polliceri et iure iurando confirmare, tutum iter per suos fines daturum. quod cum faciat, et civitati sese consulere, quod hibernis levetur, et Caesari pro eius meritis gratiam referre. hac oratione habita discedit Ambiorix.

28. Arpinius et Iunius, quae audierant, ad legatos deferunt. illi repentina re perturbati, etsi ab hoste ea dicebantur, tamen non neglegenda existimabant maximeque hac re permovebantur, quod civitatem ignobilem atque humilem Eburonum sua sponte populo Romano bellum facere ausam vix erat credendum. itaque ad consilium rem deferunt magnaque inter eos exsistit controversia. L. Aurunculeius compluresque tribuni militum et primorum ordinum centuriones nihil temere agendum neque ex hibernis iniussu Caesaris discedendum exis-

timabant; quantasvis, magnas etiam copias Germanorum sus- 4
tineri posse munitis hibernis docebant; rem esse testimonio,
quod primum hostium impetum multis ultro vulneribus inlatis
fortissime sustinuerint; re frumentaria non premi; interea et ex 5
proximis hibernis et a Caesare conventura subsidia; postremo 6
quid esse levius aut turpius quam auctore hoste de summis rebus
capere consilium?

29. Contra ea Titurius sero facturos clamitabat, cum maio- 1
res manus hostium adiunctis Germanis convenissent, aut cum
aliquid calamitatis in proximis hibernis esset acceptum. brevem
consulendi esse occasionem. Caesarem arbitrari profectum in 2
Italiam; neque aliter Carnutes interficiendi Tasgetii consilium
fuisse capturos, neque Eburones, si ille adesset, tanta
contemptione nostri ad castra venturos. sese non hostem aucto- 3
rem, sed rem spectare; subesse Rhenum; magno esse Germanis
dolori Ariovisti mortem et superiores nostras victorias; ardere 4
Galliam tot contumeliis acceptis sub populi Romani imperium
redactam superiore gloria rei militaris exstincta. postremo quis 5
hoc sibi persuaderet sine certa spe Ambiorigem ad eius modi
consilium descendisse? suam sententiam in utramque partem 6
esse tutam; si nihil sit durius, nullo cum periculo ad proximam
legionem perventuros; si Gallia omnis cum Germanis con-
sentiat, unam esse in celeritate positam salutem. Cottae quidem 7
atque eorum, qui dissentirent, consilium quem haberet exitum?
in quo si non praesens periculum, at certe longinqua obsidione
fames esset timenda.

30. Hac in utramque partem disputatione habita, cum a 1
Cotta primisque ordinibus acriter resisteretur, 'vincite' inquit
'si ita vultis' Sabinus et id clariore voce, ut magna pars militum
exaudiret; 'neque is sum' inquit 'qui gravissime ex vobis mortis 2
periculo terrear: hi sapient; si gravius quid acciderit, abs te rationem reposcent; qui si per te liceat, perendino die cum pro- 3
ximis hibernis coniuncti communem cum reliquis belli casum
sustineant, non reiecti et relegati longe a ceteris aut ferro aut
fame intereant.'

31. Consurgitur ex consilio; comprehendunt utrumque et 1
orant ne sua dissensione et pertinacia rem in summum periculum deducant; facilem esse rem, seu maneant seu profi- 2
ciscantur, si modo unum omnes sentiant ac probent; contra in
dissensione nullam se salutem perspicere. res disputatione ad

3 mediam noctem perducitur. tandem dat Cotta permotus manus, superat sententia Sabini. pronuntiatur prima luce ituros.
4 consumitur vigiliis reliqua pars noctis, cum sua quisque miles circumspiceret, quid secum portare posset, quid ex instru-
5 mento hibernorum relinquere cogeretur. omnia excogitantur, quare nec sine periculo maneatur et languore militum et vigiliis
6 periculum augeatur. prima luce sic ex castris proficiscuntur ut quibus esset persuasum non ab hoste, sed ab homine amicissimo Ambiorige consilium datum, longissimo agmine maximisque impedimentis.

1 **32.** At hostes, posteaquam ex nocturno fremitu vigiliisque de profectione eorum senserunt, conlocatis insidiis bipertito in silvis opportuno atque occulto loco a milibus passuum circiter
2 duobus Romanorum adventum exspectabant, et cum se maior pars agminis in magnam convallem demisisset, ex utraque parte eius vallis subito se ostenderunt novissimosque premere et primos prohibere ascensu atque iniquissimo nostris loco proelium committere coeperunt.

1 **33.** Tum demum Titurius, ut qui nihil ante providisset, trepidare et concursare cohortesque disponere, haec tamen ipsa timide atque ut eum omnia deficere viderentur; quod plerumque iis accidere consuevit qui in ipso negotio consilium capere
2 coguntur. at Cotta qui cogitasset haec posse in itinere accidere atque ob eam causam profectionis auctor non fuisset, nulla in re communi saluti deerat, et in appellandis cohortandisque militi-
3 bus imperatoris et in pugna militis officia praestabat. cum propter longitudinem agminis minus facile per se omnia obire et quid quoque loco faciendum esset providere possent, iusserunt pronuntiari, ut impedimenta relinquerent atque in orbem
4 consisterent. quod consilium etsi in eiusmodi casu reprehen-
5 dendum non est, tamen incommode accidit. nam et nostris militibus spem minuit et hostes ad pugnam alacriores effecit, quod non sine summo timore et desperatione id factum videbatur.
6 praeterea accidit – quod fieri necesse erat – ut vulgo milites ab signis discederent, quaeque quisque eorum carissima haberet, ab impedimentis petere atque arripere properaret, clamore et fletu omnia complerentur.

1 **34.** At barbaris consilium non defuit. nam duces eorum tota acie pronuntiari iusserunt, ne quis ab loco discederet; illorum esse praedam atque illis reservari quaecumque Romani reliquis-

sent; proinde omnia in victoria posita existimarent. † erant et 2
virtute et numero pugnandi pares †. nostri tametsi ab duce et a
fortuna deserebantur, tamen omnem spem salutis in virtute ponebant,
et quotiens quaeque cohors procurreret, ab ea parte
magnus numerus hostium cadebat. qua re animadversa Ambio- 3
rix pronuntiari iubet ut procul tela coniciant neu propius accedant,
et quam in partem Romani impetum fecerint cedant; levitate
armorum et cotidiana exercitatione nihil his noceri posse;
rursus se ad signa recipientes insequantur. 4

35. Quo praecepto ab iis diligentissime observato, cum 1
quaepiam cohors ex orbe excesserat atque impetum fecerat,
hostes velocissime refugiebant. interim eam partem nudari ne- 2
cesse erat et ab latere aperto tela recipere. rursus cum in eum lo- 3
cum, unde erant egressi, reverti coeperant, et ab iis qui
cesserant et ab iis qui proximi steterant circumveniebantur; sin 4
autem locum tenere vellent, nec virtuti locus relinquebatur neque
a tanta multitudine coniecta tela conferti vitare poterant. 5
tamen tot incommodis conflictati multis vulneribus acceptis resistebant
et magna parte diei consumpta, cum a prima luce ad
horam octavam pugnaretur, nihil, quod ipsis esset indignum
committebant. tum T. Balventio, qui superiore anno primum 6
pilum duxerat, viro forti et magnae auctoritatis, utrumque femur
tragula traicitur; Q. Lucanius eiusdem ordinis, fortissime 7
pugnans, dum circumvento filio subvenit, interficitur;
L. Cotta legatus omnes cohortes ordinesque adhortans adver- 8
sum os funda vulneratur.

36. His rebus permotus Q. Titurius cum procul Ambiori- 1
gem suos cohortantem conspexisset, interpretem suum
Cn. Pompeium ad eum mittit rogatum ut sibi militibusque parcat.
ille appellatus respondet: si velit secum conloqui, licere; se 2
sperare a multitudine impetrari posse, quod ad militum salutem
pertineat; ipsi vero nihil nocitum iri inque eam rem se suam fidem
interponere. ille cum Cotta saucio communicat, si videa- 3
tur, pugna ut excedant et cum Ambiorige una conloquantur;
sperare se ab eo de sua ac militum salute impetrari posse. Cotta
se ad armatum hostem iturum negat atque in eo perseverat.

37. Sabinus, quos in praesentia tribunos militum circum se 1
habebat, et primorum ordinum centuriones se sequi iubet, et
cum propius Ambiorigem accessisset, iussus arma abicere imperatum
facit suisque ut idem faciant imperat. interim dum de 2

condicionibus inter se agunt longiorque consulto ab Ambiorige
3 instituitur sermo, paulatim circumventus interficitur. tum vero
suo more victoriam conclamant atque ululatum tollunt impe-
4 tuque in nostros facto ordines perturbant. ibi L. Cotta pugnans
interficitur cum maxima parte militum. reliqui se in castra re-
5 cipiunt, unde erant egressi. ex quibus L. Petrosidius aquilifer,
cum magna multitudine hostium premeretur, aquilam intra vallum proiecit, ipse pro castris fortissime pugnans occiditur. illi
6 aegre ad noctem oppugnationem sustinent; noctu ad unum
7 omnes desperata salute se ipsi interficiunt. pauci ex proelio
elapsi incertis itineribus per silvas ad T. Labienum legatum in
hiberna perveniunt atque eum de rebus gestis certiorem faciunt.

38. Hac victoria sublatus Ambiorix statim cum equitatu in
1 Atuatucos, qui erant eius regno finitimi, proficiscitur; neque
noctem neque diem intermittit peditatumque se subsequi iubet.
2 re demonstrata Atuatucisque concitatis postero die in Nervios
pervenit hortaturque, ne sui in perpetuum liberandi atque ul-
ciscendi Romanos pro iis quas acceperint iniuriis occasionem
3 dimittant; interfectos esse legatos duos magnamque partem
4 exercitus interisse demonstrat; nihil esse negotii subito oppres-
sam legionem, quae cum Cicerone hiemet, interfici. se ad eam
rem profitetur adiutorem. facile hac oratione Nerviis persuadet.

1 **39.** Itaque confestim dimissis nuntiis ad Ceutrones, Gru-
dios, Levacos, Pleumoxios, Geidumnos, qui omnes sub eorum
imperio sunt, quam maximas possunt manus cogunt et de improviso ad Ciceronis hiberna advolant, nondum ad eum fama
2 de Titurii morte perlata. huic quoque accidit – quod fuit necesse
– ut nonnulli milites qui lignationis munitionisque causa in silvas discessissent, repentino equitum adventu interciperentur.
3 his circumventis magna manu Eburones, Nervii, Atuatuci atque horum omnium socii clientesque legionem oppugnare incipiunt. nostri celeriter ad arma concurrunt, vallum con-
4 scendunt. aegre is dies sustentatur, quod omnem spem hostes
in celeritate ponebant atque hanc adepti victoriam in perpetuum se fore victores confidebant.

1 **40.** Mittuntur ad Caesarem confestim a Cicerone litterae,
magnis propositis praemiis, si pertulissent; obsessis omnibus
2 viis missi intercipiuntur. noctu ex ea materia quam munitionis
causa comportaverant, turres admodum centum viginti ex-

citantur; incredibili celeritate, quae deesse operi videbantur, perficiuntur. hostes postero die multo maioribus coactis copiis castra oppugnant, fossam complent. a nostris eadem ratione qua pridie, resistitur. hoc idem reliquis deinceps fit diebus. nulla pars nocturni temporis ad laborem intermittitur; non aegris, non vulneratis facultas quietis datur. quaecumque ad proximi diei oppugnationem opus sunt, noctu comparantur; multae praeustae sudes, magnus muralium pilorum numerus instituitur; turres contabulantur, pinnae loricaeque ex cratibus attexuntur. ipse Cicero, cum tenuissima valetudine esset, ne nocturnum quidem sibi tempus ad quietem relinquebat, ut ultro militum concursu ac vocibus sibi parcere cogeretur.

41. Tum duces principesque Nerviorum, qui aliquem sermonis aditum causamque amicitiae cum Cicerone habebant, conloqui sese velle dicunt. facta potestate eadem quae Ambiorix cum Titurio egerat commemorant: omnem esse in armis Galliam; Germanos Rhenum transisse; Caesaris reliquorumque hiberna oppugnari. addunt etiam de Sabini morte; Ambiorigem ostentant fidei faciendae causa. errare eos dicunt, si quicquam ab iis praesidii sperent, qui suis rebus diffidant; sese tamen hoc esse in Ciceronem populumque Romanum animo, ut nihil nisi hiberna recusent atque hanc inveterascere consuetudinem nolint; licere illis per se incolumibus ex hibernis discedere et, quascumque in partes velint, sine metu proficisci. Cicero ad haec unum modo respondit: non esse consuetudinem populi Romani ullam accipere ab hoste armato condicionem; si ab armis discedere velint, se adiutore utantur legatosque ad Caesarem mittant; sperare se pro eius iustitia quae petierint impetraturos.

42. Ab hac spe repulsi Nervii vallo pedum X et fossa pedum XV hiberna cingunt. haec et superiorum annorum consuetudine a nobis cognoverant et quosdam de exercitu nacti captivos ab his docebantur. sed nulla ferramentorum copia quae esset ad hunc usum idonea, gladiis caespites circumcidere, manibus sagulisque terram exhaurire cogebantur. qua quidem ex re hominum multitudo cognosci potuit; nam minus horis tribus milium pedum XV in circuitu munitionem perfecerunt. reliquis diebus turres ad altitudinem valli, falces testudinesque, quas idem captivi docuerant, parare ac facere coeperunt.

43. Septimo oppugnationis die maximo coorto vento fer-

ventes fusili ex argilla glandes fundis et iacula fervefacta in casas, quae more Gallico stramentis erant tectae, iacere 2 coeperunt. hae celeriter ignem comprehenderunt et venti magnitudine in omnem castrorum locum distulerunt. hostes maximo clamore, sicuti parta iam atque explorata victoria, turres 4 testudinesque agere et scalis vallum ascendere coeperunt. at tanta militum virtus atque ea praesentia animi fuit, ut, cum undique flamma torrerentur maximaque telorum multitudine premerentur suaque omnia impedimenta atque omnes fortunas conflagrare intellegerent, non modo demigrandi causa de vallo decederet nemo, sed paene ne respiceret quidem quisquam ac 5 tum omnes acerrime fortissimeque pugnarent. hic dies nostris longe gravissimus fuit; sed tamen hunc habuit eventum, ut eo die maximus numerus hostium vulneraretur atque interficeretur, ut se sub ipso vallo constipaverant recessumque primis 6 ultimi non dabant. paulum quidem intermissa flamma et quodam loco turri adacta et contingente vallum, tertiae cohortis centuriones ex eo quo stabant loco recesserunt suosque omnes removerunt, nutu vocibusque hostes si introire vellent vocare 7 coeperunt; quorum progredi ausus est nemo. tum ex omni parte lapidibus coniectis deturbati turrisque succensa est.

44. Erant in ea legione fortissimi viri centuriones qui iam primis ordinibus adpropinquarent, Titus Pullo et Lucius Vo- 2 renus. hi perpetuas inter se controversias habebant, uter alteri anteferretur, omnibusque annis de loco summis simultatibus 3 contendebant. ex his Pullo, cum acerrime ad munitiones pugnaretur, 'quid dubitas' inquit 'Vorene? aut quem locum tuae probandae virtutis exspectas? hic dies de nostris controversiis 4 iudicabit.' haec cum dixisset, procedit extra munitiones quaque 5 hostium pars confertissima est visa, inrumpit. ne Vorenus quidem sese tum vallo continet, sed omnium veritus existimatio- 6 nem subsequitur. mediocri spatio relicto Pullo pilum in hostes inmittit atque unum ex multitudine procurrentem traicit. quo percusso exanimatoque hunc scutis protegunt hostes, in illum universi tela coniciunt neque dant progrediendi facultatem. 7 transfigitur scutum Pulloni et verutum in balteo defigitur. aver- 8 tit hic casus vaginam et gladium educere conanti dextram mora- 9 tur manum impeditumque hostes circumsistunt. succurrit ini- 10 micus illi Vorenus et laboranti subvenit. ad hunc se confestim a 11 Pullone omnis multitudo convertit; illum veruto transfixum arbitrantur. Vorenus gladio rem comminus gerit atque uno interfecto reliquos paulum propellit; dum cupidius instat, in locum inferiorem deiectus concidit. huic rursus circumvento subsidium fert Pullo, atque ambo incolumes compluribus interfectis summa cum laude intra munitiones se recipiunt. sic fortuna in contentione et certamine utrumque versavit, ut alter alteri inimicus auxilio salutique esset neque diiudicari posset, uter utri virtute anteferendus videretur.

45. Quanto erat in dies gravior atque asperior oppugnatio et maxime, quod magna parte militum confecta vulneribus res ad paucitatem defensorum pervenerat, tanto crebriores litterae nuntiique ad Caesarem mittebantur. quorum pars deprehensa in conspectu nostrorum militum cum cruciatu necabatur. erat unus intus Nervius nomine Vertico, loco natus honesto, qui a prima obsidione ad Ciceronem perfugerat suamque ei fidem praestiterat. hic servo spe libertatis magnisque persuadet praemiis, ut litteras ad Caesarem deferat. has ille iaculo inligatas effert et Gallus inter Gallos sine ulla suspicione versatus ad Caesarem pervenit. ab eo de periculis Ciceronis legionisque cognoscitur.

46. Caesar acceptis litteris hora circiter undecima diei statim nuntium in Bellovacos ad M. Crassum quaestorem mittit, cuius hiberna aberant ab eo milia passuum XXV; iubet media nocte legionem proficisci celeriterque ad se venire. exit cum nuntio Crassus. alterum ad C. Fabium legatum mittit, ut in Atrebatium fines legionem adducat, qua sibi iter faciendum sciebat. scribit Labieno, si rei publicae commodo facere possit, cum legione ad fines Nerviorum veniat. reliquam partem exercitus quod paulo aberat longius, non putat exspectandam; equites circiter quadringentos ex proximis hibernis cogit.

47. Hora circiter tertia ab antecursoribus de Crassi adventu certior factus eo die milia passuum XX progreditur. Crassum Samarobrivae praeficit legionemque ei attribuit, quod ibi impedimenta exercitus, obsides civitatum, litteras publicas frumentumque omne, quod eo tolerandae hiemis causa devexerat, relinquebat. Fabius, ut imperatum erat non ita multum moratus, in itinere cum legione occurrit. Labienus interitu Sabini et caede cohortium cognita, cum omnes ad eum Treverorum copiae venissent, veritus ne, si ex hibernis fugae similem profectionem fecisset, hostium impetum sustinere non posset, praesertim quos recenti victoria efferri sciret, litteras Caesari remittit, quanto cum periculo legionem ex hibernis educturus esset, rem gestam in Eburonibus perscribit, docet omnes peditatus equitatusque copias Treverorum tria milia passuum longe ab suis castris consedisse.

1 **48.** Caesar consilio eius probato, etsi opinione trium legionum deiectus ad duas redierat, tamen unum communis salutis auxilium in celeritate ponebat. venit magnis itineribus in Ner- 2 viorum fines. ibi ex captivis cognoscit, quae apud Ciceronem 3 gerantur quantoque in periculo res sit. tum cuidam ex equitibus Gallis magnis praemiis persuadet, uti ad Ciceronem epistulam 4 deferat. hanc Graecis conscriptam litteris mittit, ne intercepta 5 epistula nostra ab hostibus consilia cognoscantur. si adire non possit, monet ut tragulam cum epistula ad ammentum deligata 6 intra munitiones castrorum abiciat. in litteris scribit se cum legionibus profectum celeriter adfore; hortatur ut pristinam vir- 7 tutem retineat. Gallus periculum veritus ut erat praeceptum 8 tragulam mittit. haec casu ad turrim adhaesit neque a nostris biduo animadversa tertio die a quodam milite conspicitur, 9 dempta ad Ciceronem defertur. ille perlectam in conventu mili- 10 tum recitat maximaque omnes laetitia adficit. tum fumi incendiorum procul videbantur, quae res omnem dubitationem adventus legionum expulit.

1 **49.** Galli re cognita per exploratores obsidionem relinquunt, ad Caesarem omnibus copiis contendunt. hae erant armatae 2 circiter milia LX. Cicero data facultate Gallum ab eodem Verticone quem supra demonstravimus reperit, qui litteras ad Caesarem deferat; hunc admonet, iter caute diligenterque fa- 3 ciat; perscribit in litteris hostes ab se discessisse omnemque ad 4 eum multitudinem convertisse. quibus litteris circiter media nocte Caesar adlatis suos facit certiores eosque ad dimicandum 5 animo confirmat. postero die luce prima movet castra et circiter milia passuum quattuor progressus trans vallem et rivum multi- 6 tudinem hostium conspicatur. erat magni periculi res tantulis copiis iniquo loco dimicare; tum, quoniam obsidione liberatum Ciceronem sciebat, aequo animo remittendum de celeritate 7 existimabat; consedit et, quam aequissimo potest loco castra communit at que haec etsi erant exigua per se, vix hominum milium septem, praesertim nullis cum impedimentis, tamen angustiis viarum quam maxime potest contrahit, eo consilio ut

in summam contemptionem hostibus veniat. interim spe- 8
culatoribus in omnes partes dimissis explorat, quo commodissime itinere vallem transire possit.

50. Eo die parvulis equestribus proeliis ad aquam factis utri- 1
que se suo loco continent: Galli quod ampliores copias, quae 2
nondum convenerant, exspectabant, Caesar si forte timoris si- 3
mulatione hostes in suum locum elicere posset, ut citra vallem
pro castris proelio contenderet; si id efficere non posset, ut ex- 4
ploratis itineribus minore cum periculo vallem rivumque
transiret. prima luce hostium equitatus ad castra accedit proeliumque cum nostris equitibus committit. Caesar consulto 5
equites cedere seque in castra recipere iubet; simul ex omnibus
partibus castra altiore vallo muniri portasque obstrui atque in
his administrandis rebus quam maxime concursari et cum simulatione agi timoris iubet.

51. Quibus omnibus rebus hostes invitati copias transdu- 1
cunt aciemque iniquo loco constituunt, nostris vero etiam de
vallo deductis propius accedunt et tela intra munitionem ex 2
omnibus partibus coniciunt praeconibusque circummissis pronuntiari iubent, seu quis Gallus seu Romanus velit ante horam
tertiam ad se transire, sine periculo licere; post id tempus non
fore potestatem. ac sic nostros contempserunt ut obstructis in 3
speciem portis singulis ordinibus caespitum, quod ea non posse
introrumpere videbantur, alii vallum manu scindere, alii fossas
complere inciperent. tum Caesar omnibus portis eruptione 4
facta equitatuque emisso celeriter hostes in fugam dat, sic uti
omnino pugnandi causa resisteret nemo, magnumque ex iis
numerum occidit atque omnes armis exuit.

52. Longius prosequi veritus quod silvae paludesque inter- 1
cedebant – neque etiam parvulo detrimento illum locum relinqui videbat –, omnibus suis incolumibus eodem die ad Ciceronem pervenit. institutas turres, testudines munitionesque hos- 2
tium admiratur; producta legione cognoscit non decimum
quemque esse reliquum militem sine vulnere; ex his omnibus 3
iudicat rebus quanto cum periculo et quanta cum virtute res sint
administratae. Ciceronem pro eius merito legionemque 4
conlaudat; centuriones singillatim tribunosque militum appellat, quorum egregiam fuisse virtutem testimonio Ciceronis
cognoverat. de casu Sabini et Cottae certius ex captivis
cognoscit. postero die contione habita rem gestam proponit, 5

6 milites consolatur et confirmat: quod detrimentum culpa et temeritate legati sit acceptum, hoc aequiore animo ferendum docet, quod beneficio deorum immortalium et virtute eorum expiato incommodo neque hostibus diutina laetitia neque ipsis longior dolor relinquatur.

1 **53.** Interim ad Labienum per Remos incredibili celeritate de victoria Caesaris fama perfertur, ut cum ab hibernis Ciceronis milia passuum abesset circiter LX eoque post horam nonam diei Caesar pervenisset, ante mediam noctem ad portas castrorum clamor oriretur, quo clamore significatio victoriae 2 gratulatioque ab Remis Labieno fieret. hac fama ad Treveros perlata Indutiomarus, qui postero die castra Labieni oppugnare decreverat, noctu profugit copiasque omnes in Treveros redu3 cit. Caesar Fabium cum sua legione remittit in hiberna, ipse cum tribus legionibus circum Samarobrivam trinis hibernis hiemare constituit, et quod tanti motus Galliae exstiterant, to4 tam hiemem ipse ad exercitum manere decrevit. nam illo incommodo de Sabini morte perlato omnes fere Galliae civitates de bello consultabant, nuntios legationesque in omnes partes dimittebant, et quid reliqui consilii caperent atque unde initium belli fieret explorabant nocturnaque in locis desertis concilia 5 habebant. neque ullum fere totius hiemis tempus sine sollicitudine Caesaris intercessit, quin aliquem de consiliis ac motu 6 Gallorum nuntium acciperet. in his ab L. Roscio quaestore, quem legioni tertiae decimae praefecerat, certior factus est magnas Gallorum copias earum civitatum, quae Aremoricae 7 appellantur, oppugnandi sui causa convenisse neque longius milibus passuum octo ab hibernis suis afuisse, sed nuntio adlato de victoria Caesaris discessisse, adeo ut fugae similis discessus videretur.

1 **54.** At Caesar principibus cuiusque civitatis ad se evocatis alias territando, cum se scire quae fierent denuntiaret, alias 2 cohortando magnam partem Galliae in officio tenuit. tamen Senones, quae est civitas in primis firma et magnae inter Gallos auctoritatis, Cavarinum, quem Caesar apud eos regem constituerat, cuius frater Moritasgus adventu in Galliam Caesaris cuiusque maiores regnum obtinuerant, interficere publico consilio conati, cum ille praesensisset ac profugisset, usque ad 3 fines insecuti regno domoque expulerunt et missis ad Caesarem satisfaciendi causa legatis, cum is omnem ad se senatum venire

iussisset, dicto audientes non fuerunt. tantum apud homines 4
barbaros valuit esse aliquos repertos principes belli inferendi
tantamque omnibus voluntatis commutationem attulit, ut
praeter Haeduos et Remos – quos praecipuo semper honore
Caesar habuit, alteros pro vetere ac perpetua erga populum
Romanum fide, alteros pro recentibus Gallici belli officiis –
nulla fere civitas fuerit non suspecta nobis. idque adeo haud 5
scio mirandumne sit cum compluribus aliis de causis, tum maxime quod qui virtute belli omnibus gentibus praeferebantur,
tantum se eius opinionis deperdidisse, ut a populo Romano imperia perferrent, gravissime dolebant.

55. Treveri vero atque Indutiomarus totius hiemis nullum 1
tempus intermiserunt, quin trans Rhenum legatos mitterent,
civitates sollicitarent, pecunias pollicerentur, magna parte
exercitus nostri interfecta multo minorem superesse dicerent
partem. neque tamen ulli civitati Germanorum persuaderi potuit, ut Rhenum transiret, cum se bis expertos dicerent, Ariovisti bello et Tenctherorum transitu, non esse amplius fortunam
temptaturos. hac spe lapsus Indutiomarus nihilo minus copias 3
cogere, exercere, a finitimis equos parare, exsules damnatosque
tota Gallia magnis praemiis ad se adlicere coepit. ac tantam sibi 4
iam his rebus in Gallia auctoritatem comparaverat, ut undique
ad eum legationes concurrerent, gratiam atque amicitiam publice privatimque peterent.

56. Ubi intellexit ultro ad se veniri, altera ex parte Senones 1
Carnutesque conscientia facinoris instigari, altera Nervios
Atuatucosque bellum Romanis parare, neque sibi voluntariorum copias defore, si ex finibus suis progredi coepisset, armatum concilium indicit. hoc more Gallorum est initium belli.
quo lege communi omnes puberes armati convenire coguntur; 2
qui ex iis novissimus convenit, in conspectu multitudinis omnibus cruciatibus adfectus necatur. in eo concilio Cingetori- 3
gem, alterius principem factionis, generum suum, quem supra
demonstravimus Caesaris secutum fidem ab eo non discessisse,
hostem iudicat bonaque eius publicat. his rebus confectis in 4
concilio pronuntiat arcessitum se ab Senonibus et Carnutibus
aliisque compluribus Galliae civitatibus; huc iturum per fines 5
Remorum eorumque agros populaturum ac, priusquam id faciat, castra Labieni oppugnaturum; quae fieri velit, praecipit.

57. Labienus, cum et loci natura et manu munitissimis cas- 1

tris sese teneret, de suo ac legionis periculo nihil timebat, ne
2 quam occasionem rei bene gerendae dimitteret, cogitabat. itaque a Cingetorige atque eius propinquis oratione Indutiomari cognita, quam in concilio habuerat, circummittit ad finitimas civitates equitesque undique evocat; his certam diem
3 conveniendi dicit. interim prope cotidie cum omni equitatu Indutiomarus sub castris eius vagabatur, alias ut situm castrorum cognosceret, alias conloquendi aut territandi causa. equites ple-
4 rumque eminus tela intra vallum coniciebant. Labienus suos intra munitiones continebat timorisque opinionem quibuscumque poterat rebus augebat.

1 **58.** Cum maiore in dies contemptione Indutiomarus ad castra accederet, nocte una intromissis equitibus omnium finitimarum civitatum, quos accersendos curaverat, tanta diligentia omnes suos custodiis intra castra continuit, ut nulla ratione
2 ea res enuntiari aut ad Treveros perferri posset. interim ex consuetudine cotidiana Indutiomarus ad castra accedit atque ibi magnam partem diei consumit; equites tela coniciunt et magna
3 cum contumelia verborum nostros ad pugnam evocant. nullo ab nostris dato responso, ubi visum est, sub vesperum dispersi
4 ac dissipati discedunt. subito Labienus duabus portis omnem equitatum emittit; praecipit atque interdicit, perterritis hostibus atque in fugam coniectis – quod fore sicut accidit videbat – unum omnes petant Indutiomarum, neu quis quem alium prius vulneret, quam illum interfectum viderit, quod mora reliquorum spatium nactum illum effugere nolebat; magna proponit iis
5 qui occiderint praemia; submittit cohortes equitibus subsidio.
6 comprobat hominis consilium Fortuna, et cum unum omnes peterent, in ipso fluminis vado deprehensus Indutiomarus interficitur caputque eius refertur in castra. redeuntes equites
7 quos possunt consectantur atque occidunt. hac re cognita omnes Eburonum et Nerviorum quae convenerant copiae discedunt, pauloque habuit post id factum Caesar Galliam quietiorem.

COMMENTARIORUM BELLI GALLICI

LIBER SEXTUS

1. Multis de causis Caesar maiorem Galliae motum exspectans per M. Silanum, C. Antistium Reginum, T. Sextium legatos dilectum habere instituit. simul a Cn. Pompeio proconsule petit, quoniam ipse ad urbem cum imperio rei publicae causa remaneret, quos ex Cisalpina Gallia consulis sacramento rogasset, ad signa convenire et ad se proficisci iuberet, magni interesse etiam in reliquum tempus ad opinionem Galliae existimans tantas videri Italiae facultates, ut, si quid esset in bello detrimenti acceptum, non modo id brevi tempore sarciri, sed etiam maioribus augeri copiis posset. quod cum Pompeius et rei publicae et amicitiae tribuisset, celeriter confecto per suos dilectu tribus ante exactam hiemem et constitutis et adductis legionibus duplicatoque earum cohortium numero quas cum Q. Titurio amiserat, et celeritate et copiis docuit, quid populi Romani disciplina atque opes possent.

2. Interfecto Indutiomaro ut docuimus, ad eius propinquos a Treveris imperium defertur. illi finitimos Germanos sollicitare et pecuniam polliceri non desistunt. cum a proximis impetrare non possent, ulteriores temptant. inventis nonnullis civitatibus iure iurando inter se confirmant obsidibusque de pecunia cavent; Ambiorigem sibi societate et foedere adiungunt. quibus rebus cognitis Caesar cum undique bellum parari videret, Nervios, Atuatucos, Menapios adiunctis Cisrhenanis omnibus Germanis esse in armis, Senones ad imperatum non venire et cum Carnutibus finitimisque civitatibus consilia communicare, a Treveris Germanos crebris legationibus sollicitari, maturius sibi de bello cogitandum putavit.

3. Itaque nondum hieme confecta proximis quattuor coactis legionibus de improviso in fines Nerviorum contendit et, priusquam illi aut convenire aut profugere possent, magno pecoris atque hominum numero capto atque ea praeda militibus concessa vastatisque agris in deditionem venire atque obsides sibi dare coegit. eo celeriter confecto negotio rursus in hiberna legiones reduxit. concilio Galliae primo vere, uti instituerat, indicto, cum reliqui praeter Senones, Carnutes Treverosque venissent, initium belli ac defectionis hoc esse arbitratus, ut omnia postponere videretur, concilium Luteciam Parisiorum transfert. confines erant hi Senonibus civitatemque patrum memoria coniunxerant, sed ab hoc consilio afuisse existimabantur. hac re pro suggestu pronuntiata eodem die cum legionibus in Senones proficiscitur magnisque itineribus eo pervenit.

4. Cognito eius adventu Acco, qui princeps eius consilii fuerat, iubet in oppida multitudinem convenire. conantibus, priusquam id effici posset, adesse Romanos nuntiatur. necessario sententia desistunt legatosque deprecandi causa ad Caesarem mittunt; adeunt per Haeduos, quorum antiquitus erat in fide civitas. libenter Caesar petentibus Haeduis dat veniam excusationemque accipit, quod aestivum tempus instantis belli, non quaestionis esse arbitrabatur. obsidibus imperatis centum hos Haeduis custodiendos tradit. eodem Carnutes legatos obsidesque mittunt usi deprecatoribus Remis, quorum erant in clientela; eadem ferunt responsa. peragit concilium Caesar equitesque imperat civitatibus.

5. Hac parte Galliae pacata totus et mente et animo in bellum Treverorum et Ambiorigis insistit. Cavarinum cum equitatu Senonum secum proficisci iubet, ne quis aut ex huius iracundia aut ex eo, quod meruerat, odio civitatis motus exsistat. his rebus constitutis, quod pro explorato habebat Ambiorigem proelio non esse contenturum, reliqua eius consilia animo circumspiciebat. erant Menapii propinqui Eburonum finibus, perpetuis paludibus silvisque muniti, qui uni ex Gallia de pace ad Caesarem legatos numquam miserant. cum his esse hospitium Ambiorigi sciebat; item per Treveros venisse Germanos in amicitiam cognoverat. haec prius illi detrahenda auxilia existimabat, quam ipsum bello lacesseret, ne desperata salute aut se in Menapios abderet, aut cum Transrhenanis congredi cogeretur. hoc inito consilio totius exercitus impedimenta ad Labienum in Treveros mittit duasque ad eum legiones proficisci iubet, ipse cum legionibus expeditis quinque in Menapios proficiscitur. illi nulla coacta manu loci praesidio freti in silvas paludesque confugiunt suaque eodem conferunt.

6. Caesar partitis copiis cum C. Fabio legato et M. Crasso quaestore celeriterque effectis pontibus adit tripertito, aedificia vicosque incendit, magno pecoris atque hominum numero potitur. quibus rebus coacti Menapii legatos ad eum pacis peten-

dae causa mittunt. ille obsidibus acceptis hostium se habiturum
numero confirmat, si aut Ambiorigem aut eius legatos finibus
suis recepissent. his confirmatis rebus Commium Atrebatem
cum equitatu custodis loco in Menapiis relinquit, ipse in Treveros proficiscitur.

7. Dum haec a Caesare geruntur, Treveri magnis coactis peditatus equitatusque copiis Labienum cum una legione, quae in
eorum finibus hiemarat, adoriri parabant. iamque ab eo non
longius bidui via aberant, cum duas venisse legiones missu
Caesaris cognoscunt. positis castris a milibus passuum quindecim auxilia Germanorum exspectare constituunt. Labienus
hostium cognito consilio sperans temeritate eorum fore aliquam dimicandi facultatem, praesidio V cohortium impedimentis relicto cum XXV cohortibus magnoque equitatu contra
hostem proficiscitur et mille passuum intermisso spatio castra
communit. erat inter Labienum atque hostem difficili transitu
flumen ripisque praeruptis. hoc neque ipse transire habebat in
animo neque hostes transituros existimabat. augebatur auxiliorum cotidie spes. loquitur consulto palam, quoniam Germani
adpropinquare dicantur, sese suas exercitusque fortunas in dubium non devocaturum et postero die prima luce castra moturum. celeriter haec ad hostes deferuntur, ut ex magno Gallorum
equitum numero nonnullos Gallicis rebus favere natura
cogebat. Labienus noctu tribunis militum primisque ordinibus
coactis, quid sui sit consilii proponit et, quo facilius hostibus
timoris det suspicionem, maiore strepitu et tumultu quam populi Romani fert consuetudo castra moveri iubet. his rebus fugae similem profectionem effecit. haec quoque per exploratores
ante lucem in tanta propinquitate castrorum ad hostes deferuntur.

8. Vix agmen novissimum extra munitiones processerat,
cum Galli cohortati inter se ne speratam praedam ex manibus
dimitterent – longum esse perterritis Romanis Germanorum
auxilium exspectare, neque suam pati dignitatem, ut tantis
copiis tam exiguam manum, praesertim fugientem atque impeditam, adoriri non audeant – flumen transire et iniquo loco
committere proelium non dubitant. quae fore suspicatus Labienus, ut omnes citra flumen eliceret, eadem usus simulatione
itineris placide progrediebatur. tum praemissis paulum impedimentis atque in tumulo quodam conlocatis 'habetis' inquit

'milites, quam petistis facultatem; hostem impedito atque iniquo loco tenetis: praestate eandem nobis ducibus virtutem, quam saepenumero imperatori praestitistis, atque illum adesse et haec coram cernere existimate.' simul signa ad hostem converti aciemque dirigi iubet et paucis turmis praesidio ad impedimenta dimissis reliquos equites ad latera disponit. celeriter nostri clamore sublato pila in hostes immittunt. illi, ubi praeter spem, quos modo fugere credebant, infestis signis ad se ire viderunt, impetum ferre non potuerunt ac primo concursu in fugam coniecti proximas silvas petierunt. quos Labienus equitatu consectatus magno numero interfecto compluribus captis paucis post diebus civitatem recepit. nam Germani qui auxilio veniebant percepta Treverorum fuga sese domum contulerunt. cum his propinqui Indutiomari, qui defectionis auctores fuerant, comitati eos ex civitate excesserunt. Cingetorigi, quem ab initio permansisse in officio demonstravimus, principatus atque imperium est traditum.

9. Caesar, postquam ex Menapiis in Treveros venit, duabus de causis Rhenum transire constituit; quarum una erat quod auxilia contra se Treveris miserant, altera, ne ad eos Ambiorix receptum haberet. his constitutis rebus paulo supra eum locum, quo ante exercitum traduxerat, facere pontem instituit. nota atque instituta ratione magno militum studio paucis diebus opus efficitur. firmo in Treveris ad pontem praesidio relicto, ne quis ab his subito motus oriretur, reliquas copias equitatumque traducit. Ubii, qui ante obsides dederant atque in deditionem venerant, sui purgandi causa ad eum legatos mittunt, qui doceant neque ex sua civitate auxilia in Treveros missa neque ab se fidem laesam; petunt atque orant ut sibi parcat, ne communi odio Germanorum innocentes pro nocentibus poenas pendant; si amplius obsidum velit dari pollicentur. cognita Caesar causa reperit ab Suebis auxilia missa esse, Ubiorum satisfactionem accipit, aditus viasque in Suebos perquirit.

10. Interim paucis post diebus fit ab Ubiis certior Suebos omnes unum in locum copias cogere atque iis nationibus, quae sub eorum sint imperio, denuntiare, uti auxilia peditatus equitatusque mittant. his cognitis rebus rem frumentariam providet, castris idoneum locum deligit; Ubiis imperat, ut pecora deducant suaque omnia ex agris in oppida conferant, sperans barbaros atque imperitos homines inopia cibariorum adductos

ad iniquam pugnandi condicionem posse deduci; mandat, ut 3
crebros exploratores in Suebos mittant quaeque apud eos gerantur cognoscant. illi imperata faciunt et paucis diebus inter- 4
missis referunt: Suebos omnes, posteaquam certiores nuntii de
exercitu Romanorum venerint, cum omnibus suis sociorumque
copiis, quas coegissent, penitus ad extremos fines se recepisse;
silvam ibi esse infinita magnitudine, quae appellatur Bacenis; 5
hanc longe introrsus pertinere et pro nativo muro obiectam
Cheruscos ab Suebis Suebosque a Cheruscis iniuriis incursionibusque prohibere. ad eius silvae initium Suebos adventum Romanorum exspectare constituisse.

11. Quoniam ad hunc locum perventum est, non alienum 1
esse videtur de Galliae Germaniaeque moribus et, quo differant
hae nationes inter sese, proponere. in Gallia non solum in om- 2
nibus civitatibus atque in omnibus pagis partibusque, sed paene
etiam in singulis domibus factiones sunt earumque factionum 3
sunt principes, qui summam auctoritatem eorum iudicio habere existimantur, quorum ad arbitrium iudiciumque summa
omnium rerum consiliorumque redeat. idque eius rei causa an- 4
tiquitus institutum videtur, ne quis ex plebe contra potentiorem auxilii egeret. suos enim quisque opprimi et circumveniri
non patitur neque, aliter si faciat, ullam inter suos habet auctoritatem. haec eadem ratio est in summa totius Galliae; namque 5
omnes civitates divisae sunt in duas partes.

12. Cum Caesar in Galliam venit, alterius factionis principes 1
erant Haedui, alterius Sequani. hi cum per se minus valerent, 2
quod summa auctoritas antiquitus erat in Haeduis magnaeque
eorum erant clientelae, Germanos atque Ariovistum sibi
adiunxerant eosque ad se magnis iacturis pollicitationibusque
perduxerant. proeliis vero compluribus factis secundis atque 3
omni nobilitate Haeduorum interfecta tantum potentia antecesserant, ut magnam partem clientium ab Haeduis ad se tradu- 4
cerent obsidesque ab iis principum filios acciperent et publice
iurare cogerent nihil se contra Sequanos consilii inituros, et
partem finitimi agri per vim occupatam possiderent Galliaeque
totius principatum obtinerent. qua necessitate adductus Divi- 5
ciacus auxilii petendi causa Romam ad senatum profectus infecta re redierat. adventu Caesaris facta commutatione rerum, 6
obsidibus Haeduis redditis, veteribus clientelis restitutis, novis
per Caesarem comparatis, quod ii qui se ad eorum amicitiam

7 adgregarant, meliore condicione atque aequiore imperio se uti videbant, reliquis rebus eorum gratia dignitateque amplificata Sequani principatum dimiserant. in eorum locum Remi successerant; quos quod adaequare apud Caesarem gratia intellegebatur, ii qui propter veteres inimicitias nullo modo cum 8 Haeduis coniungi poterant, se Remis in clientelam dicabant. hos illi diligenter tuebantur; ita novam et repente collectam 9 auctoritatem tenebant; et eo tum statu res erat ut longe principes haberentur Haedui, secundum locum dignitatis Remi obtinerent.

1   13. In omni Gallia eorum hominum, qui aliquo sunt numero atque honore, genera sunt duo. nam plebes paene servorum ha-
2 betur loco, quae nihil audet per se, nulli adhibetur consilio. plerique cum aut aere alieno aut magnitudine tributorum aut iniuria potentiorum premuntur, sese in servitutem dicant. nobili-
3 bus in hos eadem omnia sunt iura quae dominis in servos. sed de his duobus generibus alterum est druidum, alterum equitum.
4 illi rebus divinis intersunt, sacrificia publica ac privata procurant, religiones interpretantur. ad hos magnus adulescentium numerus disciplinae causa concurrit magnoque hi sunt apud eos
5 honore. nam fere de omnibus controversiis publicis privatisque constituunt, et si quod est facinus admissum, si caedes facta, si de hereditate, de finibus controversia est, idem decernunt,
6 praemia poenasque constituunt. si qui aut privatus aut populus eorum decreto non stetit, sacrificiis interdicunt. haec poena
7 apud eos est gravissima. quibus ita est interdictum, hi numero impiorum ac sceleratorum habentur, his omnes decedunt, aditum eorum sermonemque defugiunt, ne quid ex contagione incommodi accipiant, neque his petentibus ius redditur neque
8 honos ullus communicatur. his autem omnibus druidibus
9 praeest unus, qui summam inter eos habet auctoritatem. hoc mortuo aut, si qui ex reliquis excellit dignitate, succedit aut, si sunt plures pares, suffragio druidum adlegitur; nonnumquam
10 etiam armis de principatu contendunt. hi certo anni tempore in finibus Carnutum, quae regio totius Galliae media habetur, considunt in loco consecrato. huc omnes undique, qui controversias habent, conveniunt eorumque decretis iudiciisque
11 parent. disciplina in Britannia reperta atque inde in Galliam
12 translata existimatur, et nunc qui diligentius eam rem cognoscere volunt, plerumque illo discendi causa proficiscuntur.

14. Druides a bello abesse consuerunt neque tributa una cum reliquis pendunt. militiae vacationem omniumque rerum habent immunitatem. tantis excitati praemiis et sua sponte multi in disciplinam conveniunt et a parentibus propinquisque mittuntur. magnum ibi numerum versuum ediscere dicuntur. itaque annos nonnulli vicenos in disciplina permanent. neque fas esse existimant ea litteris mandare, cum in reliquis fere rebus, publicis privatisque rationibus, Graecis utantur litteris. id mihi duabus de causis instituisse videntur, quod neque in vulgus disciplinam efferri velint neque eos, qui discunt, litteris confisos minus memoriae studere, quod fere plerisque accidit ut praesidio litterarum diligentiam in perdiscendo ac memoriam remittant. in primis hoc volunt persuadere non interire animas, sed ab aliis post mortem transire ad alios, atque hoc maxime ad virtutem excitari putant metu mortis neglecto. multa praeterea de sideribus atque eorum motu, de mundi ac terrarum magnitudine, de rerum natura, de deorum immortalium vi ac potestate disputant et iuventuti tradunt.

15. Alterum genus est equitum. hi cum est usus atque aliquod bellum incidit – quod ante Caesaris adventum quotannis fere accidere solebat, uti aut ipsi iniurias inferrent aut inlatas propulsarent –, omnes in bello versantur, atque eorum ut quisque est genere copiisque amplissimus, ita plurimos circum se ambactos clientesque habet. hanc unam gratiam potentiamque noverunt.

16. Natio est omnis Gallorum admodum dedita religionibus, atque ob eam causam, qui sunt adfecti gravioribus morbis quique in proeliis periculisque versantur, aut pro victimis homines immolant aut se immolaturos vovent, administrisque ad ea sacrificia druidibus utuntur, quod pro vita hominis nisi hominis vita reddatur, non posse aliter deorum immortalium numen placari arbitrantur, publiceque eiusdem generis habent instituta sacrificia. alii immani magnitudine simulacra habent, quorum contexta viminibus membra vivis hominibus complent; quibus succensis circumventi flamma exanimantur homines. supplicia eorum, qui in furto aut in latrocinio aut aliqua noxii sint comprehensi, gratiora dis immortalibus esse arbitrantur. sed cum eius generis copia deficit, etiam ad innocentium supplicia descendunt.

17. Deorum maxime Mercurium colunt. huius sunt plurima

simulacra, hunc omnium inventorem artium ferunt, hunc viarum atque itinerum ducem, hunc ad quaestus pecuniae mercaturasque habere vim maximam arbitrantur. post hunc Apollinem et Martem et Iovem et Minervam. de his eandem fere quam reliquae gentes habent opinionem: Apollinem morbos depellere, Minervam operum atque artificiorum initia tradere, Iovem imperium caelestium tenere, Martem bella regere. huic, cum proelio dimicare constituerint, ea quae bello ceperint, plerumque devovent; cum superaverunt, animalia capta immolant reliquasque res in unum locum conferunt. multis in civitatibus harum rerum exstructos tumulos locis consecratis conspicari licet; neque saepe accidit ut neglecta quispiam religione aut capta apud se occultare aut posita tollere auderet, gravissimumque ei rei supplicium cum cruciatu constitutum est.

18. Galli se omnes ab Dite patre prognatos praedicant idque ab druidibus proditum dicunt. ob eam causam spatia omnis temporis non numero dierum, sed noctium finiunt; dies natales et mensum et annorum initia sic observant, ut noctem dies subsequatur. in reliquis vitae institutis hoc fere ab reliquis differunt, quod suos liberos, nisi cum adoleverunt ut munus militiae sustinere possint, palam ad se adire non patiuntur filiumque puerili aetate in publico in conspectu patris adsistere turpe ducunt.

19. Viri, quantas pecunias ab uxoribus dotis nomine acceperunt, tantas ex suis bonis aestimatione facta cum dotibus communicant. huius omnis pecuniae coniunctim ratio habetur fructusque servantur; uter eorum vita superarit, ad eum pars utriusque cum fructibus superiorum temporum pervenit. viri in uxores sicuti in liberos vitae necisque habent potestatem, et cum pater familiae inlustriore loco natus decessit, eius propinqui conveniunt et de morte, si res in suspicionem venit, de uxoribus in servilem modum quaestionem habent, et si compertum est, igni atque omnibus tormentis excruciatas interficiunt. funera sunt pro cultu Gallorum magnifica et sumptuosa; omnia quaeque vivis cordi fuisse arbitrantur in ignem inferunt, etiam animalia, ac paulo supra hanc memoriam servi et clientes, quos ab iis dilectos esse constabat, iustis funeribus confectis una cremabantur.

20. Quae civitates commodius suam rem publicam administrare existimantur, habent legibus sanctum, si quis quid de re

publica a finitimis rumore ac fama acceperit, uti ad magistratum
deferat neve cum quo alio communicet, quod saepe homines
temerarios atque imperitos falsis rumoribus terreri et ad facinus
impelli et de summis rebus consilium capere cognitum est. magistratus quae visa sunt occultant, quae esse ex usu iudi-
caverunt, multitudini produnt. de re publica nisi per concilium
loqui non conceditur.

21. Germani multum ab hac consuetudine differunt. nam
neque druides habent, qui rebus divinis praesint, neque sacrificiis student. deorum numero eos solos ducunt, quos
cernunt et quorum aperte opibus iuvantur, Solem et Vulcanum
et Lunam, reliquos ne fâma quidem acceperunt. vita omnis in
venationibus atque in studiis rei militaris consistit; a parvulis
labori ac duritiae student. qui diutissime impuberes permanse-
runt, maximam inter suos ferunt laudem; hoc ali staturam, ali
vires nervosque confirmari putant. intra annum vero vi-
cesimum feminae notitiam habuisse in turpissimis habent rebus. cuius rei nulla est occultatio, quod et promiscue in fluminibus perluuntur et pellibus aut parvis renonum tegimentis
utuntur, magna corporis parte nuda.

22. Agri culturae non student, maiorque pars eorum victus
in lacte, caseo, carne consistit. neque quisquam agri modum
certum aut fines habet proprios, sed magistratus ac principes in
annos singulos gentibus cognationibusque hominum quique
una coierunt, quantum et quo loco visum est agri adtribuunt
atque anno post alio transire cogunt. eius rei multas adferunt
causas: ne adsidua consuetudine capti studium belli gerendi agri
cultura commutent; ne latos fines parare studeant potentiores-
que humiliores possessionibus expellant; ne accuratius ad frigora atque aestus vitandos aedificent; ne qua oriatur pecuniae
cupiditas, qua ex re factiones dissensionesque nascuntur; ut
animi aequitate plebem contineant, cum suas quisque opes cum
potentissimis aequari videat.

23. Civitatibus maxima laus est quam latissime circum se
vastatis finibus solitudines habere. hoc proprium virtutis existimant, expulsos agris finitimos cedere neque quemquam prope
se audere consistere. simul hoc se fore tutiores arbitrantur, repentinae incursionis timore sublato. cum bellum civitas aut inlatum defendit aut infert, magistratus qui ei bello praesint et vitae necisque habeant potestatem deliguntur. in pace nullus est

Germanische Reiter
Der Stich (aus der sogenannten Clarke'schen Prachtausgabe von 1712) ist einem Finanzverwalter am englischen Königshof gewidmet.

Originalgröße: 17 × 27 cm

communis magistratus, sed principes regionum atque pagorum inter suos ius dicunt controversiasque minuunt. latrocinia nullam habent infamiam quae extra fines cuiusque civitatis fiunt, atque ea iuventutis exercendae ac desidiae minuendae causa fieri praedicant. atque ubi quis ex principibus in concilio dixit se ducem fore, qui sequi velint, profiteantur, consurgunt ii qui et causam et hominem probant, suumque auxilium pollicentur atque a multitudine conlaudantur; qui ex his secuti non sunt, in desertorum ac proditorum numero ducuntur, omniumque his rerum postea fides derogatur. hospitem violare fas non putant; qui quacumque de causa ad eos venerunt, ab iniuria prohibent sanctosque habent, hisque omnium domus patent victusque communicatur.

24. Ac fuit antea tempus, cum Germanos Galli virtute superarent, ultro bella inferrent, propter hominum multitudinem agrique inopiam trans Rhenum colonias mitterent. (itaque ea quae fertilissima Germaniae sunt loca circum Hercyniam silvam, quam Eratostheni et quibusdam Graecis fama notam esse video, quam illi Orcyniam appellant, Volcae Tectosages occupaverunt atque ibi consederunt; quae gens ad hoc tempus his sedibus sese continet summamque habet iustitiae et bellicae laudis opinionem). nunc quoniam in eadem inopia egestate patientiaque Germani permanent, eodem victu et cultu corporis utuntur, Gallis autem provinciarum propinquitas et transmarinarum rerum notitia multa ad copiam atque usum largitur, paulatim adsuefacti superari multisque victi proeliis ne se quidem ipsi cum illis virtute comparant.

25. Huius Hercyniae silvae, quae supra demonstrata est, latitudo novem dierum iter expedito patet: non enim aliter finiri potest neque mensuras itinerum noverunt. oritur ab Helvetiorum et Nemetum et Rauracorum finibus rectaque fluminis Danubii regione pertinet ad fines Dacorum et Anartium. hinc se flectit sinistrorsus diversis a flumine regionibus multarumque gentium fines propter magnitudinem attingit. neque quisquam est huius Germaniae, qui se aut adisse ad initium eius silvae dicat, cum dierum iter LX processerit, aut quo ex loco oriatur acceperit. multaque in ea genera ferarum nasci constat, quae reliquis in locis visa non sint, ex quibus quae maxime differant a ceteris et memoriae prodenda videantur, haec sunt.

26. Est bos cervi figura, cuius a media fronte inter aures unum cornu exsistit excelsius magisque derectum his, quae nobis nota sunt, cornibus; ab eius summo sicut palmae ramique late diffunduntur. eadem est feminae marisque natura, eadem forma magnitudoque cornuum.

27. Sunt item, quae appellantur alces. harum est consimilis capris figura et varietas pellium, sed magnitudine paulo antecedunt mutilaeque sunt cornibus et crura sine nodis articulisque habent. neque quietis causa procumbunt neque, si quo adflictae casu conciderint, erigere sese aut sublevare possunt. his sunt arbores pro cubilibus; ad eas se adplicant atque ita paulum modo reclinatae quietem capiunt. quarum ex vestigiis cum est animadversum a venatoribus quo se recipere consuerint, omnes eo loco aut ab radicibus subruunt aut accidunt arbores, tantum ut summa species earum stantium relinquatur. huc cum se consuetudine reclinaverunt, infirmas arbores pondere adfligunt atque una ipsae concidunt.

28. Tertium est genus eorum qui uri appellantur. hi sunt magnitudine paulo infra elephantos, specie et colore et figura tauri. magna vis eorum est et magna velocitas; neque homini neque ferae, quam conspexerunt, parcunt. hos studiose foveis captos interficiunt. hoc se labore durant adulescentes atque hoc genere venationis exercent, et qui plurimos ex his interfecerunt, relatis in publicum cornibus, quae sint testimonio, magnam ferunt laudem. sed adsuescere ad homines et mansuefieri ne parvuli quidem excepti possunt. amplitudo cornuum et figura et species multum a nostrorum boum cornibus differt. haec studiose conquisita ab labris argento circumcludunt atque in amplissimis epulis pro poculis utuntur.

29. Caesar postquam per Ubios exploratores comperit Suebos se in silvas recepisse, inopiam frumenti veritus, quod, ut supra demonstravimus, minime omnes Germani agri culturae student, constituit non progredi longius; sed, ne omnino metum reditus sui barbaris tolleret atque ut eorum auxilia tardaret, reducto exercitu partem ultimam pontis, quae ripas Ubiorum contingebat, in longitudinem pedum ducentorum rescindit atque in extremo ponte turrim tabulatorum quattuor constituit praesidiumque cohortium duodecim pontis tuendi causa ponit magnisque eum locum munitionibus firmat. ei loco praesidioque C. Volcacium Tullum adulescentem praeficit. ipse cum maturescere frumenta inciperent, ad bellum Ambiorigis pro-

Tierbilder in der Ausgabe von 1713 (vgl. S. 56)

Originalgröße: 9 × 16 cm

fectus per Arduennam silvam, quae est totius Galliae maxima atque ab ripis Rheni finibusque Treverorum ad Nervios pertinet milibusque amplius quingentis in longitudinem patet, L. Minucium Basilum cum omni equitatu praemittit, si quid celeritate itineris atque opportunitate temporis proficere pos-
5 sit; monet ut ignes in castris fieri prohibeat, ne qua eius adventus procul significatio fiat; sese confestim subsequi dicit.

1 **30.** Basilus ut imperatum est facit. celeriter contraque omnium opinionem confecto itinere multos in agris inopinantes deprehendit. eorum indicio ad ipsum Ambiorigem contendit,
2 quo in loco cum paucis equitibus esse dicebatur. multum cum in omnibus rebus, tum in re militari potest Fortuna. nam magno accidit casu, ut in ipsum incautum etiam atque imparatum incideret, priusque eius adventus ab omnibus videretur, quam fama ac nuntius adferretur, sic magnae fuit fortunae omni militari instrumento quod circum se habebat erepto raedis equisque
3 comprehensis ipsum effugere mortem. sed hoc factum est, quod aedificio circumdato silva – ut sunt fere domicilia Gallorum, qui vitandi aestus causa plerumque silvarum ac fluminum petunt propinquitates – comites familiaresque eius angusto in
4 loco paulisper equitum nostrorum vim sustinuerunt. his pugnantibus illum in equum quidam ex suis intulit, fugientem silvae texerunt. sic et ad subeundum periculum et ad vitandum multum Fortuna valuit.

1 **31.** Ambiorix copias suas iudicione non conduxerit, quod proelio dimicandum non existimaret, an tempore exclusus et repentino equitum adventu prohibitus, cum reliquum exer-
2 citum subsequi crederet, dubium est. sed certe dimissis per agros nuntiis sibi quemque consulere iussit. quorum pars in
3 Arduennam silvam, pars in continentes paludes profugit. qui proximi Oceano fuerunt, hi insulis sese occultaverunt quas
4 aestus efficere consuerunt. multi ex suis finibus egressi se sua-
5 que omnia alienissimis crediderunt. Catuvolcus rex dimidiae partis Eburonum, qui una cum Ambiorige consilium inierat, aetate iam confectus, cum laborem aut belli aut fugae ferre non posset, omnibus precibus detestatus Ambiorigem, qui eius consilii auctor fuisset, taxo, cuius magna in Gallia Germaniaque copia est, se exanimavit.

1 **32.** Segni Condrusique, ex gente et numero Germanorum, qui sunt inter Eburones Treverosque, legatos ad Caesarem mise-

runt oratum, ne se in hostium numero duceret neve omnium Germanorum, qui essent citra Rhenum, unam esse causam iudicaret; nihil se de bello cogitavisse, nulla Ambiorigi auxilia misisse. Caesar re quaestione captivorum explorata, si qui ad eos 2 Eburones ex fuga convenissent, ad se ut reducerentur, imperavit; si ita fecissent, fines eorum se violaturum negavit. tum 3 copiis in tres partes distributis impedimenta omnium legionum Atuatucam contulit. id castelli nomen est. hoc fere est in mediis 4 Eburonum finibus, ubi Titurius atque Aurunculeius hiemandi causa consederant. hunc cum reliquis rebus locum probabat, 5 tum quod superioris anni munitiones integrae manebant, ut militum laborem sublevaret. praesidio impedimentis legionem quartam decimam reliquit, unam ex his tribus, quas proxime conscriptas ex Italia traduxerat. ei legioni castrisque Q. Tullium Ciceronem praefecit ducentosque equites ei attribuit. 6

33. Partito exercitu T. Labienum cum legionibus tribus ad 1 Oceanum versus in eas partes, quae Menapios attingunt, proficisci iubet, C. Trebonium cum pari legionum numero ad eam 2 regionem, quae Atuatucis adiacet, depopulandam mittit, ipse 3 cum reliquis tribus ad flumen Scaldim, quod influit in Mosam, extremasque Arduennae partes ire constituit, quo cum paucis equitibus profectum Ambiorigem audiebat. discedens post 4 diem septimum sese reversurum confirmat, quam ad diem ei legioni, quae in praesidio relinquebatur, frumentum deberi sciebat. Labienum Treboniumque hortatur, si rei publicae com- 5 modo facere possint, ad eam diem revertantur, ut rursus communicato consilio exploratisque hostium rationibus aliud belli initium capere possint.

34. Erat, ut supra demonstravimus, manus certa nulla, non 1 oppidum, non praesidium quod se armis defenderet, sed in omnes partes dispersa multitudo. ubi cuique aut vallis abdita 2 aut locus silvestris aut palus impedita spem praesidii aut salutis aliquam offerebat, consederat. haec loca vicinitatibus erant 3 nota magnamque res diligentiam requirebat non in summa exercitus tuenda – nullum enim poterat universis ⟨a⟩ perterritis ac dispersis periculum accidere –, sed in singulis militibus conservandis; quae tamen ex parte res ad salutem exercitus pertinebat. nam et praedae cupiditas multos longius evocabat et 4 silvae incertis occultisque itineribus confertos adire prohibebant. si negotium confici stirpemque hominum sceleratorum 5

interfici vellent, dimittendae plures manus diducendique erant
6 milites; si continere ad signa manipulos vellent, ut instituta ratio et consuetudo exercitus Romani postulabat, locus erat ipse praesidio barbaris, neque ex occulto insidiandi et dispersos
7 circumveniendi singulis deerat audacia. ut in eiusmodi difficultatibus quantum diligentia provideri poterat providebatur, ut potius in nocendo aliquid praetermitteretur, etsi omnium animi ad ulciscendum ardebant, quam cum aliquo militum de-
8 trimento noceretur. dimittit ad finitimas civitates nuntios Caesar; omnes evocat spe praedae ad diripiendos Eburones, ut potius in silvis Gallorum vita quam legionarius miles periclitetur, simul ut magna multitudine circumfusa pro tali facinore stirps
9 ac nomen civitatis tollatur. magnus undique numerus celeriter convenit.

1 **35.** Haec in omnibus Eburonum partibus gerebantur diesque adpetebat septimus quam ad diem Caesar ad impedimenta
2 legionemque reverti constituerat. hic quantum in bello Fortuna
3 possit et quantos adferat casus, cognosci potuit. dissipatis ac perterritis hostibus, ut demonstravimus, manus erat nulla quae
4 parvam modo causam timoris adferret. trans Rhenum ad Germanos pervenit fama diripi Eburones atque ultro omnes ad
5 praedam evocari. cogunt equitum duo milia Sugambri, qui sunt proximi Rheno, a quibus receptos ex fuga Tentcheros atque
6 Usipetes supra docuimus. transeunt Rhenum navibus ratibusque triginta milibus passuum infra eum locum, ubi pons erat perfectus praesidiumque a Caesare relictum. primos Eburonum fines adeunt; multos ex fuga dispersos excipiunt, magno
7 pecoris numero, cuius sunt cupidissimi barbari, potiuntur. invitati praeda longius procedunt. non hos palus – in bello latrociniisque natos –, non silvae morantur. quibus in locis sit Caesar, ex captivis quaerunt; profectum longius reperiunt omnem-
8 que exercitum discessisse cognoscunt. atque unus ex captivis 'quid vos' inquit 'hanc miseram ac tenuem sectamini praedam,
9 quibus licet iam esse fortunatissimos? tribus horis Atuatucam venire potestis; huc omnes suas fortunas exercitus Romanorum contulit; praesidii tantum est, ut ne murus quidem cingi possit neque quisquam egredi extra munitiones audeat'. oblata spe
10 Germani, quam nacti erant praedam, in occulto relinquunt; ipsi Atuatucam contendunt usi eodem duce, cuius haec indicio cognoverant.

36. Cicero, qui omnes superiores dies praeceptis Caesaris summa diligentia milites in castris continuisset ac ne calonem quidem quemquam extra munitiones egredi passus esset, septimo die diffidens de numero dierum Caesarem fidem servaturum, quod longius eum progressum audiebat neque ulla de reditu eius fama adferebatur, simul eorum permotus vocibus, qui illius patientiam paene obsessionem appellabant, siquidem ex castris egredi non liceret, nullum eiusmodi casum exspectans, quo novem oppositis legionibus maximoque equitatu, dispersis ac paene deletis hostibus in milibus passuum tribus offendi posset, quinque cohortes frumentatum in proximas segetes mittit, quas inter et castra unus omnino collis intererat. complures erant in castris ex legionibus aegri relicti; ex quibus qui hoc spatio dierum convaluerant, circiter trecenti sub vexillo una mittuntur; magna praeterea multitudo calonum, magna vis iumentorum quae in castris subsederat, facta potestate sequitur.

37. Hoc ipso tempore casu Germani equites interveniunt protinusque eodem illo quo venerant cursu ab decumana porta in castra inrumpere conantur, nec prius sunt visi obiectis ab ea parte silvis, quam castris adpropinquarent, usque eo ut qui sub vallo tenderent mercatores, recipiendi sui facultatem non haberent. inopinantes nostri re nova perturbantur, ac vix primum impetum cohors in statione sustinet. circumfunduntur hostes ex reliquis partibus, si quem aditum reperire possint. aegre portas nostri tuentur; reliquos aditus locus ipse per se munitioque defendit. totis trepidatur castris, atque alius ex alio causam tumultus quaerit; neque quo signa ferantur, neque quam in partem quisque conveniat provident. alius castra iam capta pronuntiat, alius deleto exercitu atque imperatore victores barbaros venisse contendit. plerique novas sibi ex loco religiones fingunt Cottaeque et Titurii calamitatem, qui in eodem occiderint castello, ante oculos ponunt. tali timore omnibus perterritis confirmatur opinio barbaris, ut ex captivo audierant, nullum esse intus praesidium. perrumpere nituntur seque ipsi adhortantur, ne tantam fortunam ex manibus dimittant.

38. Erat aeger in praesidio relictus P. Sextius Baculus, qui primum pilum apud Caesarem duxerat, cuius mentionem superioribus proeliis fecimus, ac diem iam quintum cibo caruerat. hic diffisus suae atque omnium saluti inermis ex tabernaculo prodit; videt imminere hostes atque in summo rem esse discrimine; capit arma a proximis atque in porta consistit. consequuntur hunc centuriones eius cohortis quae in statione erat; paulisper una proelium sustinent. relinquit animus Sextium gravibus acceptis vulneribus; deficiens aegre per manus tractus servatur. hoc spatio interposito reliqui sese confirmant tantum, ut in munitionibus consistere audeant speciemque defensorum praebeant.

39. Interim confecta frumentatione milites nostri clamorem exaudiunt; praecurrunt equites; quanto res sit in periculo cognoscunt. hic vero nulla munitio est quae perterritos recipiat; modo conscripti atque usus militaris imperiti ad tribunum militum centurionesque ora convertunt; quid ab his praecipiatur exspectant. nemo est tam fortis, quin rei novitate perturbetur: barbari signa procul conspicati oppugnatione desistunt, redisse primo legiones credunt, quas longius discessisse ex captivis cognoverant; postea despecta paucitate ex omnibus partibus impetum faciunt.

40. Calones in proximum tumulum procurrunt. hinc celeriter deiecti in signa se manipulosque coniciunt; eo magis timidos perterrent milites. alii cuneo facto ut celeriter perrumpant, censent – quoniam tam propinqua sint castra, etsi pars aliqua circumventa ceciderit, at reliquos servari posse confidunt –, alii ut in iugo consistant atque eundem omnes ferant casum. hoc veteres non probant milites, quos sub vexillo una profectos docuimus. itaque inter se cohortati duce C. Trebonio equite Romano, qui iis erat praepositus, per medios hostes perrumpunt incolumesque ad unum omnes in castra perveniunt. hos subsecuti equites calonesque eodem impetu militum virtute servantur. at ii qui in iugo constiterant, nullo etiamnunc usu rei militaris percepto neque in eo quod probaverant consilio permanere, ut se loco superiore defenderent, neque eam quam profuisse aliis vim celeritatemque viderant, imitari potuerunt, sed se in castra recipere conati iniquum in locum demiserunt. centuriones quorum nonnulli ex inferioribus ordinibus reliquarum legionum virtutis causa in superiores erant ordines huius legionis traducti, ne ante partam rei militaris laudem amitterent, fortissime pugnantes conciderunt. militum pars horum virtute submotis hostibus praeter spem incolumis in castra pervenit, pars a barbaris circumventa periit.

41. Germani desperata expugnatione castrorum, quod nostros iam constitisse in munitionibus videbant, cum ea praeda, quam in silvis deposuerant, trans Rhenum sese receperunt. ac tantus fuit etiam post discessum hostium terror, ut ea nocte, cum C. Volusenus missus cum equitatu in castra venisset, fidem non faceret adesse cum incolumi Caesarem exercitu. sic omnium animos timor occupaverat, ut paene alienata mente deletis omnibus copiis equitatum se ex fuga recepisse dicerent neque incolumi exercitu Germanos castra oppugnaturos fuisse contenderent. quem timorem Caesaris adventus sustulit.

42. Reversus ille, eventus belli non ignorans, unum, quod cohortes ex statione et praesidio essent emissae, questus – ne minimo quidem casui locum relinqui debuisse – multum Fortunam in repentino hostium adventu potuisse iudicavit, multo etiam amplius quod paene ab ipso vallo portisque castrorum barbaros avertisset. quarum omnium rerum maxime admirandum videbatur, quod Germani, qui eo consilio Rhenum transierant ut Ambiorigis fines depopularentur, ad castra Romanorum delati optatissimum Ambiorigi beneficium obtulerant.

43. Caesar rursus ad vexandos hostes profectus magno coacto ⟨equitum⟩ numero ex finitimis civitatibus in omnes partes dimittit. omnes vici atque omnia aedificia quae quisque conspexerat incendebantur, pecora interficiebantur, praeda ex omnibus locis agebatur; frumenta non solum a tanta hominum iumentorumque multitudine consumebantur, sed etiam anni tempore atque imbribus procubuerant, ut si qui etiam in praesentia se occultassent, tamen his deducto exercitu rerum omnium inopia pereundum videretur. ac saepe in eum locum ventum est tanto in omnes partes dimisso equitatu, ut modo visum ab se Ambiorigem in fuga circumspicerent captivi nec plane etiam abisse ex conspectu contenderent, ut spe consequendi inlata atque infinito labore suscepto, qui se summam a Caesare gratiam inituros putarent, paene naturam studio vincerent, semperque paulum ad summam felicitatem defuisse videretur, atque ille latebris aut silvis aut saltibus se eriperet et noctu occultatus alias regiones partesque peteret non maiore equitum praesidio quam quattuor, quibus solis vitam suam committere audebat.

44. Tali modo vastatis regionibus exercitum Caesar duarum cohortium damno Durocortorum Remorum reducit concilio-

que in eum locum Galliae indicto de coniuratione Senonum et
2 Carnutum quaestionem habere instituit et de Accone qui princeps eius consilii fuerat, graviore sententia pronuntiata more
3 maiorum supplicium sumpsit. nonnulli iudicium veriti profugerunt. quibus cum aqua atque igni interdixisset, duas legiones ad fines Treverorum, duas in Lingonibus, sex reliquas in Senonum finibus Agedinci in hibernis conlocavit frumentoque exercitui proviso, ut instituerat, in Italiam ad conventus agendos profectus est.

COMMENTARIORUM BELLI GALLICI

LIBER SEPTIMUS

1 **1.** Quieta Gallia Caesar, ut constituerat, in Italiam ad conventus agendos proficiscitur. ibi cognoscit de P. Clodii caede ⟨de⟩ senatusque consulto certior factus, ut omnes iuniores Italiae coniurarent, dilectum tota provincia habere instituit.
2 eae res in Galliam Transalpinam celeriter perferuntur. addunt ipsi et adfingunt rumoribus Galli, quod res poscere videbatur: retineri urbano motu Caesarem neque in tantis dissensionibus
3 ad exercitum venire posse. hac impulsi occasione, qui iam ante se populi Romani imperio subiectos dolerent, liberius atque
4 audacius de bello consilia inire incipiunt. indictis inter se principes Galliae conciliis silvestribus ac remotis locis queruntur de
5 Acconis morte; hunc casum ad ipsos recidere posse demonstrant; miserantur communem Galliae fortunam; omnibus pollicitationibus ac praemiis deposcunt qui belli initium faciant et
6 sui capitis periculo Galliam in libertatem vindicent. inprimis rationem esse habendam dicunt, priusquam eorum clandestina
7 consilia efferantur, ut Caesar ab exercitu intercludatur. id esse facile, quod neque legiones audeant absente imperatore ex hibernis egredi neque imperator sine praesidio ad legiones perve-
8 nire possit. postremo in acie praestare interfici, quam non veterem belli gloriam libertatemque quam a maioribus acceperint recuperare.

1 **2.** His rebus agitatis profitentur Carnutes se nullum periculum communis salutis causa recusare principesque ex omni-

bus bellum facturos pollicentur et, quoniam in praesentia obsidibus cavere inter se non possint, ne res efferatur, at iure iurando ac fide sanciatur, petunt conlatis militaribus signis, quo more eorum gravissima caerimonia continetur, ne facto initio belli ab reliquis deserantur. tum conlaudatis Carnutibus, dato iure iurando ab omnibus qui aderant, tempore eius rei constituto a concilio disceditur.

3. Ubi ea dies venit, Carnutes Cotuato et Conconnetodumno ducibus desperatis hominibus Cenabum signo dato concurrunt civesque Romanos, qui negotiandi causa ibi constiterant, in his C. Fufium Citam, honestum equitem Romanum, qui rei frumentariae iussu Caesaris praeerat, interficiunt bonaque eorum diripiunt. celeriter ad omnes Galliae civitates fama perfertur. nam ubicumque maior atque inlustrior incidit res, clamore per agros regionesque significant; hinc alii deinceps excipiunt et proximis tradunt; ut tum accidit. nam, quae Cenabi oriente sole gesta essent, ante primam confectam vigiliam in finibus Arvernorum audita sunt, quod spatium est milium passuum circiter centum sexaginta.

4. Simili ratione ibi Vercingetorix Celtilli filius, Arvernus, summae potentiae adulescens, cuius pater principatum totius Galliae obtinuerat et ob eam causam, quod regnum adpetebat, a civitate erat interfectus, convocatis suis clientibus facile incendit. cognito eius consilio ad arma concurritur. prohibetur a Gobannitione patruo suo reliquisque principibus, qui hanc temptandam fortunam non existimabant, expellitur ex oppido Gergovia. non desistit tamen atque in agris habet dilectum egentium ac perditorum. hac coacta manu, quoscumque adit ex civitate, ad suam sententiam perducit; hortatur ut communis libertatis causa arma capiant, magnisque coactis copiis adversarios suos, a quibus paulo ante erat eiectus, expellit ex civitate. rex ab suis appellatur. dimittit quoque versus legationes; obtestatur ut in fide maneant. celeriter sibi Senones, Parisios, Pictones, Cadurcos, Turonos, Aulercos, Lemovices, Andes reliquosque omnes, qui Oceanum attingunt, adiungit; omnium consensu ad eum defertur imperium. qua oblata potestate omnibus his civitatibus obsides imperat, certum numerum militum ad se celeriter adduci iubet, armorum quantum quaeque civitas domi quodque ante tempus efficiat constituit; in primis equitatui studet. summae diligentiae summam imperii severita-

Arvernerführer Vercingetorix
Die Goldmünze (Originalgröße: 3 cm Durchmesser, Gewicht: etwa 7 gr.) zeigt den Kopf des Vercingetorix (in idealisierter Form); auf der Rückseite ist ein galoppierendes Pferd dargestellt.
Die Prägung geht auf das Muster eines makedonischen Goldstaters zurück und erfolgte in Gallien, wahrscheinlich mit dem Zweck, Bestechungsgelder für gallische Führer zum Kampf gegen Rom bereitzustellen.

tem addit; magnitudine supplicii dubitantes cogit. nam maiore
commisso delicto igni atque omnibus tormentis necat, leviore
de causa auribus desectis aut singulis effossis oculis domum remittit, ut sint reliquis documento et magnitudine poenae per-
terreant alios.

5. His suppliciis celeriter coacto exercitu Lucterium
Cadurcum, summae hominem audaciae cum parte copiarum in
Rutenos mittit; ipse in Bituriges proficiscitur. eius adventu Bituriges ad Haeduos, quorum erant in fide, legatos mittunt subsidium rogatum, quo facilius hostium copias sustinere possint.
Haedui de consilio legatorum, quos Caesar ad exercitum reliquerat, copias equitatus peditatusque subsidio Biturigibus mittunt. qui cum ad flumen Ligerim venissent, quod Bituriges ab
Haeduis dividit, paucos dies ibi morati neque flumen transire
ausi domum revertuntur legatisque nostris renuntiant se Biturigum perfidiam veritos revertisse, quibus id consilii fuisse
cognoverint, ut, si flumen transissent, una ex parte ipsi, altera
Arverni se circumsisterent. id eane de causa, quam legatis pro-
nuntiarint, an perfidia adducti fecerint, quod nihil nobis
constat, non videtur pro certo esse ponendum. Bituriges eorum
discessu statim se cum Arvernis coniungunt.

6. His rebus in Italiam Caesari nuntiatis, cum iam ille urba-
nas res virtute Cn. Pompei commodiorem in statum pervenisse
intellegeret, in Transalpinam Galliam profectus est. eo cum venisset, magna difficultate adficiebatur, qua ratione ad exercitum pervenire posset. nam si legiones in provinciam arcesseret, se absente in itinere proelio dimicaturas intellegebat; si
ipse ad exercitum contenderet, ne iis quidem eo tempore qui
quieti viderentur, suam salutem recte committi videbat.

7. Interim Lucterius Cadurcus in Rutenos missus eam
civitatem Arvernis conciliat. progressus in Nitiobroges et Gabalos ab utrisque obsides accipit et magna coacta manu in provinciam Narbonem versus eruptionem facere contendit. qua re
nuntiata Caesar omnibus consiliis antevertendum existimavit,
ut Narbonem proficisceretur. eo cum venisset, timentes
confirmat, praesidia in Rutenis provincialibus, Volcis, Are-
comicis, Tolosatibus circumque Narbonem, quae loca hostibus
erant finitima, constituit, partem copiarum ex provincia sup-
plementumque, quod ex Italia adduxerat, in Helvios, qui fines
Arvernorum contingunt, convenire iubet.

8. His rebus comparatis represso iam Lucterio et remoto, quod intrare intra praesidia periculosum putabat, in Helvios proficiscitur. etsi mons Cebenna, qui Arvernos ab Helviis discludit, durissimo tempore anni altissima nive iter impediebat, tamen discussa nive sex in altitudinem pedum atque ita viis patefactis summo militum labore ad fines Arvernorum pervenit. quibus oppressis inopinantibus, quod se Cebenna ut muro munitos existimabant ac ne singulari quidem umquam homini eo tempore anni semitae patuerant, equitibus imperat, ut, quam latissime possint, vagentur et quam maximum hostibus terrorem inferant. celeriter haec fama ac nuntiis ad Vercingetorigem perferuntur. quem perterriti omnes Arverni circumsistunt atque obsecrant, ut suis fortunis consulat, neu se ab hostibus diripi patiatur, praesertim cum videat omne ad se bellum translatum. quorum ille precibus permotus castra ex Biturigibus movet in Arvernos versus.

9. At Caesar biduum in his locis moratus, quod haec de Vercingetorige usu ventura opinione praeceperat, per causam supplementi equitatusque cogendi ab exercitu discedit, Brutum adulescentem his copiis praeficit; hunc monet, ut in omnes partes equites quam latissime pervagentur; daturum se operam ne longius triduo a castris absit. his constitutis rebus omnibus suis inopinantibus quam maximis potest itineribus Viennam pervenit. ibi nactus recentem equitatum, quem multis ante diebus eo praemiserat, neque diurno neque nocturno itinere intermisso per fines Haeduorum in Lingones contendit, ubi duae legiones hiemabant, ut si quid etiam de sua salute ab Haeduis iniretur consilii, celeritate praecurreret. eo cum pervenisset, ad reliquas legiones mittit priusque omnes in unum locum cogit quam de eius adventu Arvernis nuntiari posset. hac re cognita Vercingetorix rursus in Bituriges exercitum reducit atque inde profectus Gorgobinam, Boiorum oppidum, quos ibi Helvetico proelio victos Caesar conlocaverat Haeduisque attribuerat, oppugnare instituit.

10. Magnam haec res Caesari difficultatem ad consilium capiendum adferebat: si reliquam partem hiemis uno loco legiones contineret, ne stipendiariis Haeduorum expugnatis cuncta Gallia deficeret, quod nullum amicis in eo praesidium positum videret; si maturius ex hibernis educeret, ne ab re frumentaria duris subvectionibus laboraret. praestare visum est

tamen omnes difficultates perpeti quam tanta contumelia accepta omnium suorum voluntates alienare. itaque cohortatus 3 Haeduos de supportando commeatu praemittit ad Boios, qui de suo adventu doceant hortenturque ut in fide maneant atque hostium impetum magno animo sustineant. duabus Agedinci 4 legionibus atque impedimentis totius exercitus relictis ad Boios proficiscitur.

11. Altero die cum ad oppidum Senonum Vellaunodunum 1 venisset, ne quem post se hostem relinqueret, quo expeditiore re frumentaria uteretur, oppugnare instituit eoque biduo circumvallavit. tertio die missis ex oppido legatis de deditione 2 arma conferri, iumenta produci, sescentos obsides dari iubet. ea qui conficeret, C. Trebonium legatum relinquit; ipse ut 3 quam primum iter conficeret, Cenabum Carnutum proficiscitur. qui tum primum adlato nuntio de oppugnatione Vel- 4 launoduni, cum longius eam rem ductum iri existimarent, praesidium Cenabi tuendi causa, quod eo mitterent, comparabant. huc biduo pervenit. castris ante oppidum positis diei tempore 5 exclusus in posterum oppugnationem differt, quaeque ad eam rem usui sint, militibus imperat, et quod oppidum Cenabum 6 pons fluminis Ligeris contingebat, veritus ne noctu ex oppido profugerent, duas legiones in armis excubare iubet. Cenabenses 7 paulo ante mediam noctem silentio ex oppido egressi flumen transire coeperunt. qua re per exploratores nuntiata Caesar le- 8 giones, quas expeditas esse iusserat, portis incensis intromittit atque oppido potitur perpaucis ex hostium numero desideratis quin cuncti caperentur, quod pontis atque itinerum angustiae multitudini fugam intercluserant. oppidum diripit atque in- 9 cendit, praedam militibus donat, exercitum Ligerim traducit atque in Biturigum fines pervenit.

12. Vercingetorix ubi de Caesaris adventu cognovit, oppug- 1 natione desistit atque obviam Caesari proficiscitur. ille oppi- 2 dum Biturigum positum in via Noviodunum oppugnare instituerat. quo ex oppido cum legati ad eum venissent oratum ut 3 sibi ignosceret suaeque vitae consuleret, ut celeritate reliquas res conficeret, qua pleraque erat consecutus, arma conferri, equos produci, obsides dari iubet. parte iam obsidum tradita, 4 cum reliqua administrarentur, centurionibus et paucis militibus intromissis, qui arma iumentaque conquirerent, equitatus hostium procul visus est, qui agmen Vercingetorigis antecesserat.

[VII 10–12] 147

5 quem simulatque oppidani conspexerunt atque in spem auxilii venerunt, clamore sublato arma capere, portas claudere, mu-
6 rum complere coeperunt. centuriones in oppido, cum ex significatione Gallorum novi aliquid ab iis iniri consilii intellexissent, gladiis destrictis portas occupaverunt suosque omnes incolumes receperunt.

1 **13.** Caesar ex castris equitatum educi iubet proeliumque equestre committit; laborantibus iam suis Germanos equites circiter cccc submittit, quos ab initio secum habere instituerat.
2 eorum impetum Galli sustinere non potuerunt atque in fugam coniecti multis amissis se ad agmen receperunt. quibus profligatis rursus oppidani perterriti comprehensos eos, quorum opera plebem concitatam existimabant, ad Caesarem perduxe-
3 runt seseque ei dediderunt. quibus rebus confectis Caesar ad oppidum Avaricum, quod erat maximum munitissimumque in finibus Biturigum atque agri fertilissima regione, profectus est, quod eo oppido recepto civitatem Biturigum se in potestatem redacturum confidebat.

1 **14.** Vercingetorix tot continuis incommodis Vellaunoduni,
2 Cenabi, Novioduni acceptis suos ad concilium convocat. docet longe alia ratione esse bellum gerendum atque antea gestum sit; omnibus modis huic rei studendum, ut pabulatione et
3 commeatu Romani prohibeantur. id esse facile, quod equitatu
4 ipsi abundent et quod anni tempore subleventur. pabulum secari non posse; necessario dispersos hostes ex aedificiis petere;
5 hos omnes cotidie ab equitibus deleri posse. praeterea salutis causa rei familiaris commoda neglegenda; vicos atque aedificia incendi oportere hoc spatio † a Boia † quoque versus, quo pa-
6 bulandi causa adire posse videantur. harum ipsis rerum copiam suppetere, quod quorum in finibus bellum geratur, eorum opi-
7 bus subleventur; Romanos aut inopiam non laturos aut magno
8 cum periculo longius a castris processuros; neque interesse ipsosne interficiant impedimentisne exuant, quibus amissis bel-
9 lum geri non possit. praeterea oppida incendi oportere, quae non munitione et loci natura ab omni sint periculo tuta, ne suis sint ad detractandam militiam receptacula neu Romanis propo-
10 sita ad copiam commeatus praedamque tollendam. haec si gravia aut acerba videantur, multo illa gravius aestimari debere liberos coniuges in servitutem abstrahi, ipsos interfici; quae sit necesse accidere victis.

15. Omnium consensu hac sententia probata uno die amplius xx urbes Biturigum incenduntur. hoc idem fit in reliquis civitatibus. in omnibus partibus incendia conspiciuntur. quae etsi magno cum dolore omnes ferebant, tamen hoc sibi solacii proponebant, quod se prope explorata victoria celeriter amissa recuperaturos confidebant. deliberatur de Avarico in communi concilio, incendi placeat an defendi. procumbunt omnibus Gallis ad pedes Bituriges, ne pulcherrimam prope Galliae totius urbem, quae et praesidio et ornamento sit civitati, suis manibus succendere cogerentur; facile se loci natura defensuros dicunt, quod prope ex omnibus partibus flumine et palude circumdata unum habeat et perangustum aditum. datur petentibus venia dissuadente primo Vercingetorige, post concedente et precibus ipsorum et misericordia vulgi. defensores oppido idonei deliguntur.

16. Vercingetorix minoribus Caesarem itineribus subsequitur et locum castris deligit paludibus silvisque munitum ab Avarico longe milia passuum XVI. ibi per certos exploratores in singula diei tempora quae ad Avaricum gererentur cognoscebat et quid fieri vellet imperabat. omnes nostras pabulationes frumentationesque observabat dispersosque, cum longius necessario procederent, adoriebatur magnoque incommodo adficiebat, etsi, quantum ratione provideri poterat, ab nostris occurrebatur, ut incertis temporibus diversisque itineribus iretur.

17. Castris ad eam partem oppidi positis Caesar, quae intermissa a flumine et a palude aditum ut supra diximus angustum habebat, aggerem apparare, vineas agere, turres duas constituere coepit; nam circumvallare loci natura prohibebat. de re frumentaria Boios atque Haeduos adhortari non destitit; quorum alteri quod nullo studio agebant, non multum adiuvabant, alteri non magnis facultatibus, quod civitas erat exigua et infirma, celeriter quod habuerunt consumpserunt. summa difficultate rei frumentariae adfecto exercitu tenuitate Boiorum, indiligentia Haeduorum, incendiis aedificiorum, usque eo ut complures dies frumento milites caruerint et pecore ex longinquioribus vicis adacto extremam famem sustentarint, nulla tamen ex iis vox est audita populi Romani maiestate et superioribus victoriis indigna. quin etiam Caesar cum in opere singulas legiones appellaret, et si acerbius inopiam ferrent, se dimissu-

rum oppugnationem diceret, universi ab eo ne id faceret petebant: sic se complures annos illo imperante meruisse, ut nullam
ignominiam acciperent, numquam infecta re discederent: hoc
se ignominiae loco laturos, si inceptam oppugnationem reliquissent; praestare omnes perferre acerbitates, quam non
civibus Romanis qui Cenabi perfidia Gallorum interissent pa-
rentarent. haec eadem centurionibus tribunisque militum
mandabant, ut per eos ad Caesarem deferrentur.

18. Cum iam muro turres adpropinquassent, ex captivis
Caesar cognovit Vercingetorigem consumpto pabulo castra
movisse propius Avaricum atque ipsum cum equitatu expedi-
tisque, qui inter equites proeliari consuessent, insidiandi causa
eo profectum, quo nostros postero die pabulatum venturos arbitraretur. quibus rebus cognitis media nocte silentio profectus
ad hostium castra mane pervenit. illi celeriter per exploratores
adventu Caesaris cognito carros impedimentaque sua in artio-
res silvas abdiderunt, copias omnes in loco edito atque aperto
instruxerunt. qua re nuntiata Caesar celeriter sarcinas conferri,
arma expediri iussit.

19. Collis erat leviter ab infimo acclivis. hunc ex omnibus
fere partibus palus difficilis atque impedita cingebat non latior
pedibus quinquaginta. hoc se colle interruptis pontibus Galli
fiducia loci continebant generatimque distributi in civitates
omnia vada ac saltus eius paludis certis custodiis obtinebant, sic
animo parati ut, si eam paludem Romani perrumpere
conarentur, haesitantes premerent ex loco superiore, ut, qui
propinquitatem loci videret, paratos prope aequo Marte ad dimicandum existimaret, qui iniquitatem condicionis perspi-
ceret, inani simulatione sese ostentare cognosceret. indignantes
milites Caesar, quod conspectum suum hostes ferre possent
tantulo spatio interiecto, et signum proelii exposcentes edocet
quanto detrimento et quot virorum fortium morte necesse sit
constare victoriam; quos cum sic animo paratos videat, ut nullum pro sua laude periculum recusent, summae se iniquitatis
condemnari debere, nisi eorum vitam sua salute habeat cario-
rem. sic milites consolatus eodem die reducit in castra reliquaque quae ad oppugnationem oppidi pertinebant administrare
instituit.

20. Vercingetorix, cum ad suos redisset, proditionis insimu-
latus, quod castra propius Romanos movisset, quod cum omni

equitatu discessisset, quod sine imperio tantas copias reliquisset, quod eius discessu Romani tanta opportunitate et celeritate venissent; non haec omnia fortuito aut sine consilio accidere 2 potuisse; regnum illum Galliae malle Caesaris concessu quam ipsorum habere beneficio – tali modo accusatus ad haec re- 3 spondit: quod castra movisset, factum inopia pabuli etiam ipsis hortantibus; quod propius Romanos accessisset, persuasum loci opportunitate, qui se ipse sine munitione defenderet; equi- 4 tum vero operam neque in loco palustri desiderari debuisse et illic fuisse utilem quo sint profecti. summam imperii se 5 consulto nulli discedentem tradidisse, ne is multitudinis studio ad dimicandum impelleretur; cui rei propter animi mollitiem studere omnes videret, quod diutius laborem ferre non possent. Romani si casu intervenerint, Fortunae, si alicuius indicio vo- 6 cati, huic habendam gratiam, quod et paucitatem eorum ex loco superiore cognoscere et virtutem despicere potuerint, qui dimicare non ausi turpiter se in castra receperint. imperium se a 7 Caesare per proditionem nullum desiderare quod habere victoria posset, quae iam esset sibi atque omnibus Gallis explorata; quin etiam ipsis remitteret, si sibi magis honorem tribuere quam ab se salutem accipere videantur. 'haec ut intellegatis' in- 8 quit 'a me sincere pronuntiari, audite Romanos milites.' produ- 9 cit servos, quos in pabulatione paucis ante diebus exceperat et fame vinculisque excruciaverat. hi iam ante edocti quae interro- 10 gati pronuntiarent, milites se esse legionarios dicunt; fame atque inopia adductos clam ex castris exisse, si quid frumenti aut pecoris in agris reperire possent; simili omnem exercitum ino- 11 pia premi nec iam vires sufficere cuiusquam nec ferre operis laborem posse; itaque statuisse imperatorem, si nihil in oppugnatione oppidi profecisset, triduo exercitum deducere. 'haec' in- 12 quit 'a me' Vercingetorix 'beneficia habetis, quem proditionis insimulatis; cuius opera sine vestro sanguine tantum exercitum victorem fame paene consumptum videtis; quem turpiter se ex hac fuga recipientem ne qua civitas suis finibus recipiat, a me provisum est.'

21. Conclamat omnis multitudo et suo more armis 1 concrepat, quod facere in eo consuerunt cuius orationem approbant; summum esse Vercingetorigem ducem nec de eius fide dubitandum nec maiore ratione bellum administrari posse. statuunt ut X milia hominum delecta ex omnibus copiis in oppi- 2

3 dum submittantur, nec solis Biturigibus communem salutem committendam censent, quod paene in eo, si id oppidum retinuissent, summam victoriae constare intellegebant.

1 **22.** Singulari militum nostrorum virtuti consilia cuiusque modi Gallorum occurrebant, ut est summae genus sollertiae atque ad omnia imitanda et efficienda, quae a quoque traduntur, 2 aptissimum. nam et laqueis falces avertebant, quas cum destinaverant, tormentis introrsus reducebant, et aggerem cuniculis subtrahebant, eo scientius quod apud eos magnae sunt ferrariae 3 atque omne genus cuniculorum notum atque usitatum est. totum autem murum ex omni parte turribus contabulaverant at- 4 que has coriis intexerant. tum crebris diurnis nocturnisque eruptionibus aut aggeri ignem inferebant aut milites occupatos in opere adoriebantur, et nostrarum turrium altitudinem, 5 quantum has cotidianus agger expresserat, commissis suarum turrium malis adaequabant et apertos cuniculos praeusta et praeacuta materia et pice fervefacta et maximi ponderis saxis morabantur moenibusque adpropinquare prohibebant.

1 **23.** Muri autem omnes Gallici hac fere forma sunt. trabes derectae perpetuae in longitudinem paribus intervallis, distan- 2 tes inter se binos pedes, in solo conlocantur. hae revinciuntur introrsus et multo aggere vestiuntur, ea autem quae diximus in- 3 tervalla grandibus in fronte saxis effarciuntur. his conlocatis et coagmentatis alius insuper ordo additur, ut idem illud intervallum servetur, neque inter se contingant trabes, sed paribus intermissae spatiis singulae singulis saxis interiectis arte 4 contineantur. sic deinceps omne opus contexitur, dum iusta 5 muri altitudo expleatur. hoc cum in speciem varietatemque opus deforme non est alternis trabibus ac saxis, quae rectis lineis suos ordines servant, tum ad utilitatem et defensionem urbium summam habet opportunitatem, quod et ab incendio lapis et ab ariete materia defendit, quae perpetuis trabibus pedes quadragenos plerumque introrsus revincta neque perrumpi neque distrahi potest.

1 **24.** His tot rebus impedita oppugnatione milites, cum toto tempore luto – frigore et adsiduis imbribus – tardarentur, tamen continenti labore omnia haec superaverunt et diebus XXV aggerem latum pedes CCCXXX, altum pedes LXXX exstruxerunt. 2 cum is murum hostium paene contingeret et Caesar ad opus consuetudine excubaret militesque hortaretur ne quod omnino

tempus ab opere intermitteretur, paulo ante tertiam vigiliam est animadversum fumare aggerem, quem cuniculo hostes succenderant eodemque tempore toto muro clamore sublato duabus portis ab utroque latere turrium eruptio fiebat. alii faces atque aridam materiam de muro in aggerem eminus iaciebant, picem reliquasque res, quibus ignis excitari potest, fundebant, ut, quo primum occurreretur aut cui rei ferretur auxilium, vix ratio iniri posset. tamen quod instituto Caesaris duae semper legiones pro castris excubabant pluresque partitis temporibus erant in opere, celeriter factum est ut alii eruptionibus resisterent, alii turres reducerent aggeremque interscinderent, omnis vero ex castris multitudo ad restinguendum concurreret.

25. Cum in omnibus locis consumpta iam reliqua parte noctis pugnaretur semperque hostibus spes victoriae redintegraretur, eo magis quod deustos pluteos turrium videbant nec facile adire apertos ad auxiliandum animadvertebant, semperque ipsi recentes defessis succederent omnemque Galliae salutem in illo vestigio temporis positam arbitrarentur, accidit inspectantibus nobis, quod dignum memoria visum praetereundum non existimavimus. quidam ante portam oppidi Gallus, qui per manus sebi ac picis traditas glaebas in ignem e regione turris proiciebat, scorpione ab latere dextro traiectus exanimatusque concidit. hunc ex proximis unus iacentem transgressus eodem illo munere fungebatur. eadem ratione ictu scorpionis exanimato alteri successit tertius et tertio quartus, nec prius ille est a propugnatoribus vacuus relictus locus quam restincto aggere atque omni ea parte submotis hostibus finis est pugnandi factus.

26. Omnia experti Galli, quod res nulla successerat, postero die consilium ceperunt ex oppido profugere, hortante et iubente Vercingetorige. id silentio noctis conati non magna iactura suorum sese effecturos sperabant, propterea quod neque longe ab oppido castra Vercingetorigis aberant et palus perpetua, quae intercedebat, Romanos ad insequendum tardabat. iamque haec facere noctu apparabant, cum matres familiae repente in publicum procurrerunt flentesque proiectae ad pedes suorum omnibus precibus petierunt ne se et communes liberos hostibus ad supplicium dederent, quas ad capiendam fugam naturae et virium infirmitas impediret. ubi eos in sententia perstare viderunt, quod plerumque in summo periculo timor misericordiam non recipit, conclamare et significare de fuga Romanis coeperunt. quo timore perterriti Galli, ne ab equitatu Romanorum viae praeoccuparentur, consilio destiterunt.

27. Postero die Caesar promota turri perfectisque operibus, quae facere instituerat, magno coorto imbri non inutilem hanc ad capiendum consilium tempestatem arbitratus, quod paulo incautius custodias in muro dispositas videbat, suos quoque languidius in opere versari iussit et quid fieri vellet ostendit, legionibusque intra vineas in occulto expeditis, cohortatus ut aliquando pro tantis laboribus fructum victoriae perciperent, iis qui primi murum ascendissent, praemia proposuit militibusque signum dedit. illi subito ex omnibus partibus evolaverunt murumque celeriter compleverunt.

28. Hostes re nova perterriti, muro turribusque deiecti in foro ac locis patentioribus cuneatim constiterunt hoc animo, ut, si qua ex parte obviam contra veniretur, acie instructa depugnarent. ubi neminem in aequum locum sese demittere, sed toto undique muro circumfundi viderunt, veriti, ne omnino spes fugae tolleretur, abiectis armis ultimas oppidi partes continenti impetu petiverunt, parsque ibi, cum angusto exitu portarum se ipsi premerent, a militibus, pars iam egressa portis ab equitibus est interfecta. nec fuit quisquam qui praedae studeret. sic et Cenabensi caede et labore operis incitati non aetate confectis, non mulieribus, non infantibus pepercerunt. denique ex omni eo numero, qui fuit circiter milium XL, vix DCCC, qui primo clamore audito se ex oppido eiecerant, incolumes ad Vercingetorigem pervenerunt. quos ille multa iam nocte silentio sic ex fuga excepit, veritus ne qua in castris ex eorum concursu et misericordia vulgi seditio oriretur, ut procul in via dispositis familiaribus suis principibusque civitatum disparandos deducendosque ad suos curaret, quae cuique civitati pars castrorum ab initio obvenerat.

29. Postero die concilio convocato consolatus cohortatusque est, ne se admodum animo demitterent neve perturbarentur incommodo. non virtute neque in acie vicisse Romanos, sed artificio quodam et scientia oppugnationis, cuius rei fuerint ipsi imperiti. errare, si qui in bello omnes secundos rerum proventus exspectent. sibi numquam placuisse Avaricum defendi, cuius rei testes ipsos haberet, sed factum imprudentia Biturigum et nimia obsequentia reliquorum, uti hoc incommodum acciperetur. id tamen se celeriter maioribus commodis sanatu-

rum. nam quae ab reliquis Gallis civitates dissentirent, has sua 6
diligentia adiuncturum atque unum consilium totius Galliae effecturum,
cuius consensui ne orbis quidem terrarum possit obsistere;
idque se prope iam effectum habere. interea aequum 7
esse ab iis communis salutis causa impetrari, ut castra munire
instituerent, quo facilius repentinos hostium impetus sustinere
possent.

30. Fuit haec oratio non ingrata Gallis, et maxime quod ipse 1
animo non defecerat tanto accepto incommodo neque se in occultum
abdiderat et conspectum multitudinis fugerat, plusque 2
animo providere et praesentire existimabatur, quod re integra
primo incendendum Avaricum, post deserendum censuerat.
itaque ut reliquorum imperatorum res adversae auctoritatem 3
minuunt, sic huius ex contrario dignitas incommodo accepto in
dies augebatur. simul in spem veniebant eius adfirmatione de 4
reliquis adiungendis civitatibus; primumque eo tempore Galli
castra munire instituerunt, et sic erant animo consternati homines
insueti laboris, ut omnia quae imperarentur sibi patienda et
perferenda existimarent.

31. Nec minus quam est pollicitus Vercingetorix animo laborabat, 1
ut reliquas civitates adiungeret, atque earum principes
donis pollicitationibusque adliciebat. huic rei idoneos homines 2
deligebat, quorum quisque aut oratione subdola aut amicitia facillime
capi posset. qui Avarico expugnato refugerant, armandos 3
vestiendosque curat; simul ut deminutae copiae redintegrarentur, 4
imperat certum numerum militum civitatibus, quem et
quam ante diem in castra adduci velit, sagittariosque omnes,
quorum erat permagnus in Gallia numerus, conquiri et ad se
mitti iubet. his rebus celeriter id, quod Avarici deperierat, expletur.
interim Teutomatus, Olloviconis filius, rex Nitiobrogum, 5
cuius pater ab senatu nostro amicus erat appellatus, cum
magno equitum suorum numero et quos ex Aquitania
conduxerat ad eum pervenit.

32. Caesar Avarici complures dies commoratus summamque 1
ibi copiam frumenti et reliqui commeatus nactus exercitum
ex labore atque inopia refecit. iam prope hieme confecta, cum 2
ipso anni tempore ad gerendum bellum vocaretur et ad hostem
proficisci constituisset, sive eum ex paludibus silvisque elicere
sive obsidione premere posset, legati ad eum principes Haeduorum
veniunt oratum, ut maxime necessario tempore civitati

3 subveniat; summo esse in periculo rem, quod, cum singuli magistratus antiquitus creari atque regiam potestatem annuam obtinere consuessent, duo magistratum gerant et se uterque eo-
4 rum legibus creatum dicat. horum esse alterum Convictolitavem, florentem et inlustrem adulescentem, alterum Cotum, antiquissima familia natum atque ipsum hominem summae potentiae et magnae cognationis, cuius frater Valetiacus proximo
5 anno eundem magistratum gesserit. civitatem esse omnem in armis; divisum senatum, divisum populum in suas cuiusque eorum clientelas. quodsi diutius alatur controversia, fore uti pars cum parte civitatis confligat; id ne accidat, positum in eius diligentia atque auctoritate.

1 **33.** Caesar etsi a bello atque hoste discedere detrimentosum esse existimabat, tamen non ignorans, quanta ex dissensionibus incommoda oriri consuessent, ne tanta et tam coniuncta populo Romano civitas, quam ipse semper aluisset omnibusque rebus ornasset, ad vim atque arma descenderet atque ea pars, quae
2 minus sibi confideret, auxilia a Vercingetorige arcesseret, huic rei praevertendum existimavit et, quod legibus Haeduorum iis, qui summum magistratum obtinerent, excedere ex finibus non liceret, ne quid de iure aut de legibus eorum deminuisse videretur, ipse in Haeduos proficisci statuit senatumque omnem et
3 quos inter controversia esset ad se Decetiam evocavit. cum prope omnis civitas eo convenisset docereturque paucis clam convocatis alio loco, alio tempore atque oportuerit, fratrem a fratre renuntiatum, cum leges duos ex una familia vivo utroque non solum magistratus creari vetarent, sed etiam in senatu esse
4 prohiberent, Cotum imperium deponere coegit, Convictolitavem, qui per sacerdotes more civitatis intermissis magistratibus esset creatus, potestatem obtinere iussit.

1 **34.** Hoc decreto interposito cohortatus Haeduos, ut controversiarum ac dissensionis obliviscerentur atque omnibus omissis his rebus huic bello servirent eaque, quae meruissent, praemia ab se devicta Gallia exspectarent equitatumque omnem et peditum milia x sibi celeriter mitterent, quae in praesidiis rei frumentariae causa disponeret, exercitum in duas partes divisit:
2 quattuor legiones in Senones Parisiosque Labieno ducendas dedit, sex ipse in Arvernos ad oppidum Gergoviam secundum flumen Elaver duxit; equitatus partem illi attribuit, partem sibi
3 reliquit. qua re cognita Vercingetorix omnibus interruptis eius

fluminis pontibus ab altera fluminis parte iter facere coepit.

35. Cum uterque utrique esset exercitui in conspectu, fere- 1
que e regione castris castra poneret, dispositis exploratoribus,
necubi effecto ponte Romani copias traducerent, erat in magnis
Caesari difficultatibus res, ne maiorem aestatis partem flumine
impediretur, quod non fere ante autumnum Elaver vado transiri solet. itaque ne id accideret, silvestri loco castris positis e re- 2
gione unius eorum pontium, quos Vercingetorix rescindendos
curaverat, postero die cum duabus legionibus in occulto restitit; reliquas copias cum omnibus impedimentis, ut consueverat, 3
misit, sic collocatis quibusdam cohortibus, uti numerus legionum constare videretur. his quam longissime possent progredi 4
iussis, cum iam ex diei tempore coniecturam caperet in castra
perventum, isdem sublicis, quarum pars inferior integra remanebat, pontem reficere coepit. celeriter effecto opere legioni- 5
busque traductis et loco castris idoneo delecto reliquas copias
revocavit. Vercingetorix re cognita, ne contra suam voluntatem 6
dimicare cogeretur, magnis itineribus antecessit.

36. Caesar ex eo loco quintis castris Gergoviam pervenit 1
equestrique eo die proelio levi facto, perspecto urbis situ, quae
posita in altissimo monte omnes aditus difficiles habebat, de
oppugnatione desperavit, de obsessione non prius agendum
constituit, quam rem frumentariam expedisset. at Ver- 2
cingetorix, castris prope oppidum in monte positis, mediocribus circum se intervallis separatim singularum civitatum
copias conlocaverat atque omnibus eius iugi collibus occupatis,
qua despici poterat, horribilem speciem praebebat principes- 3
que earum civitatum, quos sibi ad consilium capiendum delegerat, prima luce cotidie ad se convenire iubebat, seu quid
communicandum seu quid administrandum videretur, neque 4
ullum fere diem intermittebat, quin equestri proelio interiectis
sagittariis, quid in quoque esset animi ac virtutis suorum, periclitaretur. erat e regione oppidi collis sub ipsis radicibus montis 5
egregie munitus atque ex omni parte circumcisus; quem si tenerent nostri, et aquae magna parte et pabulatione libera prohibituri hostes videbantur. sed is locus praesidio ab his, non nimis 6
firmo, tenebatur. tamen silentio noctis Caesar ex castris egres- 7
sus, priusquam subsidio ex oppido veniri posset, deiecto praesidio potitus loco duas ibi legiones conlocavit fossamque duplicem duodenum pedum a maioribus castris ad minora perduxit,

Belagerung Gergovias (Ausgabe von 1575, vgl. S. 43)
Originalgröße: 16 × 21 cm

ut tuto ab repentino hostium incursu singuli commeare possent.

37. Dum haec ad Gergoviam geruntur, Convictolitavis Haeduus, cui magistratum adiudicatum a Caesare demonstravimus, sollicitatus ab Arvernis pecunia cum quibusdam adulescentibus conloquitur, quorum erat princeps Litaviccus atque eius fratres, amplissima familia nati adulescentes. cum his praemium communicat hortaturque ut se liberos et imperio natos meminerint. unam esse Haeduorum civitatem, quae certissimam Galliae victoriam distineat; eius auctoritate reliquas contineri; qua traducta locum consistendi Romanis in Gallia non fore. esse nonnullo se Caesaris beneficio adfectum, sic tamen, ut iustissimam apud eum causam obtinuerit; sed plus communi libertati tribuere. cur enim potius Haedui de suo iure et de legibus ad Caesarem disceptatorem quam Romani ad Haeduos veniant? celeriter adulescentibus et oratione magistratus et praemio deductis, cum se vel principes eius consilii fore profiterentur, ratio perficiendi quaerebatur, quod civitatem temere ad suscipiendum bellum adduci posse non confidebant. placuit, uti Litaviccus decem illis milibus, quae Caesari ad bellum mitterentur, praeficeretur atque ea ducenda curaret fratresque eius ad Caesarem praecurrerent. reliqua qua ratione agi placeat constituunt.

38. Litaviccus accepto exercitu cum milia passuum circiter xxx a Gergovia abesset, convocatis subito militibus lacrimans 'quo proficiscimur,' inquit 'milites? omnis noster equitatus, omnis nobilitas interiit; principes civitatis, Eporedorix et Viridomarus, insimulati proditionis ab Romanis indicta causa interfecti sunt. haec ab his cognoscite, qui ex ipsa caede fugerunt; nam ego fratribus atque omnibus meis propinquis interfectis dolore prohibeor quae gesta sunt pronuntiare.' producuntur ii, quos ille edocuerat quae dici vellet, atque eadem, quae Litaviccus pronuntiaverat, multitudini exponunt: omnes equites Haeduorum interfectos, quod conlocuti cum Arvernis dicerentur; ipsos se inter multitudinem militum occultasse atque ex media caede fugisse. conclamant Haedui et Litaviccum obsecrant, ut sibi consulat. 'quasi vero' inquit ille 'consilii sit res ac non necesse sit nobis Gergoviam contendere et cum Arvernis nosmet coniungere. an dubitamus, quin nefario facinore admisso Romani iam ad nos interficiendos concurrant? proinde si quid in

nobis animi est, persequamur eorum mortem, qui indignissime interierunt, atque hos latrones interficiamus.' ostendit cives
9 Romanos, qui eius praesidii fiducia una ierant. continuo magnum numerum frumenti commeatusque diripit, ipsos crudeli-
10 ter excruciatos interficit. nuntios tota civitate Haeduorum dimittit, in eodem mendacio de caede equitum et principum permanet; hortatur ut simili ratione atque ipse fecerit suas iniurias persequantur.

1 **39.** Eporedorix Haeduus, summo loco natus adulescens et summae domi potentiae, et una Viridomarus pari aetate et gratia, sed genere dispari, quem Caesar ab Diviciaco sibi traditum ex humili loco ad summam dignitatem perduxerat, in equitum
2 numero convenerant nominatim ab eo evocati. his erat inter se de principatu contentio et in illa magistratuum controversia alter pro Convictolitavi, alter pro Coto summis opibus pugna-
3 verat. ex his Eporedorix cognito Litavicci consilio media fere nocte rem ad Caesarem defert; orat ne patiatur civitatem pravis adulescentium consiliis ab amicitia populi Romani deficere; quod futurum provideat, si se tot hominum milia cum hostibus coniunxerint, quorum salutem neque propinqui neglegere neque civitas levi momento aestimare posset.

1 **40.** Magna adfectus sollicitudine hoc nuntio Caesar, quod semper Haeduorum civitati praecipue indulserat, nulla interposita dubitatione legiones expeditas quattuor equitatumque
2 omnem ex castris educit; nec fuit spatium tali tempore ad contrahenda castra, quod res posita in celeritate videbatur; C. Fabium legatum cum legionibus duabus castris praesidio re-
3 linquit. fratres Litavicci cum comprehendi iussisset, paulo ante
4 reperit ad hostes fugisse. adhortatus milites ne necessario tempore itineris labore permoveantur, cupidissimis omnibus progressus milia passuum XXV agmen Haeduorum conspicatur. immisso equitatu iter eorum moratur atque impedit interdicit-
5 que omnibus ne quemquam interficiant. Eporedorigem et Viridomarum, quos illi interfectos existimabant, inter equites ver-
6 sari suosque appellare iubet. his cognitis et Litavicci fraude perspecta Haedui manus tendere et deditionem significare et pro-
7 iectis armis mortem deprecari incipiunt. Litaviccus cum suis clientibus, quibus more Gallorum nefas est etiam in extrema fortuna deserere patronos, Gergoviam perfugit.

1 **41.** Caesar nuntiis ad civitatem Haeduorum missis, qui suo

beneficio conservatos docerent quos iure belli interficere potuisset, tribusque horis noctis exercitui ad quietem datis castra ad Gergoviam movit. medio fere itinere equites a Fabio missi 2 quanto res in periculo fuerit exponunt. summis copiis castra oppugnata demonstrant, cum crebro integri defessis succederent nostrosque adsiduo labore defatigarent, quibus propter magnitudinem castrorum perpetuo esset isdem in vallo permanendum. multitudine sagittarum atque omni genere telorum 3 multos vulneratos; ad haec sustinenda magno usui fuisse tormenta. Fabium discessu eorum duabus relictis portis obstruere 4 ceteras pluteosque vallo addere et se in posterum diem similem ad casum parare. his rebus cognitis Caesar summo studio militum ante ortum solis in castra pervenit.

42. Dum haec ad Gergoviam geruntur, Haedui primis nuntiis ab Litavicco acceptis nullum sibi ad cognoscendum spatium relinquunt. impellit alios avaritia, alios iracundia et temeritas – 2 quae maxime illi hominum generi est innata – ut levem auditionem habeant pro re comperta. bona civium Romanorum diripiunt, caedes faciunt, in servitutem abstrahunt. adiuvat rem 4 proclinatam Convictolitavis plebemque ad furorem impellit, ut facinore admisso ad sanitatem reverti pudeat. M. Aristium tribunum militum iter ad legionem facientem fide data ex oppido Cavillono educunt; idem facere cogunt eos, qui negotiandi causa ibi constiterant. hos continuo ⟨in⟩ itinere adorti omnibus 6 impedimentis exuunt; repugnantes diem noctemque obsident; multis utrimque interfectis maiorem multitudinem ad arma concitant.

43. Interim nuntio adlato omnes eorum milites in potestate 1 Caesaris teneri, concurrunt ad Aristium, nihil publico factum consilio demonstrant; quaestionem de bonis direptis decernunt, Litavicci fratrumque bona publicant, legatos ad 2 Caesarem sui purgandi gratia mittunt. haec faciunt recuperandorum suorum causa; sed contaminati facinore et capti compendio ex direptis bonis, quod ea res ad multos pertinebat, et timore poenae exterriti consilia clam de bello inire incipiunt civitatesque reliquas legationibus sollicitant. quae tametsi Cae- 4 sar intellegebat, tamen quam mitissime potest legatos appellat; nihil se propter inscientiam levitatemque vulgi gravius de civitate iudicare neque de sua in Haeduos benevolentia deminuere. ipse maiorem Galliae motum exspectans, ne ab omnibus 5 civitatibus circumsisteretur, consilia inibat, quemadmodum a Gergovia discederet ac rursus omnem exercitum contraheret, 6 ne profectio nata a timore defectionis similisque fugae videretur.

1 **44.** Haec cogitanti accidere visa est facultas bene gerendae rei. nam cum in minora castra operis perspiciendi causa venisset, animadvertit collem qui ab hostibus tenebatur nudatum hominibus, qui superioribus diebus vix prae multitudine cerni 2 poterat. admiratus quaerit ex perfugis causam, quorum magnus 3 ad eum cotidie numerus confluebat. constabat inter omnes – quod iam ipse Caesar per exploratores cognoverat – dorsum esse eius iugi prope aequum, sed silvestre et angustum, qua es-4 set aditus ad alteram oppidi partem; vehementer huic illos loco timere nec iam aliter sentire, uno colle ab Romanis occupato si alterum amisissent, quin paene circumvallati atque omni exitu 5 et pabulatione interclusi viderentur; ad hunc muniendum locum omnes a Vercingetorige evocatos.

1 **45.** Hac re cognita Caesar mittit complures equitum turmas eodem media nocte; imperat his ut paulo tumultuosius omni-2 bus locis pervagentur. prima luce magnum numerum impedimentorum ex castris mulorumque produci deque his stramenta detrahi mulionesque cum cassidibus equitum specie ac simula-3 tione collibus circumvehi iubet. his paucos addit equites, qui latius ostentationis causa vagentur. longo circuitu easdem omnes 4 iubet petere regiones. haec procul ex oppido videbantur, ut erat a Gergovia despectus in castra, neque tanto spatio certi quid es-5 set explorari poterat. legionem unam eodem iugo mittit et pau-6 lum progressam inferiore constituit loco silvisque occultat. augetur Gallis suspicio atque omnes illo ad munitionem copiae 7 traducuntur. vacua castra hostium Caesar conspicatus tectis insignibus suorum occultatisque signis militaribus raros milites, ne ex oppido animadverterentur, ex maioribus castris in minora traducit legatisque, quos singulis legionibus praefecerat, quid 8 fieri velit, ostendit; in primis monet ut contineant milites, ne 9 studio pugnandi aut spe praedae longius progrediantur; quid iniquitas loci habeat incommodi proponit; hoc una celeritate 10 posse vitari; occasionis esse rem, non proelii. his rebus expositis signum dat et ab dextra parte alio ascensu eodem tempore Haeduos mittit.

1 **46.** Oppidi murus a planitie atque initio ascensus recta re-

gione, si nullus amfractus intercederet, mille CC passus aberat; quicquid huc circuitus ad molliendum clivum accesserit, id spatium itineris augebat. a medio fere colle in longitudinem, ut natura montis ferebat, ex grandibus saxis sex pedum murum qui nostrum impetum tardaret, praeduxerant Galli atque inferiore omni spatio vacuo relicto superiorem partem collis usque ad murum oppidi densissimis castris compleverant. milites dato signo celeriter ad munitionem perveniunt eamque transgressi trinis castris potiuntur; ac tanta fuit in capiendis castris celeritas, ut Teutomatus, rex Nitiobrogum, subito in tabernaculo oppressus, ut meridie conquieverat, superiore corporis parte nuda vulnerato equo vix se ex manibus praedantium militum eriperet.

47. Consecutus id quod animo proposuerat Caesar receptui cani iussit legionique decimae, quacum erat, contionatus signa constituit. at reliquarum legionum milites non audito sono tubae, quod satis magna valles intercedebat, tamen a tribunis militum legatisque, ut erat a Caesare praeceptum, retinebantur; sed elati spe celeris victoriae et hostium fuga et superiorum temporum secundis proeliis nihil adeo arduum sibi existimabant, quod non virtute consequi possent, neque finem prius sequendi fecerunt quam muro oppidi portisque adpropinquarunt. tum vero ex omnibus urbis partibus orto clamore, qui longius aberant, repentino tumultu perterriti, cum hostem intra portas esse existimarent, sese ex oppido eiecerunt. matres familiae de muro vestem argentumque iactabant et pectore nudo prominentes passis manibus obtestabantur Romanos, ut sibi parcerent neu, sicut Avarici fecissent, ne a mulieribus quidem atque infantibus abstinerent; nonnullae de muro per manus demissae sese militibus tradebant. L. Fabius centurio legionis VIII, quem inter suos eo die dixisse constabat excitari se Avaricensibus praemiis neque commissurum, ut prius quisquam murum ascenderet, tres suos nactus manipulares atque ab his sublevatus murum ascendit, eos ipse rursus singulos exceptans in murum extulit.

48. Interim ii qui ad alteram partem oppidi, ut supra demonstravimus, munitionis causa convenerant, primo exaudito clamore, inde etiam crebris nuntiis incitati oppidum ab Romanis teneri, praemissis equitibus magno cursu eo contenderunt. eorum ut quisque primus venerat, sub muro consistebat suo-

3 rumque pugnantium numerum augebat. quorum cum magna multitudo convenisset, matres familiae quae paulo ante Romanis de muro manus tendebant, suos obtestari et more Gallico passum capillum ostentare liberosque in conspectum proferre 4 coeperunt. erat Romanis nec loco nec numero aequa contentio; simul et cursu et spatio pugnae defatigati non facile recentes atque integros sustinebant.

1 **49.** Caesar cum iniquo loco pugnari hostiumque augeri copias videret, praemetuens suis ad T. Sextium legatum, quem minoribus castris praesidio reliquerat, misit, ut cohortes ex castris celeriter educeret et sub infimo colle ab dextro latere 2 hostium constitueret, ut, si nostros loco depulsos vidisset, 3 quominus libere hostes insequerentur terreret. ipse paulum ex eo loco cum legione progressus, ubi constiterat, eventum pugnae exspectabat.

1 **50.** Cum acerrime comminus pugnaretur, hostes loco et numero, nostri virtute confiderent, subito sunt Haedui visi ab latere nostris aperto, quos Caesar ab dextra parte alio ascensu 2 manus distinendae causa miserat. hi similitudine armorum vehementer nostros perterruerunt, ac tametsi dextris umeris exsertis animadvertebantur, quod insigne pactum esse consuerat, tamen id ipsum sui fallendi causa milites ab hostibus factum 3 existimabant. eodem tempore L. Fabius centurio quique una murum ascenderant, circumventi atque interfecti de muro 4 praecipitabantur. M. Petronius, eiusdem legionis centurio, cum portas excidere conatus esset, a multitudine oppressus ac sibi desperans multis iam vulneribus acceptis. manipularibus suis, qui illum erant secuti 'quoniam' inquit 'me una vobiscum servare non possum, vestrae quidem certe vitae prospiciam, 5 quos cupiditate gloriae adductus in periculum deduxi. vos data facultate vobis consulite.' simul in medios hostes inrupit duobusque interfectis reliquos a porta paulum submovit. 6 conantibus auxiliari suis 'frustra' inquit 'meae vitae subvenire conamini, quem iam sanguis viresque deficiunt. proinde abite, dum est facultas, vosque ad legionem recipite.' ita pugnans post paulo concidit ac suis saluti fuit.

1 **51.** Nostri cum undique premerentur, sex et quadraginta centurionibus amissis deiecti sunt loco. sed intolerantius Gallos insequentes legio decima tardavit, quae pro subsidio paulo 2 aequiore loco constiterat. hanc rursus XIII. legionis cohortes ex-

ceperunt, quae ex castris minoribus eductae cum T. Sextio legato locum ceperant superiorem. legiones ubi primum planitiem attigerunt, infestis contra hostem signis constiterunt. Vercingetorix ab radicibus collis suos intra munitiones reduxit. eo die milites sunt paulo minus septingenti desiderati.

52. Postero die Caesar contione advocata temeritatem militum cupiditatemque reprehendit, quod sibi ipsi iudicavissent, quo procedendum aut quid agendum videretur, neque signo recipiendi dato constitissent neque a tribunis militum legatisque retineri potuissent. exposuit quid iniquitas loci posset, quod ipse ad Avaricum sensisset, cum sine duce et sine equitatu deprehensis hostibus exploratam victoriam dimisisset, ne parvum modo detrimentum in contentione propter iniquitatem loci accideret. quantopere eorum animi magnitudinem admiraretur, quos non castrorum munitiones, non altitudo montis, non murus oppidi tardare potuisset, tantopere licentiam arrogantiamque reprehendere, quod plus se quam imperatorem de victoria atque exitu rerum sentire existimarent; non minus se in milite modestiam et continentiam quam virtutem atque animi magnitudinem desiderare.

53. Hac habita contione et ad extremam orationem confirmatis militibus, ne ob hanc causam animo permoverentur neu, quod iniquitas loci attulisset, id virtuti hostium tribuerent, eadem de profectione cogitans, quae ante senserat, legiones ex castris eduxit aciemque idoneo loco constituit. cum Vercingetorix nihilo minus ⟨intra munitiones remaneret neque⟩ in aequum locum descenderet, levi facto equestri proelio, atque eo secundo, in castra exercitum reduxit. cum hoc idem postero die fecisset, satis ad Gallicam ostentationem minuendam militumque animos confirmandos factum existimans in Haeduos movit castra. ne tum quidem insecutis hostibus tertio die ad flumen Elaver pontes reficit eoque exercitum traducit.

54. Ibi a Viridomaro atque Eporedorige Haeduis appellatus discit cum omni equitatu Litaviccum ad sollicitandos Haeduos profectum; opus esse ipsos antecedere ad confirmandam civitatem. etsi multis iam rebus Haeduorum perfidiam Caesar perspectam habebat atque horum discessu admaturari defectionem civitatis existimabat, tamen eos retinendos non censuit, ne aut inferre iniuriam videretur aut daret aliquam timoris suspicionem. discedentibus his breviter sua in Haeduos merita exposu-

it, quos et quam humiles accepisset, compulsos in oppida, mul-
tatos agris, omnibus ereptis sociis, imposito stipendio, obsidi-
4 bus summa cum contumelia extortis, et quam in fortunam
quamque in amplitudinem deduxisset, ut non solum in pristi-
num statum redissent, sed omnium temporum dignitatem et
gratiam antecessisse viderentur. his datis mandatis eos ab se dimisit.

1 **55.** Noviodunum erat oppidum Haeduorum ad ripas Ligeris
2 opportuno loco positum. huc Caesar omnes obsides Galliae,
frumentum, pecuniam publicam, suorum atque exercitus im-
3 pedimentorum magnam partem contulerat; huc magnum numerum equorum huius belli causa in Italia atque Hispania
4 coemptum miserat. eo cum Eporedorix Viridomarusque venissent et de statu civitatis cognovissent, Litaviccum Bibracte ab
Haeduis receptum – quod est oppidum apud eos maximae auctoritatis –, Convictolitavem magistratum magnamque partem
senatus ad eum convenisse, legatos ad Vercingetorigem de pace
et de amicitia consilianda publice missos, non praetermitten-
5 dum instans tantum commodum existimaverunt. itaque interfectis Novioduni custodibus quique eo negotiandi aut itineris
causa convenerant, pecuniam atque equos inter se partiti sunt,
6 obsides civitatum Bibracte ad magistratum deducendos curave-
7 runt, oppidum, quod ab se teneri non posse iudicabant, ne cui
8 esset usui Romanis, incenderunt, frumenti quod subito potuerunt navibus avexerunt, reliquum flumine atque incendio
9 corruperunt. ipsi ex finitimis regionibus copias cogere, praesidia custodiasque ad ripas Ligeris disponere equitatumque omnibus locis iniciendi timoris causa ostentare coeperunt, si ab re
frumentaria Romanos excludere † aut adductos inopia ex pro-
10 vincia expellere † possent. quam ad spem multum eos adiuvabat, quod Liger ex nivibus creverat, ut omnino vado non posse
transiri videretur.

1 **56.** Quibus rebus cognitis Caesar maturandum sibi censuit,
si esset in perficiendis pontibus periclitandum, ut prius, quam
2 essent maiores eo coactae copiae, dimicaret. nam ut commutato
consilio iter in provinciam converteret, ut metu quidam necessario faciendum existimabant, cum infamia atque indignitas
rei et oppositus mons Cebenna viarumque difficultas impediebat, tum maxime quod abiuncto Labieno atque iis legionibus,
3 quas una miserat, vehementer timebat. itaque admodum mag-

nis diurnis nocturnisque itineribus confectis contra omnium
opinionem ad Ligerim venit vadoque per equites invento pro
rei necessitate opportuno, ut bracchia modo atque umeri ad
sustinenda arma liberi ab aqua esse possent, disposito equitatu,
qui vim fluminis refringeret, atque hostibus primo aspectu perturbatis, incolumem exercitum traduxit frumentumque in agris
et pecoris copiam nactus repleto his rebus exercitu iter in Senones facere instituit.

57. Dum haec apud Caesarem geruntur, Labienus eo supplemento, quod nuper ex Italia venerat, relicto Agedinci, ut esset impedimentis praesidio, cum quattuor legionibus Luteciam
proficiscitur. id est oppidum Parisiorum, positum in insula
fluminis Sequanae. cuius adventu ab hostibus cognito magnae
ex finitimis civitatibus copiae convenerunt. summa imperii traditur Camulogeno Aulerco, qui prope confectus aetate tamen
propter singularem scientiam rei militaris ad eum est honorem
evocatus. is cum animadvertisset perpetuam esse paludem,
quae influeret in Sequanam atque illum omnem locum magnopere impediret, hic consedit nostrosque transitu prohibere instituit.

58. Labienus primo vineas agere, cratibus atque aggere paludem explere atque iter munire conabatur. postquam id difficilius confici animadvertit, silentio e castris tertia vigilia egressus eodem, quo venerat, itinere Metlosedum pervenit. id est
oppidum Senonum in insula Sequanae positum, ut paulo ante
de Lutecia diximus. deprehensis navibus circiter quinquaginta
celeriterque coniunctis atque eo militibus iniectis et rei novitate
perterritis oppidanis, quorum magna pars erat ad bellum evocata, sine contentione oppido potitur. refecto ponte, quem superioribus diebus hostes resciderant, exercitum traducit et secundo flumine ad Luteciam iter facere coepit. hostes re cognita
ab iis, qui Metlosedo fugerant, Luteciam incendi pontesque
eius oppidi rescindi iubent: ipsi profecti a palude in ripa Sequanae e regione Luteciae contra Labieni castra considunt.

59. Iam Caesar a Gergovia discessisse audiebatur, iam de
Haeduorum defectione et secundo Galliae motu rumores adferebantur, Gallique in conloquiis interclusum itinere et Ligeri
Caesarem inopia frumenti coactum in provinciam contendisse
confirmabant. Bellovaci autem defectione Haeduorum cognita, qui iam ante erant per se infideles, manus cogere atque

3 aperte bellum parare coeperunt. tum Labienus tanta rerum commutatione longe aliud sibi capiendum consilium, atque an-
4 tea senserat, intellegebat neque iam, ut aliquid adquireret proelioque hostes lacesseret, sed ut incolumem exercitum Agedin-
5 cum reduceret, cogitabat. namque altera ex parte Bellovaci, quae civitas in Gallia maximam habet opinionem virtutis, instabant, alteram Camulogenus parato atque instructo exercitu tenebat: tum legiones a praesidio atque impedimentis inter-
6 clusas maximum flumen distinebat. tantis subito difficultatibus obiectis ab animi virtute auxilium petendum videbat.

1 **60.** Itaque sub vesperum consilio convocato cohortatus, ut ea, quae imperasset, diligenter industrieque administrarent, naves, quas Metlosedo deduxerat, singulas equitibus Romanis attribuit et prima confecta vigilia IV milia passuum secundo
2 flumine silentio progredi ibique se exspectare iubet. quinque cohortes, quas minime firmas ad dimicandum esse existimabat,
3 castris praesidio relinquit; quinque eiusdem legionis reliquas de media nocte cum omnibus impedimentis adverso flumine mag-
4 no tumultu proficisci imperat. conquirit etiam lintres; has magno sonitu remorum incitatas in eandem partem mittit. ipse post paulo silentio egressus cum tribus legionibus eum locum petit, quo naves appelli iusserat.

1 **61.** Eo cum esset ventum, exploratores hostium, ut omni fluminis parte erant dispositi, inopinantes, quod magna subito
2 erat coorta tempestas, a nostris opprimuntur; exercitus equitatusque equitibus Romanis administrantibus, quos ei negotio
3 praefecerat, celeriter transmittitur. uno fere tempore sub lucem hostibus nuntiatur in castris Romanorum praeter consuetudinem tumultuari et magnum ire agmen adverso flumine sonitumque remorum in eadem parte exaudiri et paulo infra milites
4 navibus transportari. quibus rebus auditis, quod existimabant tribus locis transire legiones atque omnes perturbatos defectione Haeduorum fugam parare, suas quoque copias in tres par-
5 tes distribuerunt. nam praesidio e regione castrorum relicto et parva manu Metlosedum versus missa, quae tantum progrederetur, quantum naves processissent, reliquas copias contra Labienum duxerunt.

1 **62.** Prima luce et nostri omnes erant transportati et hostium
2 acies cernebatur. Labienus milites cohortatus, ut suae pristinae virtutis et tot secundissimorum proeliorum memoriam retine-

rent atque ipsum Caesarem, cuius ductu saepe numero hostes superassent, praesentem adesse existimarent, dat signum proelii. primo concursu ab dextro cornu, ubi septima legio constiterat, hostes pelluntur atque in fugam coniciuntur; ab sinistro, quem locum duodecima legio tenebat, cum primi ordines hostium transfixi pilis concidissent. tamen acerrime reliqui resistebant nec dabat suspicionem fugae quisquam. ipse dux hostium Camulogenus suis aderat atque eos cohortabatur. at incerto etiamnunc exitu victoriae, cum septimae legionis tribunis esset nuntiatum, quae in sinistro cornu gererentur, post tergum hostium legionem ostenderunt signaque intulerunt. ne eo quidem tempore quisquam loco cessit, sed circumventi omnes interfectique sunt. eandem fortunam tulit Camulogenus. at ii, qui praesidio contra castra Labieni erant relicti, cum proelium commissum audissent, subsidio suis ierunt collemque ceperunt; neque nostrorum militum victorum impetum sustinere potuerunt. sic cum suis fugientibus permixti, quos non silvae montesque texerunt, ab equitatu sunt interfecti. hoc negotio confecto Labienus revertitur Agedincum. ubi impedimenta totius exercitus relicta erant; inde die III. cum omnibus copiis ad Caesarem pervenit.

63. Defectione Haeduorum cognita bellum augetur. legationes in omnes partes circummittuntur; quantum gratia, auctoritate, pecunia valent, ad sollicitandas civitates nituntur; nacti obsides, quos Caesar apud eos deposuerat, horum supplicio dubitantes territant. petunt a Vercingetorige Haedui, ut ad se veniat rationesque belli gerendi communicet; re impetrata contendunt, ut ipsis summa imperii tradatur. re in controversiam deducta totius Galliae concilium Bibracte indicitur. conveniunt undique frequentes. multitudinis suffragiis res permittitur; ad unum omnes Vercingetorigem probant imperatorem. ab hoc concilio Remi, Lingones, Treveri afuerunt, illi quod amicitiam Romanorum sequebantur, Treveri quod aberant longius et a Germanis premebantur, quae fuit causa quare toto abessent bello et neutris auxilia mitterent. magno dolore Haedui ferunt se deiectos principatu, queruntur fortunae commutationem et Caesaris in se indulgentiam requirunt neque tamen suscepto bello suum consilium ab reliquis separare audent. inviti summae spei adulescentes Eporedorix et Viridomarus Vercingetorigi parent.

64. Ille imperat † reliquis civitatibus obsides; denique ei rei constituit diem; huc † omnes equites, XV milia numero, celeriter convenire iubet. peditatu quem antea habuerit se fore contentum dicit neque fortunam temptaturum aut acie dimicaturum, sed quoniam abundet equitatu, perfacile esse factu frumentationibus pabulationibusque Romanos prohibere; aequo modo animo sua ipsi frumenta corrumpant aedificiaque incendant, qua rei familiaris iactura perpetuum imperium libertatemque se consequi videant. his constitutis rebus Haeduis Segusiavisque, qui sunt finitimi provinciae, decem milia peditum imperat; huc addit equites octingentos. his praeficit fratrem Eporedorigis bellumque inferre Allobrogibus iubet. altera ex parte Gabalos proximosque pagos Arvernorum in Helvios, item Rutenos Cadurcosque ad fines Volcarum Arecomicorum depopulandos mittit. nihilo minus clandestinis nuntiis legationibusque Allobroges sollicitat, quorum mentes nondum a superiore bello resedisse sperabat. horum principibus pecunias, civitati autem imperium totius provinciae pollicetur.

65. Ad hos omnes casus provisa erant praesidia cohortium duarum et viginti, quae ex ipsa coacta provincia ab L. Caesare legato ad omnes partes opponebantur. Helvii sua sponte cum finitimis proelio congressi pelluntur et C. Valerio Domnotauro, Caburi filio, principe civitatis, compluribusque aliis interfectis intra oppida murosque compelluntur. Allobroges crebris ad Rhodanum dispositis praesidiis magna cum cura et diligentia suos fines tuentur. Caesar quod hostes equitatu superiores esse intellegebat et interclusis omnibus itineribus nulla re ex provincia atque Italia sublevari poterat, trans Rhenum in Germaniam mittit ad eas civitates, quas superioribus annis pacaverat, equitesque ab his arcessit et levis armaturae pedites qui inter eos proeliari consuerant. eorum adventu, quod minus idoneis equis utebantur, a tribunis militum reliquisque equitibus Romanis atque evocatis equos sumit Germanisque distribuit.

66. Interea dum haec geruntur, hostium copiae ex Arvernis equitesque qui toti Galliae erant imperati conveniunt. magno horum coacto numero, cum Caesar in Sequanos per extremos Lingonum fines iter faceret, quo facilius subsidium provinciae ferre posset, circiter milia passuum X ab Romanis trinis castris Vercingetorix consedit convocatisque ad concilium praefectis equitum venisse tempus victoriae demonstrat; fugere in pro-

vinciam Romanos Galliaque excedere. id sibi ad praesentem 4
obtinendam libertatem satis esse; ad reliqui temporis pacem atque otium parum profici; maioribus enim coactis copiis reversuros neque finem bellandi facturos. proinde agmine impeditos
adoriantur. si pedites suis auxilium ferant atque in eo morentur, 5
iter confici non posse; si – id quod magis futurum confidat – relictis impedimentis suae saluti consulant, et usu rerum necessariarum et dignitate spoliatum iri. nam de equitibus hos- 6
tium, quin nemo eorum progredi modo extra agmen audeat, ne
ipsos quidem debere dubitare. id quo maiore faciant animo,
copias se omnes pro castris habiturum et terrori hostibus futurum. conclamant equites sanctissimo iure iurando confirmari 7
oportere, ne tecto recipiatur, ne ad liberos, ad parentes, ad uxorem aditum habeat, qui non bis per agmen hostium perequitarit.

67. Probata re atque omnibus iure iurando adactis postero 1
die in tres partes distributo equitatu duae se acies ab duobus lateribus ostendunt, una a primo agmine iter impedire coepit.
qua re nuntiata Caesar suum quoque equitatum tripertito divi- 2
sum contra hostem ire iubet. pugnatur una omnibus in partibus. consistit agmen; impedimenta intra legiones recipiuntur. 3
si qua in parte nostri laborare aut gravius premi videbantur, eo 4
signa inferri Caesar aciemque converti iubebat; quae res et hostes ad insequendum tardabat et nostros spe auxilii confirmabat.
tandem Germani ab dextro latere summum iugum nacti hostes 5
loco depellunt, fugientes usque ad flumen, ubi Vercingetorix
cum pedestribus copiis consederat, persequuntur compluresque interficiunt. qua re animadversa reliqui ne circum- 6
venirentur veriti se fugae mandant. omnibus locis fit caedes.
tres nobilissimi Haedui capti ad Caesarem perducuntur: Cotus 7
praefectus equitum qui controversiam cum Convictolitavi proximis comitiis habuerat, et Cavarillus, qui post defectionem Litavicci pedestribus copiis praefuerat, et Eporedorix, quo duce
ante adventum Caesaris Haedui cum Sequanis bello
contenderant.

68. Fugato omni equitatu Vercingetorix copias suas, ut pro 1
castris conlocaverat, reduxit protinusque Alesiam, quod est
oppidum Mandubiorum, iter facere coepit celeriterque impedimenta ex castris educi et se subsequi iussit. Caesar impedi- 2
mentis in proximum collem deductis, duabus legionibus prae-

Belagerung Alesias
(aus der sogenannten Clarke'schen Prachtausgabe von 1712)
Originalgröße: 36 × 25 cm

DIO.

sidio relictis secutus, quantum diei tempus est passum, circiter tribus milibus hostium ex novissimo agmine interfectis altero ³ die ad Alesiam castra fecit. perspecto urbis situ perterritisque hostibus, quod equitatu, qua maxime parte exercitus confidebant, erant pulsi, adhortatus ad laborem milites circumvallare instituit.

¹ **69.** Ipsum erat oppidum Alesia in colle summo admodum edito loco, ut nisi obsidione expugnari non posse videretur. ² cuius collis radices duo duabus ex partibus flumina subluebant. ³ ante oppidum planities circiter milia passuum III in longitudi- ⁴ nem patebat; reliquis ex omnibus partibus colles mediocri inter- ⁵ iecto spatio pari altitudinis fastigio oppidum cingebant. sub muro quae pars collis ad orientem solem spectabat, hunc omnem locum copiae Gallorum compleverant fossamque et ma- ⁶ ceriam sex in altitudinem pedum praeduxerant. eius munitionis quae ab Romanis instituebatur circuitus X milia passuum tene- ⁷ bat. castra opportunis locis erant posita itemque castella XXIII facta, quibus in castellis interdiu stationes ponebantur, ne qua subito eruptio fieret; haec eadem noctu excubitoribus ac firmis praesidiis tenebantur.

¹ **70.** Opere instituto fit equestre proelium in ea planitie, quam intermissam collibus tria milia passuum in longitudinem patere supra demonstravimus. summa vi ab utrisque conten- ² ditur. laborantibus nostris Caesar Germanos submittit legionesque pro castris constituit, ne qua subito inruptio ab hostium ³ peditatu fiat. praesidio legionum addito nostris animus augetur; hostes in fugam coniecti se ipsi multitudine impediunt at- ⁴ que angustioribus portis relictis coartantur. Germani acrius us- ⁵ que ad munitiones sequuntur. fit magna caedes. nonnulli relictis equis fossam transire et maceriam transcendere conantur. paulum legiones Caesar quas pro vallo constituerat promoveri ⁶ iubet. non minus qui intra munitiones erant perturbantur. Galli veniri ad se confestim existimantes ad arma conclamant; non- ⁷ nulli perterriti in oppidum inrumpunt. Vercingetorix iubet portas claudi, ne castra nudentur. multis interfectis, compluribus equis captis Germani sese recipiunt.

¹ **71.** Vercingetorix priusquam munitiones ab Romanis perficiantur, consilium capit omnem ab se equitatum noctu dimitte- ² re. discedentibus mandat ut suam quisque eorum civitatem adeat omnesque qui per aetatem arma ferre possint ad bellum

cogant. sua in illos merita proponit obtestaturque ut suae salutis rationem habeant neu se optime de communi libertate meritum hostibus in cruciatum dedant. quod si indiligentiores fuerint, milia hominum delecta octoginta una secum interitura demonstrat. ratione inita frumentum se exigue dierum XXX habere, sed paulo etiam longius tolerari posse parcendo. his datis mandatis, qua erat nostrum opus intermissum, secunda vigilia silentio equitatum dimittit. frumentum omne ad se referri iubet, capitis poenam iis qui non paruerint constituit; pecus, cuius magna erat copia a Mandubiis compulsa, viritim distribuit, frumentum parce et paulatim metiri instituit. copias omnes quas pro oppido collocaverat in oppidum recepit. his rationibus auxilia Galliae exspectare et bellum administrare parat.

72. Quibus rebus ex perfugis et captivis cognitis Caesar haec genera munitionis instituit. fossam pedum XX derectis lateribus duxit, ut eius solum tantundem pateret, quantum summa fossae labra distabant. reliquas omnes munitiones ab ea fossa pedibus CCCC reduxit. id hoc consilio, quoniam tantum spatium necessario esset complexus nec facile totum opus corona militum cingeretur, ne de improviso aut noctu ad munitiones multitudo hostium advolaret aut interdiu tela in nostros operi destinatos conicere posset. hoc intermisso spatio duas fossas XV pedes latas eadem altitudine perduxit; quarum interiorem campestribus ac demissis locis aqua ex flumine derivata complevit. post eas aggerem ac vallum XII pedum exstruxit. huic loricam pinnasque adiecit grandibus cervis eminentibus ad commissuras pluteorum atque aggeris, qui ascensum hostium tardarent, et turres toto opere circumdedit, quae pedes LXXX inter se distarent.

73. Erat eodem tempore et materiari et frumentari et tantas munitiones fieri necesse deminutis nostris copiis, quae longius a castris progrediebantur. ac nonnumquam opera nostra Galli temptare atque eruptionem ex oppido pluribus portis summa vi facere conabantur. quare ad haec rursus opera addendum Caesar putavit, quo minore numero militum munitiones defendi possent. itaque truncis arborum aut admodum firmis ramis abscisis atque horum delibratis ac praeacutis cacuminibus perpetuae fossae quinos pedes altae ducebantur. huc illi stipites demissi et ab infimo revincti, ne revelli possent, ab ramis eminebant. quini erant ordines coniuncti inter se atque implicati; quo qui intraverant se ipsi acutissimis vallis induebant. hos cippos

5 appellabant. ante hos obliquis ordinibus in quincuncem dispositis scrobes tres in altitudinem pedes fodiebantur paulatim an-
6 gustiore ad infimum fastigio. huc teretes stipites feminis crassitudine ab summo praeacuti et praeusti demittebantur, ita
7 ut non amplius digitis quattuor e terra eminerent; simul confirmandi et stabiliendi causa singuli ab infimo solo pedes terra exculcabantur; reliqua pars scrobis ad occultandas insidias
8 viminibus ac virgultis integebatur. huius generis octoni ordines
9 ducti ternos inter se pedes distabant. id ex similitudine floris lilium appellabant. ante haec taleae pedem longae ferreis hamis infixis totae in terram infodiebantur mediocribusque intermissis spatiis omnibus locis disserebantur, quos stimulos nominabant.

1   **74.** His rebus perfectis regiones secutus quam potuit aequissimas pro loci natura XIV milia passuum complexus pares eiusdem generis munitiones, diversas ab his, contra exteriorem hostem perfecit, ut ne magna quidem multitudine, si ita accidat equitatus discessu, munitionum praesidia circumfundi possent;
2 ⟨ne⟩ autem cum periculo ex castris egredi cogatur, dierum XXX pabulum frumentumque habere omnes convectum iubet.

1   **75.** Dum haec ad Alesiam geruntur, Galli concilio principum indicto non omnes qui arma ferre possent – ut censuit Vercingetorix – convocandos statuunt, sed certum numerum cuique civitati imperandum, ne tanta multitudine confusa nec moderari nec discernere suos nec frumenti rationem habere
2 possent. imperant Haeduis atque eorum clientibus, Segusiavis, Ambivaretis, Aulercis, Brannovicibus [Blannoviis] milia XXXV; parem numerum Arvernis adiunctis Eleutetis, Cadurcis, Gabalis, Vellaviis, qui sub imperio Arvernorum esse consuerunt;
3 Sequanis, Senonibus, Biturigibus, Santonis, Rutenis, Carnutibus duodena milia; Bellovacis decem; totidem Lemovicibus; octona Pictonibus et Turonis et Parisiis et Helvetiis; sen⟨a Suessi⟩onibus, Ambianis, Mediomatricis, Petrocoriis, Nerviis, Morinis, Nitiobrogibus; quina milia Aulercis, Cenomanis; totidem Atrebatibus; IV Veliocassis, Lexoviis et Aulercis; Eburo-
4 vicibus terna; Rauracis et Bois bina; X milia universis civitatibus, quae Oceanum attingunt quaeque eorum consuetudine Aremoricae appellantur, quo sunt in numero Coriosolites, Redones, Ambibarii, Caletes, Osismi, Veneti, †
5 Lemovices †, Unelli. ex his Bellovaci suum numerum non

contulerunt, quod se suo nomine atque arbitrio cum Romanis bellum gesturos dicebant neque cuiusquam imperio obtemperaturos; rogati tamen a Commio pro eius hospitio duo milia una miserunt.

76. Huius opera Commii, ut antea demonstravimus, fideli atque utili superioribus annis erat usus in Britannia Caesar; quibus ille pro meritis civitatem eius immunem esse iusserat, iura legesque reddiderat atque ipsi Morinos attribuerat. tanta tamen universae Galliae consensio fuit libertatis vindicandae et pristinae belli laudis recuperandae, ut neque beneficiis neque amicitiae memoria moverentur omnesque et animo et opibus in id bellum incumberent. coactis equitum milibus VIII et peditum circiter CCL haec in Haeduorum finibus recensebantur, numerusque inibatur, praefecti constituebantur. Commio Atrebati, Viridomaro et Eporedorigi Haeduis, Vercassivellauno Arverno consobrino Vercingetorigis summa imperii traditur. his delecti ex civitatibus attribuuntur, quorum consilio bellum administraretur. omnes alacres et fiduciae pleni ad Alesiam proficiscuntur, neque erat omnium quisquam qui adspectum modo tantae mulitudinis sustineri posse arbitraretur, praesertim ancipiti proelio, cum ex oppido eruptione pugnaretur, foris tantae copiae equitatus peditatusque cernerentur.

77. At ii qui Alesiae obsidebantur praeterita die qua auxilia suorum exspectaverant, consumpto omni frumento, inscii quid in Haeduis gereretur, concilio coacto de exitu suarum fortunarum consultabant. ac variis dictis sententiis quarum pars deditionem, pars dum vires suppeterent eruptionem censebat, non praetereunda videtur oratio Critognati propter eius singularem ac nefariam crudelitatem. hic summo in Arvernis ortus loco et magnae habitus auctoritatis 'nihil' inquit 'de eorum sententia dicturus sum, qui turpissimam servitutem deditionis nomine appellant, neque hos habendos civium loco neque ad concilium adhibendos censeo. cum his mihi res sit, qui eruptionem probant. quorum in consilio omnium vestrum consensu pristinae residere virtutis memoria videtur, animi est ista mollitia, non virtus, paulisper inopiam ferre non posse. qui se ultro morti offerant facilius reperiuntur quam qui dolorem patienter ferant. atque ego hanc sententiam probarem – tantum apud me dignitas potest –, si nullam praeterquam vitae nostrae iacturam fieri viderem; sed in consilio capiendo omnem Galliam respiciamus,

8 quam ad nostrum auxilium concitavimus: quid hominum militibus LXXX uno loco interfectis propinquis consanguineisque nostris animi fore existimatis, si paene in ipsis cadaveribus 9 proelio decertare cogentur? nolite hos vestro auxilio exspoliare qui vestrae salutis causa suum periculum neglexerunt, nec stultitia ac temeritate vestra aut animi imbecillitate omnem Galliam 10 prosternere et perpetuae servituti addicere. an quod ad diem non venerunt, de eorum fide constantiaque dubitatis? quid ergo? Romanos in illis ulterioribus munitionibus animine causa 11 cotidie exerceri putatis? si illorum nuntiis confirmari non potestis omni aditu praesaepto, his utimini testibus adpropinquare eorum adventum, cuius rei timore exterriti diem noctemque in 12 opere versantur. quid ergo mei consilii est? facere quod nostri maiores nequaquam pari bello Cimbrorum Teutonumque fecerunt: qui in oppida compulsi ac simili inopia subacti eorum corporibus, qui aetate ad bellum inutiles videbantur, vitam to- 13 leraverunt neque se hostibus tradiderunt. cuius rei si exemplum non haberemus, tamen libertatis causa institui et posteris prodi 14 pulcherrimum iudicarem. nam quid illi simile bello fuit? depopulata Gallia Cimbri magnaque inlata calamitate finibus quidem nostris aliquando excesserunt atque alias terras petierunt; 15 iura, leges, agros, libertatem nobis reliquerunt. Romani vero quid petunt aliud aut quid volunt nisi invidia adducti quos fama nobiles potentesque bello cognoverunt, horum in agris civitatibusque considere atque his aeternam iniungere servitutem? neque enim umquam alia condicione bella gesserunt. 16 quodsi ea quae in longinquis nationibus geruntur ignoratis, respicite finitimam Galliam, quae in provinciam redacta, iure et legibus commutatis, securibus subiecta perpetua premitur servitute.'

1 **78.** Sententiis dictis constituunt ut ii, qui valetudine aut aetate inutiles sint bello, oppido excedant atque omnia prius ex- 2 periantur quam ad Critognati sententiam descendant; illo tamen potius utendum consilio, si res cogat atque auxilia morentur quam aut deditionis aut pacis subeundam condicionem. 3 Mandubii qui eos oppido receperant, cum liberis atque uxori- 4 bus exire coguntur. hi cum ad munitiones Romanorum accessissent, flentes omnibus precibus orabant ut se in servitutem 5 receptos cibo iuvarent. at Caesar dispositis in vallo custodiis recipi prohibebat.

79. Interea Commius reliquique duces, quibus summa imperii permissa erat, cum omnibus copiis ad Alesiam perveniunt et colle exteriore occupato non longius mille passibus a nostris munitionibus considunt. postero die equitatu ex castris educto omnem eam planitiem quam in longitudinem milia passuum III patere demonstravimus, complent pedestresque copias paulum ab eo loco abditas in locis superioribus constituunt. erat ex oppido Alesia despectus in campum. concurritur his auxiliis visis; fit gratulatio inter eos atque omnium animi ad laetitiam excitantur. itaque productis copiis ante oppidum considunt et proximam fossam cratibus integunt atque aggere explent seque ad eruptionem atque omnes casus comparant.

80. Caesar omni exercitu ad utramque partem munitionis disposito, ut, si usus veniat, suum quisque locum teneat et noverit, equitatum ex castris educi et proelium committi iubet. erat ex omnibus castris, quae summum undique iugum tenebant, despectus atque omnes milites intentis animis proventum pugnae exspectabant. Galli inter equites raros sagittarios expeditosque levis armaturae interiecerant, qui suis cedentibus auxilio succurrerent et nostrorum equitum impetus sustinerent. ab his complures de improviso vulnerati proelio excedebant. cum suos pugna superiores esse Galli confiderent et nostros multitudine premi viderent, ex omnibus partibus et ii qui munitionibus continebantur et ii qui ad auxilium convenerant clamore et ululatu suorum animos confirmabant. quod in conspectu omnium res gerebatur neque recte aut turpiter factum celari poterat, utrosque et laudis cupiditas et timor ignominiae ad virtutem excitabat. cum a meridie prope ad solis occasum dubia victoria pugnaretur, Germani una in parte confertis turmis in hostes impetum fecerunt eosque propulerunt; quibus in fugam coniectis sagittarii circumventi interfectique sunt. item ex reliquis partibus nostri cedentes usque ad castra insecuti sui colligendi facultatem non dederunt. at ii qui ab Alesia processerant, maesti prope victoria desperata se in oppidum receperunt.

81. Uno die intermisso Galli atque hoc spatio magno cratium scalarum harpagonum numero effecto media nocte silentio ex castris egressi ad campestres munitiones accedunt. subito clamore sublato, qua significatione qui in oppido obsidebantur de suo adventu cognoscere possent, crates proicere,

fundis sagittis lapidibus nostros de vallo proturbare reliquaque
³ quae ad oppugnationem pertinent parant administrare. eodem
tempore clamore exaudito dat tuba signum suis Vercingetorix
⁴ atque ex oppido educit. nostri, ut superioribus diebus suus cuique erat locus attributus, ad munitiones accedunt; fundis libralibus sudibusque, quas in opere disposuerant, ac glandibus
⁵ Gallos proterunt. prospectu tenebris adempto multa utrimque
⁶ vulnera accipiuntur. complura tormentis tela coniciuntur. at
M. Antonius et C. Trebonius legati, quibus hae partes ad defendendum obvenerant, qua ex parte nostros premi intellexerant, his auxilio ex ulterioribus castellis deductos submittebant.

¹ **82.** Dum longius a munitione aberant Galli, plus multitudine telorum proficiebant; posteaquam propius successerunt, aut se ipsi stimulis inopinantes induebant aut in scrobes delati transfodiebantur aut ex vallo ac turribus traiecti pilis muralibus
² interibant, multis undique vulneribus acceptis nulla munitione perrupta, cum lux appeteret, veriti ne ab latere aperto ex superioribus castris eruptione circumvenirentur, se ad suos re-
³ ceperunt. at interiores dum ea quae [a Vercingetorige] ad erup-
⁴ tionem praeparaverant proferunt, priores fossam explent, diutius in his rebus administrandis morati prius suos discessisse cognoverunt quam munitionibus adpropinquarent. ita re infecta in oppidum reverterunt.

¹ **83** Bis magno cum detrimento repulsi Galli quid agant consulunt; locorum peritos adhibent; ex his superiorum
² castrorum situs munitionesque cognoscunt. erat a septentrionibus collis, quem propter magnitudinem circuitus opere circumplecti non potuerant nostri, necessarioque paene iniquo
³ loco et leviter declivi castra fecerant. haec C. Antistius Reginus et C. Caninius Rebilus legati cum duabus legionibus obtine-
⁴ bant. cognitis per exploratores regionibus duces hostium LX milia ex omni numero deligunt earum civitatum quae maximam
⁵ virtutis opinionem habebant; quid quoque pacto agi placeat, occulte inter se constituunt; adeundi tempus definiunt, cum
⁶ meridie esse videatur. his copiis Vercassivellaunum Arvernum, unum ex quattuor ducibus, propinquum Vercingetorigis, prae-
⁷ ficiunt. ille ex castris prima vigilia egressus prope confecto sub lucem itinere post montem se occultavit militesque ex nocturno
⁸ labore sese reficere iussit. cum iam meridies adpropinquare videretur, ad ea castra, quae supra demonstravimus, contendit;

eodemque tempore equitatus ad campestres munitiones accedere et reliquae copiae pro castris sese ostendere coeperunt.

84. Vercingetorix ex arce Alesiae suos conspicatus ex oppido egreditur; a castris longurios, musculos, falces reliquaque quae eruptionis causa paraverat profert. pugnatur uno tempore omnibus locis atque omnia temptantur; quae minime visa pars firma est, huc concurritur. Romanorum manus tantis munitionibus distinetur nec facile pluribus locis occurrit. multum ad terrendos nostros valet clamor qui post tergum pugnantibus exstitit, quod suum periculum in aliena vident virtute constare; omnia enim plerumque, quae absunt, vehementius hominum mentes perturbant.

85. Caesar idoneum locum nactus quid quaque in parte geratur cognoscit; laborantibus submittit. utrisque ad animum occurrit unum esse illud tempus, quo maxime contendi conveniat: Galli nisi perfregerint munitiones, de omni salute desperant; Romani si rem obtinuerint, finem laborum omnium exspectant. maxime ad superiores munitiones laboratur, quo Vercassivellaunum missum demonstravimus. iniquum loci ad declivitatem fastigium magnum habet momentum. alii tela coniciunt, alii testudine facta subeunt; defatigatis invicem integri succedunt. agger ab universis in munitionem coniectus et ascensum dat Gallis et ea, quae in terra occultaverant Romani, contegit; nec iam arma nostris nec vires suppetunt.

86. His rebus cognitis Caesar Labienum cum cohortibus sex subsidio laborantibus mittit; imperat, si sustinere non possit, deductis cohortibus eruptione pugnet; id nisi necessario ne faciat. ipse adit reliquos, cohortatur ne labori succumbant; omnium superiorum dimicationum fructum in eo die atque hora docet consistere. interiores desperatis campestribus locis propter magnitudinem munitionum loca praerupta ex ascensu temptant; huc ea quae paraverant conferunt. multitudine telorum ex turribus propugnantes deturbant, aggere et cratibus fossas explent, falcibus vallum ac loricam rescindunt.

87. Mittit primum Brutum adulescentem cum cohortibus Caesar, post cum aliis C. Fabium legatum; postremo ipse, cum vehementius pugnaretur, integros subsidio adducit. restituto proelio ac repulsis hostibus eo quo Labienum miserat contendit; cohortes IV ex proximo castello deducit, equitum partem se sequi, partem circumire exteriores munitiones et a

3 tergo hostes adoriri iubet. Labienus postquam neque aggeres neque fossae vim hostium sustinere poterant, coactis undecim cohortibus, quas ex proximis praesidiis deductas fors obtulit, Caesarem per nuntios facit certiorem, quid faciendum existimet. accelerat Caesar, ut proelio intersit.

1 **88.** Eius adventu ex colore vestitus cognito, quo insigni in proeliis uti consuerat, turmisque equitum et cohortibus visis quas se sequi iusserat, ut de locis superioribus haec declivia et 2 devexa cernebantur, hostes proelium committunt. utrimque clamore sublato excipit rursus ex vallo atque omnibus munitio-3 nibus clamor. nostri omissis pilis gladiis rem gerunt. repente post tergum equitatus cernitur; cohortes aliae adpropinquant. hostes terga vertunt; fugientibus equites occurrunt. fit magna 4 caedes. Sedullus dux et princeps Lemovicum occiditur; Vercassivellaunus Arvernus vivus in fuga comprehenditur; signa militaria LXXIV ad Caesarem referuntur; pauci ex tanto numero 5 incolumes se in castra recipiunt. conspicati ex oppido caedem et fugam suorum desperata salute copias a munitionibus redu-6 cunt. fit protinus hac re audita ex castris Gallorum fuga. quod nisi crebris subsidiis ac totius diei labore milites essent defessi, 7 omnes hostium copiae deleri potuissent. de media nocte missus equitatus novissimum agmen consequitur; magnus numerus capitur atque interficitur, reliqui ex fuga in civitates discedunt.

1 **89.** Postero die Vercingetorix concilio convocato id bellum 2 suscepisse se non suarum necessitatum, sed communis libertatis causa demonstrat, et quoniam sit Fortunae cedendum, ad utramque rem se illis offerre, seu morte sua Romanis satisfacere 3 seu vivum tradere velint. mittuntur de his rebus ad Caesarem 4 legati. iubet arma tradi, principes produci. ipse in munitione pro castris consedit; eo duces producuntur. Vercingetorix de-5 ditur, arma proiciuntur. reservatis Haeduis atque Arvernis, si per eos civitates recuperare posset, ex reliquis captivis toti exercitui capita singula praedae nomine distribuit.

1 **90.** His rebus confectis in Haeduos proficiscitur; civitatem 2 recipit. eo legati ab Arvernis missi: quae imperaret, se facturos 3 pollicentur. imperat magnum numerum obsidum. legiones in hiberna mittit. captivorum circiter XX milia Haeduis Arvernis-4 que reddit. T. Labienum cum duabus legionibus et equitatu in Sequanos proficisci iubet; huic M. Sempronium Rutilum attri-5 buit. C. Fabium legatum et L. Minucium Basilum cum legio-

nibus duabus in Remis conlocat, ne quam a finitimis Bellovacis
calamitatem accipiant. C. Antistium Reginum in Ambivaretos, 6
T. Sextium in Bituriges, C. Caninium Rebilum in Rutenos
cum singulis legionibus mittit. Q. Tullium Ciceronem et 7
P. Sulpicium Cavilloni et Matiscone in Haeduis ad Ararim rei
frumentariae causa conlocat. ipse Bibracte hiemare constituit.
huius anni rebus cognitis Romae dierum viginti supplicatio 8
redditur.

Hinweise der Bearbeiter

Hauptanliegen der Ausgabe ist es, einen vollständigen Text auf der Grundlage einer wissenschaftlich gesicherten Edition[1] für den Lateinunterricht an Gymnasien unterschiedlichen Typs zur Verfügung zu stellen. Auf didaktische Empfehlungen und methodische Hinweise wurde mit Absicht verzichtet: Die Arbeit mit und an Caesars Schrift soll vom Unterrichtsziel der jeweiligen Stufe und nicht von – möglicherweise kurzlebigen – curricularen Tendenzen, die obendrein nicht für alle Bundesländer gleichermaßen Gültigkeit haben, geprägt sein. Bewußt wurde die Einleitung unter die Überschrift CAESAR UND WIR gestellt. Es konnte hier nicht darum gehen, das biographische, historische oder auch literaturwissenschaftliche Material möglichst vollständig zu bieten; darüber mag sich der Benutzer besser und bequemer in Nachschlagewerken oder einschlägiger Fachliteratur informieren. Hier kam es vor allem darauf an, Leben und Werk Caesars in ihrer Bedeutung für uns und unsere Zeit zu sehen. Angesichts einer solchen Zielsetzung war es unumgänglich, aus den in Frage kommenden Details eine Auswahl zu treffen und Akzente zu setzen. Dabei wurde versucht, jene Aspekte des Caesar-Bildes vielleicht nur etwas deutlicher ins Bewußtsein zu heben, die über das vordergründige militärische Eroberungswerk hinaus auf eine bleibende geistige und kulturelle Leistung, auf ein menschliches Phänomen von faszinierender Aktualität weisen. Sollte das wenigstens ansatzweise gelungen sein und sollte sich der eine oder andere Leser – ob Lehrer oder Schüler – dadurch angeregt fühlen, auch selbst die Spuren Caesars in unserer Gegenwart weiter zu verfolgen, dann wäre wohl ein wesentliches Anliegen dieser Einleitung erfüllt. Die Sacherläuterungen sollen allgemeine Hintergrundinformationen liefern, können aber nicht einschlägige Kommentare oder Einzeldarstellungen ersetzen. Daß militärische Fragen hier breiteren Raum einnehmen, ist durch die Thematik geboten. Die Indices und Karten eignen sich eher für die Arbeit in der Oberstufe; für die Caesarlektüre in der Mittelstufe sollte auf die zu den einzelnen Büchern erscheinenden Über-

---

[1] Otto Seel, Leipzig (Teubner) 1968

setzungshilfen zurückgegriffen werden. Das Bildmaterial im Text ist ein ganz kleiner Ausschnitt aus der reichen Bebilderung älterer Ausgaben, die dem Lehrer meist nur schwer zugänglich sind. Diese Abbildungen mögen zeigen, welcher Rang in früheren Jahrhunderten den Commentarii eingeräumt wurde und zudem verdeutlichen, wie stark Caesars Werk künstlerische Darstellung anregte.

Erlangen, im September 1978 Dr. Gerhard Ramming
                                                                  Dr. Hans Jürgen Tschiedel

Erklärung der Zeichen:

[ ] Der Text stammt, obwohl einheitlich überliefert,
    nach Meinung des Herausgebers nicht von Caesar.
⟨ ⟩ Ergänzungen des Herausgebers
† † verderbte Textstelle

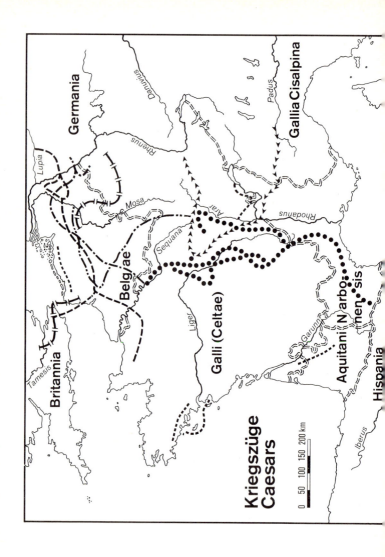

BELLUM GALLICUM I–VII (Inhaltsübersicht)

1. Buch (58) 1   Gallien, Land und Bevölkerung
           2 –29 Krieg gegen die Helvetier
           30–54 Krieg gegen Ariovist
2. Buch (57) 1 –33 Krieg gegen die Belger
           34   Unterwerfung der Völker an der
                  Nordwestküste (durch Crassus)
           35   Gesandtschaften der Germanen,
                  Senatsbeschluß eines Dankfestes
3. Buch (56) 1 – 6 Kampf Galbas gegen Alpenvölker
           7 –19 Krieg gegen nordwestliche
                  Küstenvölker
                  (14–16 Seesieg des Brutus)
           20–27 Kampf gegen die Aquitanier
                  (durch Crassus)
           28–29 Kampf gegen belgische Stämme
4. Buch (55) 1 –19 Krieg mit Germanen
                  (1-3 Suebenexkurs, 16–19
                  erster Rheinübergang)
           20–36 Erste Britannienexpedition
           37–38 Kampf gegen belgische Stämme
                  Truppenverteilung, Senats-
                  beschluß eines Dankfestes
5. Buch (54) 1 –23 Zweite Britannienexpedition
           24–58 Erhebung im mittleren und
                  nordwestlichen Gallien
                  (25-37 Eburonenaufstand
                  53–58 Trevereraufstand)
6. Buch (53) 1 –10 Kämpfe im nördlichen Gallien
                  (9–10 Zweiter Rheinübergang)
           11–20 Gallierexkurs
           21–28 Germanenexkurs
           29–44 Vergeltungskrieg gegen die
                  Eburonen unter Ambiorix
                  (35–42 Angriff der Germanen
                  auf Cicero)
7. Buch (52) 1 –33 Galliererhebung unter
                  Vercingetorix
                  (22–28 Eroberung von
                  Avaricum)
           34–54 Belagerung von Gergovia
           55–56 Haedueraufstand
           57–62 Kämpfe des Labienus
           63–89 Weitere Kämpfe gegen
                  Vercingetorix
                  (68–89 Belagerung und Ein-
                  nahme von Alesia)
           90   Gallische Gesandtschaften,
                  Truppenverteilung
                  Senatsbeschluß eines Dank-
                  festes

Index I

Personen*

Verwendete Abkürzungen der Vornamen:

A.	= Aulus	D.	= Decimus	Q.	= Quintus
Ap.	= Appius	L.	= Lucius	Ser.	= Servius
C.	= Gaius	M.	= Marcus	T.	= Titus
Cn.	= Gnaeus	P.	= Publius		

Acco, Senonenfürst. VI 4, 44 VII 1
Adiatuanus, Oberbefehlshaber der Sotiaten. III 22 (2 mal)
L. Aemilius, gallischer Reiteroffizier. I 23
Ambiŏrix, Eburonenfürst. V 24, 26, 27 (2 mal), 29, 31, 34, 36–38 (5 mal), 41 (2 mal), VI 2, 5 (3 mal), 6, 9, 29–33 (6 mal), 42, 43
Andecumborius, Remerfürst. II 3
C. Antistius Reginus, Legat Caesars. VI 1 VII 83, 90
M. Antonius, Legat Caesars, Quaestor (52), Volkstribun (49), Konsul (44), Verbindung mit Lepidus und Octavian im Triumvirat (43), besiegt die Caesar-Mörder bei Philippi (42), unterliegt Octavian bei Actium (31). VII 81
Apollo, interpretatio Romana für den bei den Galliern verehrten Gott (Belenus). VI 17 (2 mal)
Ariovistus, Suebenkönig. I 31–34 (11 mal), 36–50 (27 mal), 53 (2 mal) IV 16 V 29, 55 VI 12
M. Aristius, Militärtribun Caesars. VII 42, 43
C. Arpinius, römischer Ritter in Caesars Heer, V 27, 28
Q. Atrius, Caesars Kommandant des Schiffslagers in Britannien. V 9, 10
L. Aurunculeius Cotta, Legat Caesars. II 11 IV 22, 38 V 24, 26, 28–31 (4 mal), 33, 35–37 (4 mal), 52 VI 32, 37

T. Balventius, römischer Offizier. V 35
Boduognatus, Nervierführer. II 23
D. (Iunius) Brutus, junger Offizier Caesars, Mitverschwörer (44), von Antonius getötet (43). III 11, 14 VII 9, 87

Caesar s. Iulius
Camulogĕnus, Aulerkerfürst. VII 57, 59, 62 (2 mal)
C. Caninius Rebilus, Legat Caesars. VII 83, 90
Carvilius, britannischer König. V 22
L. Cassius, Konsul (107), fällt im Kampf gegen die Tiguriner (bellum Cassianum I 13). I 7, 12 (2 mal)
Cassivellaunus, im Kampf gegen Caesar (54) führender britannischer König. V 11, 18–22 (8 mal)

---

* Zur Sicherung der Aussprache sind kurze (folglich unbetonte) Vokale der vorletzten Silbe mit ˘ gekennzeichnet.

Casticus, Sequanerfürst, Sohn des → Catamantaloedes. I 3
Catamantaloedes, Sequanerkönig. I 3
Catuvolcus, Eburonenfürst. V 24, 26 VI 31
Cavarillus, vornehmer Haeduer. VII 67
Cavarinus, (von Caesar eingesetzter) Senonenkönig. V 54 VI 5
Celtillus, Arvernerfürst, Vater des → Vercingetorix. VII 4
Cicero s. Tullius
Cimberius, Suebenführer, Bruder des → Nasua. I 37
Cingetŏrix, Trevererfürst. V 3 (2 mal), 4, 56, 57 VI 8
Cingetŏrix, britannischer König. V 22
Ap. *Claudius (Pulcher)*, Konsul (54). V 1
P. *Clodius (Pulcher)*, Volkstribun (58), bei Unruhen in Rom ermordet (52). VII 1
Commius, (von Caesar eingesetzter, später aber abtrünniger) Atrebatenführer. IV 21, 27, 35 V 22 VI 6 VII 75, 76 (2 mal), 79
Conconnetodumnus, Carnutenführer. VII 3
P. *Considius*, Offizier Caesars. I 21, 22 (2 mal)
Convictolitavis, vornehmer Haeduer. VII 32, 33, 37, 39, 42, 55, 67
Cotuatus, Carnutenführer. VII 3
Cotus, Haeduerfürst. VII 32, 33, 39, 67
Crassus s. Licinius
Critognatus, Arvernerführer. VII 77, 78

Dis pater, Stammvater der Gallier, interpretatio Romana für den keltischen Gott Cernunnos, der dem römischen Pluto entspricht. VI 18
Diviciacus, Haeduerfürst, Bruder des → Dumnorix. I 3, 16, 18–20 (6 mal), 31, 32 (2 mal), 41 II 5, 10, 14, 15 VI 12 VII 39
Diviciacus, Suessionenfürst. II 4
Divĭco, Helvetierfürst, Sieger über den Konsul Longinus (107). I 13, 14
L. *Domitius*, Konsul (54). V 1
Dumnŏrix, Haeduerfürst, Bruder des → Diviciacus. I 3, 9 (2 mal), 18–20 (5 mal) V 6 (2 mal), 7 (3 mal)

Eporedŏrix, vornehmer Haeduer. VII 38–40 (4 mal), 54, 55, 63, 64, 76
Eporedŏrix, Haeduerführer. VII 67
Eratosthĕnes, vielseitiger hellenistischer Gelehrter im 3. Jahrhundert v. Chr. Leiter der Bibliothek von Alexandria. VI 24

C. *Fabius*, Legat Caesars. V 24, 46, 47, 53 VI 6 VII 40, 41 (2 mal), 87, 90
L. *Fabius*, Offizier in Caesars Heer. VII 47, 50
Q. *Fabius Maximus*, Konsul (121), Triumphator nach dem Sieg über die Allobroger (120), der ihm den Beinamen *Allobrogicus* einbrachte. I 45
C. *Fufius Cita*, römischer Ritter. VII 3

A. *Gabinius*, Konsul (58). I 6
Galba, Suessionenkönig. II 4, 13

Ser. (Sulpicius) Galba, Legat Caesars. III 1 (2 mal), 3, 5, 6
Gobannitio, Arvernerfürst. VII 4

Iccius, Remerfürst. II 3, 6, 7
Indutiomarus, Trevererfürst. V 3 (3 mal), 4 (3 mal), 26, 53, 55, (2 mal), 57 (2 mal), 58 (4 mal) VI 2, 8
C. Iulius Caesar, 379 Belegstellen in den Büchern I bis VII
L. Iulius Caesar, Legat (und entfernter Verwandter) Caesars. VII 65
Q. Iunius, spanischer Reiterführer. V 27, 28
Iuppiter, oberster Schutzgott der Römer, (ursprünglich italischer Himmelsgott), interpretatio Romana für den bei den Galliern verehrten Gott Taran. VI 17 (2 mal)

Q. Laberius Durus, Militärtribun Caesars. V 15
T. Labienus, Volkstribun (63), führender Legat Caesars, im Bürgerkrieg auf Seiten des Pompeius in erbitterter Gegnerschaft zu Caesar, fällt bei Munda (45). I 10, 21, 22 (3 mal), 54 II 1, 11, 26 III 11 IV 38 (2 mal) V 8, 11, 23, 24, 27, 37, 46, 47, 53, (2 mal), 56–58 (4 mal), VI 5, 7 (4 mal), 8 (2 mal), 33 (2 mal) VII 34, 56–59 (5 mal), 61, 62 (3 mal), 86, 87 (2 mal), 90
M. Licinius Crassus, Konsul (70 und 55), Triumvirat mit Caesar und Pompeius (60), im Kampf gegen die Parther gefallen (53). I 21 IV 1
M. Licinius Crassus, älterer Sohn des Triumvirn, als Quaestor (54) in Caesars Heer, 49 dessen Legat in Oberitalien. V 24, 46 (2 mal), 47 (2 mal) VI 6
P. Licinius Crassus, Reiterführer und Legat Caesars, jüngerer Sohn des Triumvirn, fällt ebenfalls im Krieg gegen die Parther (53). I 52 II 34 III 7–9 (4 mal), 11, 20–27 (11 mal)
Liscus, Haeduerfürst. I 16–18 (4 mal)
Litaviccus, vornehmer Haeduer. VII 37–40 (9 mal), 42, 43, 54, 55, 67
Q. Lucanius, römischer Offizier. V 35
Lucterius, Cadurkerführer. VI 5, 7, 8
Lugotŏrix, britannischer Führer. V 22
Luna, hier: bei den Germanen verehrte Gottheit. VI 21

Mandubracius, Sohn des Trinovantenkönigs. V 20 (3 mal), 22
L. Manlius, Prokonsul in Gallien (78). III 20
C. Marius, Konsul (104 bis 101), besiegt die Cimbern und Teutonen, Bürgerkriegsgegner Sullas. I 40
Mars, interpretatio Romana für einen bei den Galliern verehrten Gott. VI 17 (2 mal)
Mercurius, römischer Schutzgott der Kaufleute und des Handels, interpretatio Romana für einen bei den Galliern verehrten Gott. VI 17
Messala s. Valerius
M. Metius, Caesars Unterhändler bei Ariovist. I 47, 53
Minerva, Schutzgöttin Roms und Schirmherrin der artifices, interpretatio Romana für eine bei den Galliern besonders verehrte Göttin. VI 17 (2 mal)

L. Minucius Basilus, Reiterführer Caesars. VI 29, 30 VII 90
Moritasgus, Senonenfürst, Bruder des → Cavarinus. V 54
L. Munatius Plancus, Legat Caesars. V 24, 25

Nammeius, vornehmer Helvetier. I 7
Nasua, Suebenführer, Bruder des → Cimberius. I 37

Ollovĭco, Nitiobrogenfürst. VII 31
Orgetŏrix, vornehmer Helvetier. I 2–4 (6 mal), 9, 26

Q. Pedius, Konsul (43), Legat (und Neffe) Caesars. II 2, 11
M. Petronius, römischer Offizier. VII 50
L. Petrosidius, Adlerträger. V 37
Piso Aquitanus, aquitanischer Reiter in Caesars Heer. IV 12
L. Calpurnius Piso, Konsul (58), Caesars Schwiegervater, von Cicero sehr angefeindet. I 6
L. Calpurnius Piso, Konsul (112), Großvater des Konsuls von 58, Legat in Gallien (107), fiel dort im Kampf gegen die Tiguriner. I 12
M. Pupius Piso, Konsul (61). I 2, 35
Cn. Pompeius (Magnus), Konsul (70, 55, 52), Triumvirat mit Caesar und Crassus (60), Caesars Gegner im Bürgerkrieg, von diesem (48) bei Pharsalus besiegt. IV 1 VI 1 (2 mal) VII 6
Cn. Pompeius, römischer Dolmetscher. V 36
T. Pullo, römischer Offizier. V 44 (6 mal)

L. Roscius, Legat Caesars. V 24 (2 mal), 53

Sedullus, Lemovikerfürst. VII 88
Segŏvax, britannischer König. V 22
M. Sempronius Rutilus, Reiterführer Caesars. VII 90
Q. Sertorius, römischer Ritter, Kriegstribun (97–93) und (83) Praetor in Spanien, kämpft dort als Anhänger des Marius erfolgreich gegen Pompeius (77), ermordet (72). III 23
P. Sextius Baculus, römischer Offizier. II 25 III 5 VI 38 (2 mal)
T. Sextius, Legat Caesars. VI 1 VII 49, 51, 90
M. Silanus, Legat Caesars. VI 1
T. Sillius, römischer Offizier. III 7, 8
Sol, hier: bei den Germanen verehrte Gottheit. VI 21
L. (Cornelius) Sulla, Diktator (82–79), Bürgerkriegsgegner des *Marius*. I 21
P. Sulpicius Rufus, Legat Caesars. IV 22 VII 90

Tasgetius, Carnutenkönig. V 25 (2 mal), 29
Taximagŭlus, britannischer König. V 22
T. Terrasidius, Militärtribun Caesars. III 7, 8

Teutomătus, Nitiobrogenkönig (Sohn des → Ollovico). VII 31, 46

Q. *Titurius Sabinus,* Legat Caesars. II 5, 9, 10 III 11, 17–19 (6 mal) IV 22, 38 V 24, 26, 27 (2 mal), 29–31 (3 mal), 33, 36, 37, 39, 41 (2 mal), 47, 52, 53 VI 1, 32, 37

M. *Trebius Gallus,* römischer Offizier. III 7, 8

C. *Trebonius,* Legat Caesars, (43) auf Seiten der Caesarmörder. V 17, 24 VI 33 (2 mal) VII 11, 81

C. *Trebonius,* römischer Ritter. VI 40

Q. *Tullius Cicero,* Legat Caesars, Bruder des Schriftstellers, Redners und Konsuls Cicero. V 24, 27, 38–41 (7 mal), 45 (2 mal), 48 (3 mal), 49 (2 mal), 52 (3 mal), 53 VI 32, 36 VII 90

C. *Valerius Caburus,* vornehmer Gallier. I 47 VII 65

C. *Valerius Domnotaurus,* Helvierfürst, (Sohn des C. Valerius Caburus). VII 65

C. *Valerius Flaccus,* Konsul (93), Statthalter der Provinz Spanien (92) und Gallien (85–83). I 47

M. *Valerius Messala,* Konsul (61). I 2, 35

L. *Valerius Praeconinus,* römischer Legat in Aquitanien (78). III 20

C. *Valerius Procillus,* Helvierfürst (Sohn des C. Valerius Caburus). I 47, 53

C. *Valerius Troucillus,* gallischer Fürst, Vertrauter und Dolmetscher Caesars. I 19

Valetiacus, Haeduerfürst. VII 32

Q. *Velanius,* römischer Offizier. III 7, 8

Vercassivellaunus, Arvernerfürst, mit → Vercingetorix verwandt. VII 76, 83, 85, 88

Vercingetŏrix, ,,Freiheitsheld" der Arverner, Hauptführer im Gallieraufstand 52, (46) im Triumphzug in Rom mitgeführt und danach hingerichtet. VII 4, 8, 9 (2 mal), 12 (2 mal), 14–16 (3 mal), 18, 20 (2 mal), 21, 26 (2 mal), 28, 31, 33–36 (5 mal), 44, 51, 53, 55, 63 (3 mal), 66–68 (3 mal), 70, 71, 75, 76, 81–84 (4 mal), 89 (2 mal)

Vertĭco, vornehmer Nervier. V 45, 49

Verucloetius, Gesandter der Helvetier. I 7

Viridomarus, Haeduerfürst. VII 38–40 (3 mal), 54, 55, 63, 76

Viridŏvix, Venellerfürst. III 17 (3 mal), 18

Voccio, Norikerkönig. I 53

C. *Volcacius Tullus,* römischer Offizier. VI 29

C. *Volusenus Quadratus,* Militärtribun und Reiterführer Caesars. III 5 IV 21 (2 mal), 23 VI 41

L. *Vorenus,* römischer Offizier. V 44 (5 mal)

Vulcanus, römische Gottheit des (verheerenden) Feuers, interpretatio Romana für einen bei den Germanen verehrten Gott. VI 21

Index II

Geographische Begriffe

(Heutige Entsprechungen – soweit vorhanden – in Klammern). Auf die in der Karte S. 232/233 vorkommenden Orte und Stämme ist hier durch Nennung des jeweiligen Planquadrats der Karte hingewiesen.

Keltische Bestandteile zusammengesetzter Begriffe:
 brĭga = Berg
 brĭva = Brücke, Furt, Übergang
 dūnum = fester Platz
 dūrum = Burg
 măgus = Feld
 nemĕtum = Heiligtum

Africus, der von Afrika her wehende Südwestwind. V 8

Agedincum, Hauptstadt der Senones (Sens in der Champagne). VI 44 VII 10, 57, 59, 62; F 2

Alesia, Stadt der Mandubii (Alise-Sainte-Reine). VII 68 (3 mal), 69, 75–77 (3 mal), 79 (2 mal), 80, 84; G 3

Allobrŏges, gallisches Volk in der provincia Narbonensis, zwischen Rhodanus, Isara, lacus Lemannus, Alpes (Dauphiné und Savoyen). I 6 (2 mal), 10, 11, 14 (2 mal), 28 (2 mal), 44 III 1, 6 VII 64 (2 mal), 65; G/H 4

Alpes, die Alpen, galten als Naturgrenze für das diesseitige Gallien; soweit sie Gallien berühren, sind sie eingeteilt (seit der Kaiserzeit) in
Alpes Maritimae (westlichster Teil bis zum Monte Viso),
Alpes Cottiae (bis zur Dora Riparia),
Alpes Graiae (bis zur Dora Battea),
Alpes Poeninae (bis zum St. Gotthard).
Caesar überschritt sie 58 v. Chr. mit 5 Legionen, wahrscheinlich durch das Tal der Dora Riparia, über den Mont Genèvre, ins Tal der Durance. I 10 III 1 (2 mal), 2, 7 IV 10; H/I 3/4

Ambarri, gallisches Volk, nordwestlich der Allobroges, zu beiden Seiten des Arar – wie im Namen erkennbar (Burgund). I 11, 14; G 3

Ambiani, belgisches Volk, auf beiden Seiten der Samara (Somme). II 4, 15 VII 75; E/F 1/2

Ambibarii, gallisches Volk (wahrscheinlich nördlich der Villaine bei Rennes). VII 75; D 2

Ambiliati, belgisches Volk (wahrscheinlich in der Umgebung von Abbeville). III 9; E 1

Ambivarĕti, kleines gallisches Volk (wahrscheinlich in der Nähe der → Senones). VII 75, 90; F 2

Ambivarĭti, kleines belgisches Volk (wahrscheinlich in der Nähe der → Menapii). IV 9; G 1

Anartes, dakisches Volk (in Ungarn, an der Theiß). VI 25

Ancalītes, britannisches Volk (in der Gegend von Oxford). V 21; D 1

Andes, gallisches Volk nördlich des Liger (Anjou). II 35 III 7 VII 4; D 3

Aquileia, Stadt an der Nordküste der Adria (nahe Triest), seit 181 v. Chr. lateinische Kolonie. I 10

Aquitani, kleine Völker iberischen Stammes, zwischen Pyrenäen, Ozean und Garunna. I 1 (2 mal) III 21

Aquitania, Land der Aquitani (Gascogne). I 1 III 11, 20, 21, 23, 26, 27 VII 31

Arar, Nebenfluß des Rhodanus (Saône). I 12 (2 mal), 13, 16 VII 90; G 3

Arduenna (silva), Höhenzug vom Gebiet der Treveri bis zum Land der Remi (Ardennen, Eifel, Hunsrück). V 3 VI 29, 31, 33; G/H 1/2

Arecomĭci, östlicher Teilstamm der → Volcae, mit der Hauptstadt Nemausus (Nîmes). VII 7, 64; F/G 5

Aremorĭcae (civitates), Volksstämme im gallischen Küstengebiet zwischen Liger und Sequana (Bretagne und Normandie). V 53 VII 75; C/D 2

Arverni, mächtiges gallisches Volk, am Elaver, westliche Nachbarn der Haedui (Auvergne). I 31 (2 mal), 45 VII 3, 5 (2 mal), 7–9 (7 mal), 34, 37, 38 (2 mal), 64, 66, 75, 77, 89, 90 (2 mal), *Arvernus*, VII 4, 76, 83, 88; F 4

Atrebātes, belgisches Volk, zwischen Scaldis und Samara (Artois). II 4, 16, 23 IV 21 V 46 VII 75; *Atrebas* IV 27, 35 V 22 VI 6 VII 76; F 1

Atuatŭca, Hauptort im Gebiet der Eburones (Tongern). VI 32, 35 (2 mal); G 1

Atuatŭci, belgisches Volk in Nachbarschaft (oder als Teil?) der Eburones, beiderseits der Mosa (zwischen Lüttich und Limburg). II 4, 16, 29, 31 V 27 (2 mal), 38 (2 mal), 39, 56 VI 2, 33; G/H 1

Aulerci, großes gallisches Volk, zwischen Liger und Sequana. II 34 III 29 VII 4; aufgeteilt in

Aulerci Brannovices, VII 75

Aulerci Cenomani, VII 75

Aulerci Eburovices. III 17 VII 75; E 2

Aulercus, VII 57

Ausci, aquitanisches Volk, westlich von Tolosa (Armagnac). III 27; E 5

Avarĭcum, Hauptstadt der Bituriges (Bourges). VII 13, 15, 16 (2 mal), 18, 29–32 (5 mal), 47, 52; F 3; *Avaricensis* VII 47;

Axŏna, in die Isara einmündender Fluß (Aisne). II 5, 9; E/G 2

Bacenis (silva), im Inneren Germaniens gelegenes Waldgebiet zwischen Cherusci und Suebi (wahrscheinlich Harz oder Rhön). VI 10

Baleares, Einwohner der balearischen Inseln, als Hilfstruppen in Caesars Heer. II 7

Batavi, germanisches Volk an der Rheinmündung. IV 10

Belgae, Sammelname der im nördlichen Teil Galliens (nördlich von Sequana und Matrona) wohnenden Völkerschaften (→ Galli). I 1 (5 mal) II 1 (4 mal), 3–6 (8 mal), 14 (2 mal), 15 (2 mal), 17, 19 III 7, 11 IV 38

Belgium, Wohngebiet aller (vielleicht auch nur der im westlichen Teil ansässigen) Belgae. V 12, 24, 25

Bellovăci, mächtiges belgisches Volk, zwischen Samara (Somme), Sequana und Isara (Oise). II 4, 5, 10, 13, 14 (2 mal) V 46 VII 59 (2 mal), 75 (2 mal), 90; E/F 2
Bibracte, Festung und Hauptstadt der Haedui (unweit Autun). I 23 (2 mal) VII 55 (2 mal), 63, 90; G 3
Bibrax, Stadt der Remi, in der Nähe der Axona (Beaurieux). II 6; F 2
Bibrŏci, keltischer Stamm im südöstlichen Britannien. V 21; E 1
Bigerriones, kleines aquitanisches Volk, am Oberlauf des Aturius (Adour, bei Torbes). III 27; D/E 5
Bituriges, mächtiges gallisches Volk, am Liger, nördlich der Einmündung des Elaver (Berry)* I 18 VII 5 (6 mal), 8, 9, 11–13 (3 mal), 15 (2 mal), 21, 29, 75, 90; D/E 4
Blannovii, unsicher, wahrscheinlich andere Lesart für → Brannovices. VII 75
Boi, weitverzweigtes keltisches Wandervolk (ursprünglich aus Gallien in die Poebene eingewandert, dann nach Boiohaemum [Böhmen] gezogen); ein Teil siedelte in Noricum und Pannonia (Karpatenbecken und Nordungarn), ein Teil schloß sich den Helvetii an. I 5, 25, 28, 29 VII 9, 10 (2 mal), 17 (2 mal), 75; F 3
(*Boia*, unsichere Lesart: Gebiet der → Boi. VII 14)
Brannovices, → Aulerci
Bratuspantium, Stadt der Bellovaci (wahrscheinlich Beauvais). II 13; F 2
Britanni, Einwohner von Britannien. IV 21 V 11 (2 mal), 14, 21
Britannia, zur Zeit Caesars von Kelten und Caledoniern bewohnte Insel (England und Schottland). Nach Caesars Invasion war der südliche Teil nominell römisches Bundesgenossengebiet; erst unter Claudius wurde das Land bis über die Grenze zum heutigen Schottland hinaus der neuen römischen Provinz eingegliedert. II 4, 14 III 8, 9 IV 20–23 (4 mal), 27, 28 (2 mal), 30 (2 mal), 37, 38 (2 mal) V 2, 6, 8 (2 mal), 12, 13, 22 VI 13 VII 76; *Britannicum* (bellum), V 4

Cadurci, von den Arverni abhängiges gallisches Volk, nordöstlich der Garunna (Wohngebiet nicht genau bekannt). VII 4, 64, 75; E/F 4; *Cadurcus* VII 5, 7
Caemani, belgisches Volk, östlich der Mosa (Maas). II 4; G/H 1
Caerosi, belgisches Volk, nördlich der Mosella (in der Eifel). II 4; H 1
Calĕti, gallisches Volk an der unteren Sequana (Normandie). II 4 VII 75; E 2
Cantăbri, mit den Aquitani verbündete iberische (oder ligurische) Völkerschaft, an der Nordküste von Hispania. III 26; C 5
Cantium, südöstliches Küstengebiet von Britannien (Kent). V 13, 14, 22; E 1
Carcăso, Volkerstadt (Carcassonne). III 20; F 5
Carnŭtes, gallisches Volk, zwischen Liger und Sequana, östliche Nachbarn der Aulerci (Orléannais und Beauce)**. II 35 V 25 (2 mal), 29, 56 (2 mal) VI 2–4 (3 mal), 13, 44 VII 2 (2 mal), 3, 11, 75; E 2/3

---

* Ein bei Caesar nicht genannter Teilstamm wohnte an der Garunnamündung (um Bordeaux).
** Nach ihnen ist Chartres benannt.

Cassi, keltische Völkerschaft im Südosten von Britannien. V 21; E 1
Caturiges, gallisches Alpenvolk, im oberen Tal der Druentia (Durance). I 10; H 4
Cavillonum, Haeduerstadt am Arar (Chalon-sur-Saône). VII 42, 90; G 3
Cebenna (mons), Gebirgszug im nördlichen Gallien, Grenze zwischen Arverni und Helvii (Cevennen). VII 8 (2 mal), 56; F/G 4
Celtae, einheimischer Gesamtname eines über Gallien und Britannien verbreiteten indogermanischen Stammes; bei Caesar nur einmal verwendet für die Bewohner des zwischen Sequana und Garunna gelegenen Teiles von → Gallia. I 1
Cenabenses, Einwohner von → Cenabum. VII 11; Adj. VII 28; E 3
Cenăbum, Hauptstadt der Carnutes, an der nördlichsten Stelle des Liger (Orléans). VII 3 (2 mal), 11 (3 mal), 14, 17; E 3
Cenimagni, keltischer Stamm im südöstlichen Britannien. V 21; E 1
Cenomani, → Aulerci
Ceutrŏnes, Alpenvolk in der Nachbarschaft der → Allobroges. I 10; H 4
  von den Nervii abhängiges kleines belgisches Volk (genaues Wohngebiet unbekannt). V 39
Cherusci, germanisches Volk, zwischen Visurgis (Weser), Albis (Elbe) (Südteil von Niedersachsen). VI 10 (2 mal)
Cimbri, germanische Völkerschaft, ursprünglich auf der Chersonesus Cimbrica (Jütland) wohnend, zog durch Germanien nach Süden (Gallien, Spanien, Italien); Zusammenstöße mit den Römern, 101 v. Chr. bei Vercellae von Marius vernichtend geschlagen. I 33, 40 II 4, 29 VII 77 (2 mal)
Cisalpina Gallia, VI 1 → Galli
Cisrhenani Germani, die am linken Rheinufer wohnenden Germanen. VI 2 → Germani
Cocosates, iberischer Stamm im Küstengebiet, nördlich der Mündung des Aturius (Adour). III 27; D 5
Condrusi, belgische, von den Treveri abhängige Völkerschaft (vielleicht germanischen Ursprungs), am rechten Ufer der Mosa (zwischen Lüttich und Namur). II 4 IV 6 VI 32; G 2
Coriosolĭtes, kleines gallisches Küstenvolk, in Nachbarschaft der Veneti und Osismii (Bretagne). II 34 III 7, 11 VII 75; C 2
Cretes, Einwohner der Insel Kreta, als Hilfstruppen in Caesars Heer. II 7

Daci, thrakisches Volk in Dacia (nordwestlich der Karpaten liegender Teil Rumäniens); das Gebiet wurde 106 n. Chr. unter Trajan römische Provinz. VI 25
Danuvius, die obere Donau (bis Pannonien)*. VI 25; I 2
Decetia, Haeduerstadt am Liger (Decize). VII 33; F 3
Diablintes, kleines gallisches Volk, in Nachbarschaft (vielleicht ein Teil) der → Aulerci (bei Alençon). III 9; E 2
Dubis, Nebenfluß des Arar (Doubs). I 38; G/H 3
Durocortŏrum, Hauptstadt der Remi (Reims). VI 44; G 2

---

* Für den unteren Lauf von Pannonien bis zur Mündung war der ältere (thrakische) Name *Ister* gebräuchlich.

Eburones, von den Treveri abhängiges belgisches Volk, beiderseits der Mosa (zwischen Lüttich und Aachen). II 4 IV 6 V 24, 28, 29, 39, 47, 58 VI 5, 31, 32 (3 mal), 34, 35 (3 mal); G/H 1
Eburovices → Aulerci
Eläver, Nebenfluß des Liger (Allier). VII 34, 35, 53; F 3/4
Eleuteti, wahrscheinlich ein von den Arverni abhängiges gallisches Volk (Lokalisierung unsicher). VII 75; F 4
Elusates, iberisches Volk in Aquitania (Wohngebiet unbekannt). III 27; D/E 5
Essuvii, gallisches Volk zwischen unterer Sequana und Liger, in Nachbarschaft der Aulerci (Normandie). II 34 III 7 V 24; E 2

Gabäli, von den Arverni abhängiges gallisches Volk (in den Cevennen). VII 7, 64, 75; F 4
Galli, 98 Belegstellen; *Gallia,* 154 Belegstellen; 20 mal adjektivische Verwendung *Gallicus* bzw. *Galli* (equites).
Gallia gilt als Sammelname für den keltischen Siedlungsraum, begrenzt durch Pyrenäen, Mittelmeer, Alpen, Rhein und Ozean.
Im Unterschied zum Gebiet der oberitalienischen Poebene, das 191 v. Chr. von Römern erobert, 81 v. Chr. in den Status einer Provinz gebracht und *Gallia Cisalpina* (auch *Gallia citerior*) genannt wurde, bezeichnet *Gallia Transalpina* (auch *Gallia ulterior*) das heutige Frankreich, einen Teil der Schweiz, Belgien, Holland, Luxemburg und die linksrheinischen Teile Deutschlands. Der südöstliche Teil davon (die Küstengebiete bis zu den Alpen, heute: Languedoc und Provence) war – ausgenommen die griechische Kolonie Massilia (Marseille) – seit 118 v. Chr. römisches Herrschaftsgebiet. Dieses Territorium wurde unter Caesar von Gallia ulterior abgetrennt und provincia *Narbonensis* (auch ‚provincia') benannt. Das übrige, vor seinem Eingreifen noch uneroberte Gallien (westlich der Cevennen, Alpen und des Rheins) unterscheidet er nach Wohngebieten der *Aquitani, Belgae, Celtae.* Letztere werden in den Commentarii nur in I 1 so bezeichnet, sonst allgemein *Galli* genannt. Augustus nahm eine Neueinteilung der ,,tres Galliae" vor: *Aquitania, Lugdunensis, Belgica.*

Garunna, Grenzfluß zwischen Aquitania und Gallia Celtica (Garonne). I 1 (3 mal); D/E 4/5
Garunni, aquitanisches Volk am Oberlauf der Garunna. III 27; E 5
Gates, aquitanisches Volk (Lokalisierung unsicher). III 27; D/E 5
Geidumni, von den Nervii abhängiges kleines belgisches Volk (Wohngebiet nicht genau bekannt). V 39; F/G 1
Genäva, nördlichste Stadt der Allobroges (Genf). I 6, 7 (2 mal); H 3
Gergovia, Hauptstadt der Arverni (bei Clermont-Ferrand). VII 4, 34, 36–38 (4 mal), 40–43 (4 mal), 45, 59; F 4
Germani, Sammelname der östlich des Rheins wohnenden Nachbarn der Gallier. Von den *Germani Transrhenani* – IV 16 V 2 VI 5 – hebt Caesar die *Germani Cisrhenani* – VI 2 – ab. Diese werden mit den Galliern in den römischen Herr-

schaftsbereich einbezogen. I 1 (2 mal), 2, 27, 28, 31 (5 mal), 33 (2 mal), 36, 39, 43, 44, 47–52 (8 mal) II 1, 3, 4 (2 mal) III 7, 11 IV 1–4 (6 mal), 6 (3 mal), 7 (3 mal), 13–16 (6 mal), 19 V 27–29 (5 mal), 41, 55 VI 2 (2 mal), 5, 7–9 (5 mal), 12, 21, 24 (2 mal), 29, 32, 35 (2 mal), 37, 41 (2 mal), 42 VII 63, 65, 67, 70 (2 mal), 80

Germania, Land östlich des Rheins und nördlich der Donau. In den Commentarii ist keine klare Vorstellung von den Ost- und Nordgrenzen erkennbar (etwa Weichsel und Ostsee). IV 4 V 13 VI 11, 24, 25, 31 VII 65; *Germanicum* (bellum), IV 16; *Germani* (equites), VII 13

Gorgobīna, Stadt im ursprünglichen Wohngebiet der Boi, zwischen Elaver und Liger (wahrscheinlich südlich von Nevers). VII 9; F 3

Graeci, hier: nicht näher bezeichnete griechische Schriftsteller. VI 24
Graecae (litterae), I 29 V 48 VI 14

Graiocĕli, kleines Volk in den Graiischen Alpen (beim Mont Cenis). I 10; G/H 4

Grudii, von den Nervii abhängiges kleines belgisches Volk (Lokalisierung unsicher). V 39; G 1

Haedui, mächtiges und reiches gallisches Volk, zwischen Arar und Liger (Morvan, Westburgund), frühzeitig mit den Römern verbündet. I 10–12 (5 mal), 14–19 (10 mal), 23, 28, 31 (4 mal), 33, 35–37 (8 mal), 43 (3 mal), 44 (3 mal), 48 II 5, 10, 14 (5 mal), 15 V 6, 7 (2 mal), 54 VI 4 (3 mal), 12 (7 mal) VII 5 (3 mal), 9 (2 mal), 10 (2 mal), 17 (2 mal), 32–34 (4 mal) 37 (2 mal), 38 (3 mal), 40–43 (6 mal), 45, 50, 53–55 (4 mal), 59 (2 mal), 61, 63 (3 mal), 64, 67, 75–77 (3 mal), 89, 90 (3 mal); *Haedua* (civitas), II 14 V 7; F/G 3

Haeduus, I 3, 9, 31, 32 II 5 V 6 VII 37, 39, 54, 67, 76

Harudes, germanisches Volk am Unterlauf der Albis (Elbe, bei Hamburg). I 31, 37, 51

Helvetii, bedeutendes gallisches Volk, zwischen lacus Lemannus, lacus Brigantinus (Bodensee), Iura mons und Alpes (Nordwest-Schweiz); unterteilt in 4 Gaue, von denen Caesar nur Verbigenus und Tigurinus nennt. I 1–19 (39 mal), 22–31 (16 mal), 40 (2 mal) IV 10 VI 25 VII 75; H/I 3

Helvetia (civitas), I 12 (2 mal), *Helvetius* (ager), I 2, *Helveticum* (proelium), VII 9

Helvii, gallisches Volk, zwischen Cebenna mons und Rhodanus. VII 7, 8 (2 mal), 64, 65; G 4

Hercynia (silva), keltisches Wort für ‚Höhe, Erhebung', Gesamtbezeichnung für die nördlich der Donau gelegenen Waldgebirge vom Rhein bis zum Gebiet der Daci und Sarmates (vom Schwarzwald bis zu den Karpaten). VI 24, 25

Hibernia, Insel Irland. V 13

Hispania, Pyrenäenhalbinsel (bewohnt von einheimischen Ligurern, früh eingewanderten Iberern und verschiedenen Fremdstämmen), seit 201 v. Chr. römische Provinz. I 1 V 1, 13, 27 VII 55

Hispania citerior – III 23 – bezeichnet den östlichen und nordwestlichen Teil der Halbinsel; *Hispani* (equites), V 26

Illyricum, östliches Küstenland des adriatischen Meeres mit Hinterland (Westteil von Jugoslawien), unter Caesar Provinz. II 35 III 7 V 1

Italia, (vor Caesar) die Halbinsel südlich des Apennin und des Rubico. I 10, 33, 40 II 29, 35 (2 mal) III 1 V 1, 29 VI 1, 32, 44 VII 1, 6, 7, 55, 57, 65

Itius (portus), gallischer Hafen gegenüber der Küste Britanniens, im Gebiet der Morini (Lage umstritten, vielleicht Boulogne). V 2, 5; E 1

Iura (mons), Grenzgebirge zwischen Helvetii und Sequani (Schweizer Jura vom Rhoneknie bis Basel). I 2, 6, 8; H 3

Latobrigi, kleines germanisches Volk in Nachbarschaft der Helvetii (genaue Wohnlage unbekannt). I 5, 28, 29; I 2/3

Lemannus (lacus), Genfer See. I 2, 8 III 1; H 3

Lemovices, gallisches Volk (am Oberlauf der Vienne, Limousin). VII 4, 75, 88; E/F 4

Lepontii, ligurisches (oder keltisches) Volk, (Lokalisierung unsicher, vielleicht im Tessin). IV 10; I 3

Leuci, gallisches Volk, am Oberlauf von Mosella und Mosa (Südlothringen). I 40; G/H 2

Levaci, von den Nervii abhängiges kleines belgisches Volk (Wohngebiet nicht genau bekannt, vielleicht bei Gent). V 39; G 1

Lexovii, gallisches Volk, südlich der Sequana-Mündung. III 9, 11, 17, 29 VII 75; E 2

Liger, längster Fluß in Gallien, Grenze zwischen den Haedui und Bituriges (Loire). III 9 VII 5, 11 (2 mal), 55 (3 mal), 56, 59; D–F 3

Lingŏnes, gallisches Volk, im Quellgebiet der Matrona, zwischen den Senones und Sequani. I 26 (2 mal), 40 IV 10 VI 44 VII 9, 63, 66; G 3

Lutecia, Stadt auf der Sequanainsel (Cité von Paris). VI 3 VII 57, 58 (4 mal); F 2

Magetobrĭga, Ort im Gebiet der Sequani (Lage unbekannt). I 31; H 3

Mandubii, kleines von den Haedui abhängiges gallisches Volk, zwischen Haedui und Lingones (Côte d'or). VII 68, 71, 78; G 3

Marcomăni, germanisches Volk, den Suebi zugehörig (zuerst am Main, dann in Böhmen ansässig). I 51

Matisco, Haeduerstadt am Arar (Mâcon). VII 90; G 3

Matrŏna, Nebenfluß der Sequana (Marne). I 1; F/G 2

Mediomatrĭci, gallisches Volk, an der Mosella, in Nachbarschaft der Treveri, Remi, Leuci (Nordlothringen). IV 10 VII 75; G/H 2

Meldi, kleines belgisches Volk, an der unteren Matrona (Gegend von Meaux). V 5; F 2

Menapii, belgisches Volk, im nördlichen Küstengebiet der Gallia Belgica (Nordteil Belgiens und Südteil Hollands). II 4 III 9, 28 IV 4 (4 mal), 22, 38 VI 2, 5 (3 mal), 6 (2 mal), 9, 33; F/G 1

Metlosedum, Senonenstadt, auf einer Sequanainsel (Melun). VII 58 (2 mal), 60, 61; F 2

Mona, zwischen Irland und Britannien gelegene Insel (Isle of Man). V 13
Morĭni, belgisches Küstenvolk, am Fretum Gallicum (Gegend um Calais und Boulogne). II 4 III 9, 28 IV 21, 22 (2 mal), 37, 38 V 24 VII 75, 76; E 1
Mosa, Fluß (Maas). IV 9, 10, 12, 15, 16 V 24 VI 33; G 1/2

Namnĕtes, gallisches Volk, nördlich des Liger, nahe der Mündung (Südteil der Bretagne). III 9; D 3
Nantuates, kleines gallisches Bergvolk, südlich des lacus Lemannus, in Nachbarschaft der Allobroges (Wallis). III 1 (2 mal), 6 IV 10; H 3/4
Narbo, Hauptstadt der provincia Narbonensis (Narbonne). III 20 VII 7 (3 mal); F 5
Nemĕtes, germanisches Volk, am Mittelrhein (Gegend um Speyer). I 51 VI 25; I 2
Nervii, mächtiges belgisches Volk, östlich der Scaldis (Schelde), in Nachbarschaft der Menapii und Eburones (weitere Umgebung von Brüssel). II 4, 15–17 (5 mal), 19, 23, 28, 29, 32 V 24, 38 (2 mal), 39, 41, 42, 46, 48, 56, 58 VI 2, 3, 29 VII 75; F/G 1
Sing. *Nervius*, V 45; *Nervicum* (proelium), III 5
Nitiobrŏges, gallisches Volk, zwischen Garunna und Duranius (Dordogne). VII 7, 31, 46, 75; E 4
Noreia, Stadt in den Ostalpen (Neumarkt in der Steiermark), 113 v. Chr. wurde dort ein römisches Heer von den Cimbern vernichtend geschlagen. I 5
Norĭca, aus dem → ager Noricus stammend, Frau des Ariovist. I 53
Norĭcus (ager), Gebiet der Taurisci (von den Römern Norici genannt), seit 10 v. Chr. römische Provinz zwischen Panonien und Raetien (Alpengebiet östlich des Inns). I 5
Noviodunum (‚Neuburg'), Name für mehrere Städte:
  a) bei den Haedui, beim Zusammenfluß von Elaver und Liger (Nevers). VII 55; F 3
  b) bei den Bituriges, zwischen Cenabum und Avaricum (wahrscheinlich in der weiteren Umgebung von Bourges). VII 12, 14
  a) bei den Suessiones (unweit Soisson). II 12
Numĭdae, nordafrikanisches Volk (Tunis und Algier mit Hinterland); stellte leichtbewaffnete Hilfstruppen in Caesars Heer. II 7, 10, 24

Oceănus, a) Atlantisches Meer und Kanal (eingeteilt in Oceanus Atlanticus und Oceanus Britannicus), I 1 (2 mal) II 34 III 7–9 (4 mal), 13 IV 29 VII 4, 75, b) Nordsee, IV 10 (3 mal) VI 31, 33
Ocĕlum, Stadt der Graioceli (Rivoli, westlich von Turin). I 10; H 4
Octodurus, kleine Stadt der Vereagri, am Knie des Rhodanus (Martigny). III 1; G 4
Orcynia (silva) = *Hercynia* (silva). VI 24
Osismi, gallisches Volk, im äußersten westlichen Küstengebiet (Nord-Bretagne). II 34 III 9 VII 75; C 2

Padus, größter Fluß Italiens bzw. der Gallia Cisalpina (Po). V 24

Parisii, gallisches Volk (am Zusammenfluß von Matrona und Sequana (Paris). VI 3 VII 4, 34, 57, 75; F 2

Petrocorii, gallisches Volk, am rechten Ufer des Duranius (Dordogne). VII 75; E 4

Pictŏnes, gallisches Volk, südlich des unteren Liger (Vendée und Poitou). III 11 VII 4, 75; D 3

Pirustae, illyrisches Volk (vermutlich Nordalbanien). V 1

Pleumoxii, kleines belgisches Volk, abhängig von den Nervii (Lokalisierung unsicher). V 39; G 1

Ptianii, aquitanisches Volk (Wohngebiet unbekannt). III 27

Pyrenaei (montes), Grenzgebirge zwischen Aquitania und Hispania (Pyrenäen). I 1; D/E 5

Raurăci, gallisches Volk, zwischen Rhein und Aare, nördliche Nachbarn der Helvetii (Gegend von Basel). I 5, 29 VI 25 VII 75; H/I 3

Redŏnes, gallisches Volk (Bretagne, Gegend von Rennes). II 34 VII 75; D 2

Remi, mächtige belgische Völkerschaft, zwischen Matrona, Isara und Mosa (Nordteil der Champagne, weitere Umgebung von Reims). II 3–7 (8 mal), 9, 12 (2 mal) III 11 V 3, 24, 53, 54, 56 VI 4, 12 (3 mal), 44 VII 63, 90; F/G 2

Rhenus, Grenzstrom zwischen Gallia und Germania; von Caesar als erstem Römer mit einem Heer überschritten; vor dem Übergang den Römern weitgehend unbekannt. I 1 (3 mal), 2, 5, 27, 28, 31 (3 mal), 33, 35, 37, 43, 44, 53, 54 II 3, 4, 29, 35 III 11 IV 1, 3, 4 (4 mal), 6, 10 (2 mal), 14–17 (7 mal), 19 V 3 (2 mal), 24, 27, 29, 41, 55 (2 mal) VI 9, 24, 29, 32, 35 (3 mal), 41, 42 VII 65; H/I 1–3

Rhodănus, Hauptfluß der provincia Narbonensis (Rhône). I 1, 2, 6 (3 mal), 8 (2 mal), 10–12 (3 mal), 33 III 1, VII 65; G 4/5

Roma, I 31 VI 12 VII 90; urbs I 7, 39 VI 1

Romani, 167 Belegstellen (einschließlich adjektivischer Verwendung)

Ruteni, gallisches Volk, zu beiden Seiten des Tarnis (Tarn), teilweise in der provincia Narbonensis. I 45 VII 5, 7 (2 mal) 64, 75, 90; F 4/5

Sabis, linker Nebenfluß der Mosa (Sambre). II 16, 18; F/G 1

Samarobriva, Hauptstadt der Ambiani (Amiens). V 24, 47, 53; F 2

Santŏni, gallisches Volk am Carantonus (Charente). I 10, 11 III 11 VII 75; D 4

Scaldis, Grenzfluß zwischen Atrebates und Nervii (Schelde). VI 33; F 1

Seduni, Alpenvolk am oberen Rhodanus (Wallis). III 1, 2, 7; H 3

Sedusii, kleines germanisches Volk (nicht lokalisierbar). I 51

Segni, kleines, von den Treveri abhängiges belgisches (oder germanisches) Volk (Wohngebiet nicht genau bekannt, vielleicht Luxemburg). VI 32; H 2

Segontiaci, keltisches Volk in Britannien, an der Themse (nicht genau lokalisierbar). V 21; D 1

Segusiavi, gallisches, von den Haedui abhängiges Volk an Arar und Rhodanus (Gegend von Lyon). I 10 VII 64, 75; G 4

Senŏnes, bedeutendes gallisches Volk, zwischen Liger und Matrona (Champagne und Nord-Bourgogne)*.
II 2 V 54, 56 (2 mal) VI 2, 3 (3 mal), 5, 44 (2 mal) VII 4, 11, 34, 56, 58, 75; F 2
Sequăna, Fluß, der im Unterlauf Gallia Celtica und Belgica trennt (Seine). I 1 VII 57 (2 mal), 58 (2 mal); E/F 2
Sequăni, mächtiges gallisches Volk, zwischen Iura mons, Rhein, Oberlauf des Arar (Ostburgund, Südelsaß), umgeben von den Allobroges, Haedui, Leuci, Lingones, Helvetii. I 1–3 (3 mal), 6, 8–12 (10 mal), 19, 31–33 (9 mal), 35, 38, 40, 44, 48, 54 IV 10 VI 12 (3 mal) VII 66, 67, 75, 90; H 3; *Sequanus,* I 3, 31
Sibulates, aquitanisches Volk, am Fuß der Pyrenäen. III 27; D 5
Sotiates, aquitanisches Volk, nördlich des Aturius (Adour, Armagnac). III 20 (2 mal), 21 (2 mal); D 5
Suebi, germanischer Hauptstamm (oder Stammverband), zwischen mittlerer Albis (Elbe) und Danuvius (Donau), umgeben von Ubii, Cherusci, Boi (vor deren Auswanderung aus Böhmen), kämpften im Heer des Ariovist, erschienen nach der Niederlage auch am Mittel- und Unterrhein. I 37 (2 mal), 51, 54 IV 1 (2 mal), 3 (2 mal), 4, 7, 8, 16, 19 (3 mal) VI 9, 10 (6 mal), 29; I 1
Sueba (Frau des Ariovist), I 53
Suessiones, belgisches Volk bei → *Noviodunum.* II 3, 4, 12 (2 mal), 13 VII 75; F 2
Sugambri, germanisches Volk, an Rura (Ruhr), Rhein und Lupia (Lippe), benachbart den Ubii und Chatti, gewährten den besiegten Usipeti und Tenctheri Asyl. IV 16, 18 (2 mal), 19 VI 35; H/I 1
Tamĕsis, Fluß im südöstlichen Britannien (Themse). V 11, 18; D/E 1
Tarbelli, aquitanisches Volk, im Mündungsgebiet des Aturius (Adour). III 27; D 5
Tarusates, aquitanisches Volk, nördlich des Aturius (Adour). III 23, 27; D 5
Tectosăges, gallisches Volk, zwischen Garunna und Mittelmeerküste (Langedoc), wahrscheinlich ein Teilstamm der → Volcae. VI 24
Tencthĕri, germanisches Volk, es zog mit den Usipetes 59/58 v. Chr. über den Rhein und siedelte an der oberen Mosa im Gebiet der Eburones. IV 1, 4, 16, 18 V 55 VI 35; H 1
Teutŏni, germanisches Volk, ursprünglich auf der Chersonesus Cimbrica (Jütland); 113 v. Chr. mit den Cimbri nach Süden wandernd, 102 v. Chr. bei Aquae Sextiae von Marius geschlagen. I 33, 40 II 4, 29 VII 77; G/H 1
Tigurini, eine der vier Gaugenossenschaften der Helvetii. I 12 (2 mal); H 3
Tolosa, Hauptstadt der Volcae, am östlichen Garunnaufer (Toulouse). III 20; E 5
Tolosates, Einwohner von Tolosa. I 10 VII 7; E 5
Transalpina Gallia, VII 1, 6 → Gallia
Transrhenani Germani, IV 16 V 2 VI 5 → Germani
Trevĕri, gallisches (vielleicht ursprünglich germanisches) Volk, zu beiden Seiten der Mosella (Mosel).** I 37 (2 mal) II 24 III 11 IV 6, 10 V 2–4 (5 mal), 24, 47 (2 mal), 53, 55, 58 VI 2 (2 mal), 3, 5–9 (10 mal), 29, 32, 44 VII 63; G/H 2

* Nach ihnen benannt der Ort Sens
** Nach ihnen ist Trier benannt (Augusta Treverorum).

Tribŏci, germanisches Volk, am linken Rheinufer (Nähe von Straßburg). I 51 IV 10; H 2

Trinovantes, bedeutendes Volk in Britannien nördlich der Tamesis. V 20–22 (3 mal); D/E 1

Tulingi, germanisches Volk, in Nachbarschaft zu den Helvetii (Lokalisierung unsicher). I 5, 25, 28, 29; H/J 3

Turŏni, gallisches Volk, am mittleren Liger (Gegend um Tours). II 35 VII 4, 75; E 3

Ubii, germanisches Volk, nördlich des Mains, den Sugambri und Vangiones benachbart. IV 3, 8, 11, 16, 19 (2 mal) VI 9 (2 mal), 10 (2 mal) 29 (2 mal); J 1

Unelli (Venelli?), gallisches Volk, im nördlichen Landvorsprung der Normandie (Cotentin). II 34 III 7, 11, 17 VII 75; D 2

Usipĕtes, germanisches Volk; zog mit den Tencteri 59/58 v. Chr. über den Rhein, siedelte an der oberen Mosa im Gebiet der Eburones. IV 1, 4, 16, 18 VI 35; G/H 1

Vacălus, linker Mündungsarm des Rheins (Waal). IV 10; G 1

Vangiŏnes, Völkerschaft der germanischen Suebi, in Nachbarschaft der Nemetes (in der Gegend von Worms). I 51; J 2

Veliocasses, belgisches Volk, am rechten Ufer der unteren Sequana (Gegend von Rouen). II 4 VII 75; E 2

Vellaunodunum, Senonenfestung (wahrscheinlich Montargis). VII 11 (2 mal); F 2

Vellavii, von den Arverni abhängiges gallisches Volk, im Ursprungsgebiet des Liger. VII 75; F/G 4

Venĕti, gallisches Volk, im südlichen Küstengebiet der Bretagne. II 34 III 7–9 (3 mal), 11, 16–18 (3 mal) VII 75; C 2/3

Venetia, Land der Veneti. III 9; C 2/3; *Veneticum* (bellum), III 18 IV 21

Verăgri, Gebirgsvolk, südöstlich des lacus Lemannus (Wallis). III 1 (2 mal), 2; H 3/4

Verbigĕnus (pagus), eines der vier Teilgebiete der Helvetii. I 27

Vesontio, Hauptstadt der Sequani (Besançon). I 38, 39; H 3

Vienna, Hauptstadt der Allobroges (Vienne). VII 9; G 4

Viromandui, belgisches Volk, westlich der oberen Isara (Oise). II 4, 16, 23; F 2

Vocates, aquitanisches Volk, zu beiden Seiten der Garunna (Wohngebiet nicht genau bekannt). III 23, 27; D/E 4

Vocontii, gallisches Volk, zwischen Isara (Isère), Rhodanus und Druentia (Durance) (nördliche Provence und Dauphiné). I 10; G 4

Volcae, bedeutendes gallisches Volk, in der provincia Narbonensis (Languedoc), untergliedert in → *Arecomĭci* und → *Tectosăges*

Vosĕgus (mons), linksrheinischer Höhenzug (Vogesen). IV 10; H 2/3

SACHERKLÄRUNGEN

Tendenzen römischer Geschichte (gegen Ende der Republik)

Als historisch-politischer Hintergrund für das Leben und Wirken Caesars ist die Zeit zu beachten, in der die römische Republik in einer Epoche harter revolutionärer Auseinandersetzungen in eine neue Staatsform unter Führung eines dominierenden Einzelherrschers umgeprägt wurde. Das Jahrhundert der Revolution beginnt mit dem Reformplan des Tiberius Sempronius Gracchus (Volkstribun 133 v. Chr.) und endet mit dem Sieg Octavians, des späteren Kaisers Augustus, über Antonius und Kleopatra bei Actium (31 v. Chr.). Zu den prägenden Ereignissen bzw. Akteuren bis zum entschiedenen Eingreifen Caesars in die Politik gehören folgende:

a) Zur Unterstützung des Bauernstandes, der im Kriegsfall Soldaten stellte, sah *Tiberius Sempronius Gracchus*, ein Nobilitätsangehöriger und Senatsmitglied, eine Agrarreform vor, die im wesentlichen zu Lasten adliger Latifundienbesitzer verarmten Familien in begrenztem Maß Land zuweisen und sie materiell absichern sollte. Die Machtbasis seiner – notfalls auch verfassungswidrigen – Aktionen lag im Volkstribunat, der Grund für sein Scheitern in der Stärke der aristokratischen Führung, die zur Wahrung der bestehenden Verhältnisse ihrerseits nicht vor Gewalt zurückschreckte.

Gaius Sempronius Gracchus, Volkstribun wie sein älterer Bruder, brachte durch einige in ihrer Wirkung umwälzende Gesetze das Proletariat (durch Lebensmittelverbilligung nach der lex frumentaria) und die Ritterschaft (durch den Zugang zu hohen Richterämtern gemäß der lex iudiciaria) auf seine Seite; das Siedlungswerk seines Bruders dehnte er auf außeritalische Gebiete aus und plante, Latiner und Italiker in das Bürgerrecht aufzunehmen, was wiederum Rittern und dem Volk mißfiel. Der Staatsnotstand, erklärt durch ein senatus consultum ultimum, beendete den Versuch, Änderungen vorzunehmen an der herkömmlichen Gesellschafts- und Staatsordnung; in ihr stand die Macht dem Senat zu, dem Organ der Nobilitätsmitglieder. Von nun an nannten sie sich Optimaten.

b) Ein neuer Typus des machtinteressierten Politikers, der mit Unterstützung des Volkes seine Ziele zu realisieren suchte und sich darum popularis nannte, trat mit *Marius* auf den Plan. Er wurde nach seinem ersten Konsulat (107) in einer für römische republikanische Verhältnisse einmaligen – und illegalen – Serie wiedergewählt (104–100), zog aus dem Versagen senatorischer Führer im Kampf gegen die Cimbern und Teutonen* und gegen den Numiderkönig Jugurtha** die Konsequenz, das Bürgerheer durch eine dem Feldherrn verpflichtete, auch aus besitzlosen Freiwilligen sich formierende Berufsarmee abzulösen. Militärische Erfolge gegen die Germanen (102 und 101) und gegen Jugurtha (107–105) gaben seiner Reform Recht, aber als Politiker war Marius der Gegenseite, der senatorischen Oligarchie, nicht gewachsen, jedenfalls zur Durchsetzung seiner Pläne (Landzuweisung für die darauf angewiesenen Veteranen seines Heeres, Gründung neuer Kolonien, Senkung des Getreidepreises) nicht der geeignete Mann. Mit seinem Versagen war die Führung der konservativen Optimaten zunächst wiederhergestellt.

c) Gegen den König von Pontos, Mithridates VI., der eine beachtliche Macht im Osten aufbaute und Roms dortigen Einfluß zeitweilig abschnitt, setzte der Senat i. J. 88 *Sulla*, die Volksversammlung Marius als Feldherrn ein. In den beiden Personen spiegelte sich die nicht beseitigte Gegnerschaft zwischen Optimaten und Popularen wider. Jetzt aber griff ein Mann in die Politik ein, der nach außenpolitischem Erfolg (im Bundesgenossenkrieg 91–88) bedenkenlos „sein" Heer für den innenpolitischen Machtkampf verwendete, nach dem Marsch auf Rom (88) seine Gegenspieler ausschaltete und in der Folgezeit auch das odium eines blutigen Bürgerkrieges nicht scheute: Während des Mithridatischen Krieges und der dadurch bedingten Abwesenheit des Sulla hatten seine Gegner in Rom, besonders Marius und Cinna, die Macht zurückgewonnen. Mit ihnen ging der (83) siegreiche Feldherr hart ins Gericht; berüchtigt bleiben seine Proskriptionen, denen Senatoren und zahlreiche Ritter zum Opfer fielen. Die eingezogenen Güter boten Platz für die Soldaten, als potentielle Reservearmee und Rückhalt seiner Stellung ließ er Tausende von Sklaven frei. In der unerhörten Machtfülle als Diktator ohne zeitliche Begrenzung ging er an die Reform von Staat und Gesellschaft heran: Sie geschah in der Form einer Entmachtung des Ritterstandes und des Volkstribunats. Die Verdoppelung der Senatorenzahl

---

* bes. in den Niederlagen bei Noreia (113) und Arausio (105)

** in den ersten (fünf) Jahren des Krieges von 111 bis 105 (durch Aufnahme italischer Adliger) und die Vermehrung der Magistraturen war als Festigung der Senatsregierung und damit des Optimateneinflusses gedacht.

Trotz der freiwilligen Niederlegung der Diktatur im Jahre 78 (ein Jahr vor seinem Tod) wurde Sulla, ohne es zu wollen, ein Schrittmacher der Alleinherrschaft. Caesar war es später, der Sullas Scheitern schonungslos feststellte und das Niederlegen der Diktatur – nach der Darstellung Suetons *(div. Iul. 77)* – als Analphabetentum bezeichnete: „Sullam nescisse litteras, qui dictaturam deposuerit . . . nihil esse rem publicam, appellationem modo sine corpore ac specie."

d) Wie wenig die sozialen Probleme gelöst waren, zeigte u. a. ein Sklavenaufstand (73–71), wie ungesichert die Situation im Osten des Reiches blieb, bewies der erneute Kampf des Mithridates gegen Rom (74–64). Für beide Krisen mußte ein länger dauerndes Feldherrnkommando mit umfassenden Befugnissen vergeben werden. Ein bereitwilliger, ebenso erfolgreicher wie ehrgeiziger Führer fand sich in *Cnaeus Pompeius*, der unter Sulla Triumph und Imperatorentitel gewonnen hatte. Er führte den Sklavenkrieg rasch siegreich zu Ende; zuvor hatte er die Auseinandersetzung mit der popularen Reaktion in Spanien (Krieg gegen Sertorius, 77–72) mit einem Sieg abgeschlossen. Zusammen mit Crassus wurde er 70 gegen den üblichen cursus honorum (Ämterlaufbahn) Konsul und setzte in praxi die Sullanischen Verfassungseinrichtungen außer Kraft. Innenpolitisch förderte er den (von Sulla weitgehend ausgeschalteten) Ritterstand durch Zugang zu hohen Richterstellen und erweiterte den Einfluß der Volkstribunen, nicht ohne diese Kreise jedoch zur eigenen Machtsicherung einzuspannen: Den Oberbefehl zur Beseitigung der Seeräuber, die im gesamten Mittelmeerraum agierten und die römische Getreideversorgung gefährdeten, und zur Führung des Krieges im Osten, wo er 66 den glücklosen Lucullus ablöste, hatte er auf Antrag eines Tribunen gegen den Willen des Senates erhalten. Beide Unternehmungen wurden erfolgreich beendet und ließen Pompeius als gefeierten Sieger – er selbst fühlte sich als zweiter Alexander – nach Rom zurückkehren (62). Er verhielt sich loyal, indem er seine Truppen entließ und zur Kooperation mit dem Senat bereit war, wurde aber brüskiert: Der Senat lehnte seine Pläne zur Versorgung seiner Soldaten und die Ratifizierung der von ihm getroffenen Ordnung im Osten ab. Da wandte er sich von den Optimaten ab, arrangierte sich mit dem derzeit reichsten Finanzmann, Crassus, und dem profiliertesten Politiker, Caesar, in einem Bund, der auf Einzelakteure, nicht auf die bisherigen politischen Entscheidungsorgane ausgerichtet war: Das sogenannte erste Triumvirat des Jahres 60 entstand, ein politischer Machtfaktor erster Ordnung. Den Zweck des Zusammenschlusses beschreibt Sueton treffend in seiner Caesarbiographie (19,2): „ . . . ne quid ageretur in re publica, quod displicuisset ulli e tribus."

Nun war der Zeitpunkt für den entscheidenden Einstieg Caesars in eine ebenso zielstrebige wie wirkungsvolle Politik gekommen.*

Res militares zur Zeit Caesars
Geschichtliche Entwicklung

Es lassen sich im wesentlichen drei Entwicklungsstufen des römischen Heerwesens feststellen:

Das *Milizheer* rekrutierte sich in der Frühzeit aus den Bauern und Bürgern, die mit der Dienstpflicht eine anerkannte staatsbürgerliche Funktion wahrnahmen. Es wurde nach Bedarf zur Landesverteidigung aufgeboten. Mit der Erweiterung der römischen Machtsphäre zur Zeit der großen Provinzialkriege schwand die Bedeutung des Krieges als Verteidigung der Heimat, neben die Dienstpflicht im Heer trat die Erwerbsmöglichkeit; Besitzende entzogen sich teilweise dem Kriegsdienst, gesetzlich an sich dienstfreie Proletarier rückten nach. Auch in den Provinzen wurden Legionen ausgehoben und socii in steigender Zahl in das Aufgebot aufgenommen. Sie stellten als Auxiliartruppen vor allem die Reiterei.

Das Heer wurde schließlich zu Beginn des ersten Jahrhunderts vor Christus in ein *Söldnerheer* umgestaltet. Bezugspunkt der Soldaten war nicht mehr der römische Staat, sondern der sie anwerbende Feldherr, der ein Machtpotential in die Hand bekam, das er nicht nur zum Krieg, sondern gegebenenfalls zum Ausbau seiner eigenen politischen Stellung – auch in Rom – einsetzen konnte. Hier entwickelte sich ein personengebundenes Loyalitätsverhältnis: Das Heer diente dem Feldherrn, das Heer erwartete von ihm (außer militärischem Können und psychologischen Rücksichtnahmen) materielle Zuwendungen: Entlohnungen und Versorgung.

---

* Zu Caesars Leben und Wirken vgl. Einleitung S. 5 ff.

In der Kaiserzeit wurde dann das stehende *Berufsheer* zum Schutz der Herrscherstellung und Sicherung der Reichsgrenzen geschaffen. Bei langjähriger Dienstzeit – auch in festen Garnisonen der Grenzgebiete – trat das römisch-italische Element immer mehr in den Hintergrund; im zweiten Jahrhundert nach Christus bestanden die Legionen abgesehen von den ständigen Truppen in der Stadt und der kaiserlichen Leibgarde fast nur noch aus Ausländern, den jeweiligen Provinzbewohnern, die durch Heeresdienst das Bürgerrecht erwarben. Römer fungierten als Offiziere.

Caesar verfügte über ein „eigenes" Heer, das im Gallischen Krieg bis zu 10 Legionen erweitert wurde. Durch Sonderregelung auf Grund des 1. Triumvirats (mit Pompeius und Crassus i. J. 60 v. Chr.) sicherte er sich wider allen Brauch die Verfügungsgewalt auf fünf Jahre und nach der Erneuerung des Triumvirats in Lucca (56 v. Chr.) eine Verlängerung der konsularischen Provinzverwaltung.

Die Struktur des Heeres

Das Heer bestand aus Legionen („Divisionen", „Brigaden"), deren Nominal- oder Sollstärke 6000 Mann der schwerbewaffneten Infanterie betrug, deren Normal- oder Effektivstärke deutlich darunter lag. Für die Legionen Caesars i. J. 55 v. Chr. wurde eine Durchschnittsstärke von etwa 5000 Mann errechnet, denen 80 Offiziere zuzuzählen sind.

Die Legion gliederte sich in 10 Kohorten („Bataillone"), die Kohorte in drei Manipel („Kompanien"), der Manipel in zwei Zenturien („Züge"). Waren bis zu Beginn des 1. Jahrhunderts v. Chr. die für den Kampf wesentlichen Einheiten die Manipel, so wurden nach der auf Marius zurückgeführten Heeresreorganisation neue Dispositionseinheiten wichtig, die Kohorten; die Manipulartaktik, beruhend auf 30 Verbänden pro Legion, wurde abgelöst von der Kohortentaktik. Jede Kohorte vereinigte einen Manipel der (aus Traditionsgründen weiter so benannten) *hastati*, *principes* und *triarii*; diese Bezeichnungen stammten aus der Frühzeit des römischen Milizheeres, als nach Waffengattungen und Altersstufen oder Bewährungsgrad unterschieden in der ersten Reihe die Jüngeren, mit der langen hasta Bewaffneten, im zweiten Glied die bewährten Schwerbewaffneten, in der dritten Reihe ältere, besonders erfahrene Soldaten aufgestellt waren. Die häufigste Einsatzform der Legion war die *acies triplex*, bei der vier Kohorten im ersten, drei im zweiten und drei im dritten Treffen zum Einsatz kamen.* Dabei füllten die Kohorten der zweiten Reihe die Zwischenräume der ersten, die dritte Reihe verstärkte die Mitte und die Flügel:

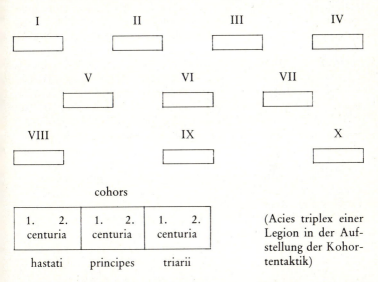

(Acies triplex einer Legion in der Aufstellung der Kohortentaktik)

Je nach Feindlage konnte auf eine *acies duplex* oder *simplex* umgestellt werden, wie überhaupt von schablonenhafter Disposition abgerückt wurde. Die einzelnen Treffen waren sechs Mann tief gestaffelt, es blieb ein Abstand von knapp einem Meter zwischen den Soldaten. Die einzelnen Kohorten standen in einem Zwischenraum ihrer eigenen Breite zur nächsten. Bei einem Verhältnis von 4:3:3 ergibt also die acies triplex einer 5000 Mann starken Legion eine Frontbreite von etwa 500 bis 600 m (bei einer Tiefe von etwa 200 m).

Als Verstärkung der Fußtruppen kamen angeworbene, nicht-römische *auxilia* (Hilfstruppen) zum Einsatz. Sie bestanden aus *equites* und leichtbewaffneten Spezialtruppen, die die italische leichte Infanterie und Kavallerie an Qualität weit übertrafen und im Lauf der Zeit ersetzten. Bekannt sind die treffsicheren *sagittarii* (Bogenschützen) aus Kreta und *funditores* (Schleuderer) von den Balearen. Die equites alariae (Reiter auf den Flügeln) rekrutierten sich als Kavallerie in Caesars Heer aus

---

* Mögliche Variationen 4:4:2 oder 5:3:2

Numidern, Spaniern, verbündeten Galliern und Germanen. Sie waren in *turmae* („Schwadrone") zu je drei Decurien (je 10 Reiter) unterteilt. Im Winter wurden die gallischen und germanischen Reiter nach Hause entlassen. Als nicht ständig zum römischen Heer gehörende Kontingente hatten sie für ihre Versorgung selbst aufzukommen. Die Hauptaufgabe der Reiterei war nicht in erster Linie Einsatz in der Schlacht, sondern Aufklärung und Verfolgung. Ihre Effektivstärke lag wahrscheinlich bei 300 bis 400 Mann pro Legion. Beritten waren auch alle Legionsoffiziere. Als *calones* (Pferdeknechte) und *muliones* (Treiber) dienten in der Regel Sklaven. Die Zahl der calones wird auf 700 pro Legion, die der muliones auf 300 geschätzt. Einer Legion standen etwa 1200 Lasttiere *(muli)* zur Verfügung, den Auxiliartruppen entsprechend weniger. Das bedeutet, daß 10 Soldaten ein Lasttier mit schwerem Gepäck beladen durften, die übrigen Tiere für den Transport von Nahrungsmitteln, Futter, Geschützen und Geräten einsetzen konnten.

Für eine genaue Zahlenbestimmung der Hilfstruppen fehlen entsprechende Angaben im Text. Aber wenn Caesar bei einer Kriegslist im Feldzug gegen Ariovist zur Täuschung zwei Legionen aus Hilfstruppen erstellte (Gall. I 49,4 und 51,1), kann ihre Zahl mit 10000 Infanteristen angesetzt werden, zu denen während der Gallienzüge noch 3000 bis 4000 Reiter gehört haben dürften. Insgesamt ergibt sich eine stattliche Zahl von Menschen und Tieren, wenn die Berechnung 10 Legionen zugrundelegt, die Caesar im 6. Kriegsjahr (nach Gall. VI 44,3) zur Verfügung hatte:*

Kämpfende Truppe	
Legionare	50000
Auxiliartruppen zu Fuß	10000
Auxiliartruppen zu Pferd	3000 (bis 4000)
	63000 (bis 64000)
Bedienungsmannschaften	
calones der Legionare	7000
muliones der Legionare	3000
calones und muliones der Auxiliartruppen	1000 (bis 1500)
	11000 (bis 11500)

* Diese Angaben sind der Dissertation von A. Labisch, Frumentum Commeatusque, Aachen 1974, entnommen.

Reit- und Lasttiere
- equi der Reiterei ..... 3 000 (bis 4 000)
- equi der Legionsführung 1 000
- muli der Legionare 12 000
- muli der Reiterei 1 200
- muli der übrigen Auxiliartruppen 2 000

19 200 (bis 20 200)

Führung des Heeres

Den militärischen Oberbefehl übertrug der Senat einem Konsul, Prokonsul, Praetor oder Propraetor. Das *imperium* befugte den Beamten im Rahmen seiner potestas, den Krieg zu führen, Strafgewalt und Gerichtsbarkeit auszuüben, Belohnungen zu erteilen; es umfaßte die Verantwortung für die Kriegführung in militärischer, rechtlicher, wirtschaftlicher und politischer Hinsicht. Im Bedarfsfall ließ der Feldherr neue Streitkräfte zusammenstellen. Die alte Form der Aushebung, mit der der Senat den Konsul beauftragte, kam seit der Heeresreform des Marius immer mehr außer Geltung. Nominell blieb der dilectus, praktisch aber trat an seine Stelle die Werbung, die nicht mehr in Rom, sondern in verschiedenen italischen Landschaftsgebieten von conquisitores übernommen wurde – im Auftrag des Feldherrn. Es fanden Angehörige aller Stände Zugang, auch Nicht-Bürger, die nach dem Eintritt ins Heer das römische Bürgerrecht erhalten konnten. Die Beschaffung der Auxilien konnte gewaltsam im Rahmen imperativer Bündnis- oder Friedensbedingungen oder auf Vertragsbasis mit verbündeten Völkern und Städten erfolgen.

Mehrmals ist im Bellum Gallicum die Rede von Gerichtstagen, zu denen sich Caesar in die Provinz begab (z. B. Gall. I 54,3). Es gehörte zu den Aufgaben des Provinzstatthalters, periodisch – meist im Winter – conventus abzuhalten. Dort konnten die Bewohner des Einzugsgebietes klagen oder verklagt werden. Die oft langen Wege zu ständigen Gerichtssitzen blieben ihnen somit erspart. Da der conventus gegenüber einheimischen Gerichten höhere Kompetenz besaß (falls Gemeinden oder römische Bürger Partei waren), wurde er auch Mittel zur Durchsetzung römischen Rechts gegenüber einheimischen Rechten.

Aus dem Gesagten ergibt sich, wie umfassend das Caesar übertragene Amt des Feldherrn Anforderungen stellte, aber auch Wirkungsmöglichkeiten bot.

Dem Feldherrn stand rangmäßig am nächsten der *Quaestor* („Armeegeneralintendant"), der im Bedarfsfall als Vertreter mit militärischem Kommando betraut wurde, im Normalfall aber als oberster Verwaltungsbeamter die wirtschaftlichen und finanziellen Aufgaben übernahm (Verpflegung, Nachschub, Kriegskasse, Soldzahlung, Beuteverteilung).

Als Hauptadjutanten oder Stabsoffiziere – vergleichbar den Generälen im modernen Heer – galten die einem Oberbeamten beigegebenen, im senatorischen Rang stehenden *Legaten*, die im Kampf meist als Legionskommandeure auftraten. Der Legat als Stellvertreter des Feldherrn hieß legatus pro praetore (s. Gall. I 21,2).

Zu den höheren Offizieren einer Legion waren die *tribuni militum* („Leutnants, Hauptleute") zu zählen. Caesar ernannte sie aus den Reihen junger Ritter und übertrug ihnen Führungsaufgaben. Zwei der gewöhnlich sechs zu einer Legion gehörenden Tribunen übernahmen im inneren Dienst die Lagerordnung, Postenkontrolle und Verwaltungsaufgaben. Die Führung der einzelnen Zenturien oblag (60) *centuriones* („Feldwebeln"). Wie die Legaten an der Spitze des Offizierkorps so standen sie an der Spitze der Mannschaften; sie genossen das Vertrauen des Feldherrn, der – zu Recht – in ihnen sozusagen Träger des militärischen Geistes sah. Meist entstammten sie dem Stand der Plebejer und waren aus den Mannschaften hervorgegangen. Ihr Rangältester, der Führer der 1. Zenturie des 1. Manipels der 1. Kohorte, hieß primus pilus prior = primipilus („Hauptfeldwebel"), der Rangniedrigste war der 2. Centurio des 3. Manipels der 10. Kohorte: decimus hastatus posterior („Unteroffizier"). Ein Aufstieg oder Hinaufdienen von der 10. zur 1. Kohorte war möglich, ein Abstieg auch bei der Versetzung in eine andere Legion jedoch nicht üblich. Gelegentlich stiegen einfache Soldaten mit herausgehobenen Aufgaben wie der *aquilifer* oder *signifer* in die Zenturionenstellung auf. Als Offiziere der Auxiliartruppen galten die *praefecti* („Majore, Oberste"), im Rang noch vor den Militärtribunen. Besondere Bedeutung kam dem praefectus equitum, dem Befehlshaber der Reiterei zu.

Die ranghöchsten Zenturionen wurden zusammen mit den Offizieren zum consilium gerufen, hatten dort aber nur beratende Funktion.

Feldzeichen der gesamten Legion war die silberne oder versilberte *aquila*, der Adler mit ausgebreiteten, zum Aufflug erhobenen Flügeln, befestigt auf einer silberbeschlagenen Stange mit spitzem Metallschuh. Ihn trug in der 1. Kohorte der aquilifer, dessen Tapferkeit von entscheidender Bedeutung sein konnte. Der Verlust des Adlers galt als Schande für die Legion und zog für den etwaigen Schuldigen schwerste Bestrafung nach sich. Im Lager wurde die aquila im Heiligtum des Praetoriums aufbewahrt.

Abb. 1 Adler mit Phalerae
(auf dem Panzer der Augustusstatue von Primaporta)

Die Befehlsgebung erfolgte durch akustische Signale mittels der *tuba*, einer trichterförmigen, geraden, tieftönenden Trompete, und des *cornu*, eines gekrümmten, durch einen Querstab verstärkten Horns. Die Befehle galten den einzelnen Feldzeichenträgern. Die *bucina*, ein stierhornartiges, leicht gekrümmtes Instrument, diente zur Regelung des inneren Lagerdienstes. Signalinstrument der Reiterei war der *lituus*, eine lange, am Ende gekrümmte, helltönende Trompete.

Abb. 2
tuba, cornu, bucina, lituus

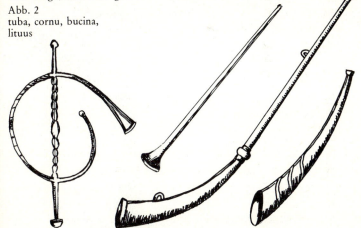

Im 4. Jahrhundert n. Chr. schreibt Vegetius in seinem militärischen Handbuch über die akustischen Zeichen: „Sunt quae per tubam aut cornu aut bucinam dantur" (mil. 3,5). Als akustisches Zeichen galten ebenfalls die Zurufe eines Kommandanten und die *tessera*, die ausgegebene Parole.

Die bei den Manipeln stehenden *signa* „übersetzten" die Befehle an die Legionssoldaten. Ursprünglich reine Befehlswerkzeuge, wurden diese Feldzeichen der taktischen Einheiten gleichzeitig palladia, d. h. Schutzbilder, deren Sicherung Ehrensache der Abteilung war und deren Trophäenwert hoch stand. Aus Münzbildern ersehen wir, daß ein signum im engeren Sinn, also die Manipelstandarte, aus einem Lanzenschaft bestand, der nach oben in einer Metallspitze und in Nachbildungen von Tierbildern (anfangs einer Hand) endete.

Am oberen Schaftteil ließen sich als Auszeichnung für die ganze Einheit, die auf Metallplättchen bezeichnet war, Scheiben oder Kränze anbringen. An einem Querholz war früher ein Tuch befestigt, das *vexillum*, das später zu einer Fahne der Reiterei entwickelt wurde und aus dem signum verschwand. Verantwortlich für dieses Zeichen war der *vexillarius*.

Abb. 3
Feldzeichen

Abb. 4
Tierbild (Steinbock)
als Feldzeichen

Abb. 5
Vexillarius einer Reiterabteilung

Abb. 6
Signifer

Zu den optischen Zeichen gehörten Fahnen, auch Flammen und Rauch. Als ausschließliches Befehlsmittel ist das vexillum des Feldherrn, eine Art Kommandostandarte, anzusehen. Das purpurrote Tuch wurde vor dem Abmarsch im Lager gehißt ('vexillum proponere') und zeigte in der Schlacht den Standort des Oberbefehlshabers an.

Jeder Träger eines Feldzeichens hieß *signifer*. Als Zeichenträger wurden besonders kräftige und mutige Soldaten ausgewählt; gelegentlich wurden diese auch zu anderen Aufgaben (z. B. Führung der Kohortenkasse) herangezogen.

Die Bedeutung der signa ist aus den bildhaften termini technici der Militärsprache zu ersehen:

signa inferre in hostes	– angreifen
signa convertere	– kehrtmachen
signa ferre (oder vellere)	– aufbrechen
a signis discedere	– desertieren.

Ausrüstung – Verpflegung – Sold

Abb. 7
Legionssoldat zur Zeit Caesars

Abb. 8
Zenturio

Der Legionssoldat war bewaffnet mit *tela* (Angriffswaffen) und *arma* (Schutzwaffen).

Zu den tela zählen:

pilum, ein Wurfspeer (1,5–1,8 m lang), bestehend aus Holzschaft und 1 m langem Weicheisenteil mit gehärteter Spitze. Es konnte etwa 30 m weit geschleudert werden. Das Abknicken nach dem Aufprall verhinderte die Verwendung durch den Gegner.

gladius, ein zweischneidiges Kurzschwert mit langem Griff und 60–70 cm langer Klinge, einsetzbar für Hieb und Stich. Es wurde im *balneus* (Wehrgehänge, von der linken Schulter zur rechten Hüfte) getragen und steckte in einer lederbezogenen, metallbeschlagenen Holzscheide.

Zu den arma zählen:

scutum, ein rechteckiger, gewölbter, lederüberzogener Holzschild (1,2 m × 0,8 m), in der Mitte verstärkt durch einen eisernen Schildbuckel und im Innern versehen mit Halteriemen. Es konnte den geduckten Kämpfer fast völlig decken und eignete sich durch die Form auch zur Bildung dicht geschlossener Reihen.

galea, ein mit Backen- und Nackenschutz versehener, eisenbeschlagener Lederhelm.

lorica, ein aus Lederstreifen, später auch sich überdeckenden Metallschuppen gefügter Panzer, der von Ring- und Drahtpanzern abgelöst wurde.

Der Ausrüstung entsprach die Kampftaktik: Eröffnung mit einer Pilensalve, die die Gegnerreihe erschüttern sollte, concursus und Nahkampf mit dem gladius, wobei die Fechtkunst der Legionare wirkungsvoll zur Geltung kam.

Zur Kleidung gehörten:

tunica, ein wollenes, hemdähnliches Unterkleid,

caligae, aus benagelten Ledersohlen und Lederbändern bestehende Schuhe,

sagum, ein viereckiges Tuch, als Umhang und Lagerdecke verwendbar.

Beim Einsatz im kalten Norden fanden *bracae* (knielange Hosen) und *focalia* (Halstücher) Verwendung.

Zur technischen Ausrüstung zählten die Schanzwerkzeuge, Sägen, Sicheln, Körbe, gelegentlich auch Schanzpfähle, die meist vom Troß transportiert wurden. *Vasa* (Koch-, Eß- und Trinkgeschirr) dagegen trug der Soldat auf dem Marsch bei sich. Durch Waffen und Geräte und eine Mindestration von Getreide entstand für den einfachen Soldaten die beachtliche Last von circa 30 kg. Ein Teil davon, *sarcina*, wurde auf einem gabelartigen Stock, der *furca*, über der Schulter getragen.

Die auxilia führten die bei ihrem Stamm übliche Bewaffnung und Ausrüstung: Die Reiter trugen meist *cassis*, einen ehernen, fast geschlossenen Helm, *tragula*, den leichten Speer, der bis zu 70 m weit geworfen werden konnte, *parma*, einen runden Lederschild und wahrscheinlich *ensis*, ein langes Schwert. Sättel und Steigbügel waren nicht in Gebrauch. Die Fußtruppen waren leichter bewaffnet als Legionssoldaten; manche Einheiten hatten sich auf den Einsatz von *fundae* (Schleudern) und *sagittae* (Bogen und Pfeil) spezialisiert.

Die Offiziere trugen über einer roten Tunica meist Metallpanzer, zusätzlich Helm, Schwert und Beinschienen *(ocreae)*. Jedem stand ein Pferd zur Verfügung. Optisch herausgehoben vor allen Offizieren war der Feldherr durch sein purpurrotes *paludamentum*, einen wohl auf etruskische Königstracht zurückzuführenden Mantel.

Da es die Artillerie als spezifische Truppengattung nicht gab, bedienten die Legionssoldaten auch die Geschütze (s. u. S. 225). Nicht zur Ausrüstung des Heeres gehörten Wagen, wie sie für Germanen (Gall. I 26,1) und Britannier (Gall. V 17,4) erwähnt werden. Maultiere konnten zwar weniger an Last transportieren als Wagen, waren andererseits aber schneller und mobiler, konnten dem Heer überallhin folgen, ermöglichten somit eine für Caesar wichtige Strategie rascher Truppenbewegung.

Legt man die oben (S. 210) angegebene Truppenstärke zugrunde, ergibt sich die immense Zahl von 65 000 Menschen und 20 000 Tieren, deren Verpflegung zu organisieren war. So mußten pro Tag für die legionarii 50 Tonnen Weizen, für die übrigen Mannschaften 25 Tonnen Weizen, für alle Tiere 20 Tonnen Gerste beschafft werden. Das erklärt die Sorge, die bei entsprechenden Passagen über Proviantfragen anklingt (z. B. Gall. I 16). Auf diesem Sektor sahen Kriegsgegner eine durchaus wirkungsvolle Kampftaktik, die beispielsweise bei der ersten Britannienexpedition Caesar zum Abbruch der Unternehmung zwang (Gall. IV 30 ff.). Auch die Gallier forcierten mit fortschreitender Kriegsdauer ihre Angriffe auf die römische Versorgung und bezogen sie in ihre Abwehrstrategie mit ein; in den Jahren 53–51 v. Chr. entstanden Caesar hier massive Schwierigkeiten. Probleme gab es auch bei der Wasserversorgung, bei einer täglichen Verbrauchsmenge von etwa 500 000 l. Hier lag bei der Bemessung der Märsche und Errichtung der Lager ein nicht unwesentlicher Kalkulationsfaktor.

Die Nahrungsmittelzuteilung erfolgte in der Regel zwei mal pro Monat. Im allgemeinen mußte der Soldat mit 1 kg Mehl am Tag auskommen; es reichte für die zwei Mahlzeiten, das *prandium* (Frühstück) und die *cena* (Hauptmahlzeit) und bildete die Grundnahrung. Es wurde zu einer Art Brot verbacken oder zu einem mit Öl, Salz, Wasser (gelegentlich Milch) gekochten, warmen Brei (*puls*), verwendet. Wichtige Zusatznahrung erbrachten die in großen Mengen erbeuteten Schlachttiere (*pecus*). *Legumina* (Hülsenfrüchte, Gemüse) waren nicht beliebt und dienten nur als Ersatz in Notsituationen; als lebenswichtig galt Salz.

Neben der normalen Verproviantierung konnte sich der Soldat durch Beute oder Kauf weitere Lebensmittel beschaffen. Für Nachschublieferungen boten sich drei Möglichkeiten an:

1. Versorgung durch römische Kaufleute: Auf diese Möglichkeit griff Caesar in Notfällen zurück.

2. Bereitstellung und Zulieferung durch verbündete oder unterworfene Städte oder Völker (gegen Entschädigung oder als Kriegsersatz): Gewöhnlich wurde auf diese Weise der Hauptteil der Versorgung im jeweiligen Operationsgebiet sichergestellt, zumal wenn die rückwärtigen Verbindungen nicht gesichert waren. Bei der Dedition eines Volksstammes (z. B. Gall. II 3 oder V 20) wurden regelmäßig Getreidelieferungen (bis zum Standquartier) auferlegt. So wurden die Versorgungsmöglichkeiten des römischen Heeres ständig erweitert oder zumindest abgesichert, wodurch wiederum Caesars Machtbasis wuchs. Auch auf gallischen Landtagen, die Caesar anberaumte, um das Land als römisches Provinzgebiet zu organisieren, standen Lieferungen von Lebensmitteln regelmäßig auf der Tagesordnung; diese Hilfeleistungen sollten zentral koordiniert und für geplante Unternehmungen, auch für die Überwinterung des Heeres eingesetzt werden (so Gall. V 24).

3. Eigenversorgung aus der jeweiligen Umgebung durch „Furagieren": *pabulatio*, die Besorgung von Grünfutter für die Tiere – *frumentatio*, die Beschaffung von Getreide für die Ernährung der Soldaten.

Diese Aufgaben gehörten wie die *aquatio* (Wasserholen) und *lignatio* (Besorgen von Holz) zu den täglich wiederkehrenden Arbeiten der Knechte und der sie schützenden Reiter, oft auch der Soldaten. Diese Versorgungsmöglichkeit erlaubte Plünderung und setzte immer dann ein, wenn der reguläre Nachschub oder vereinbarte Lieferungen ausblieben oder nicht ausreichten. Erbeutung gewann an Wichtigkeit, wenn reifes Korn oder frisches Futter wegen der Jahreszeit nicht zu bekommen war (so Gall. VII 14).

Die Organisation des Nachschubwesens oblag auf der Ebene der Armeeführung den höheren Offizieren (Tribunen und Praefekten). Die Oberaufsicht über das Proviantwesen hatte normalerweise der Quaestor neben seinen anderen (militärischen) Pflichten oder der Stellvertreter des Oberfeldherrn (so Labienus: Gall. V 8,1). Caesar setzte auch einen Mann seines Vertrauens als Verpflegungskommisar ein: C. Fufius Cita (Gall. VII 3, 1). Auf Truppenebene gab es keinen eigenen organisatorischen Träger der Versorgung und – außer den Sklaven (calones und muliones) – kein festes Versorgungspersonal, so daß im Grunde sich jeder, vom legionarius bis zum legatus, mit Versorgungsaufgaben in begrenztem Maß zu befassen hatte.

Bei Fragen der Soldatenbesoldung muß berücksichtigt werden, daß der Feldherr – Caesar in besonderem Maße – das Heer nicht nur als militärisches Instrument, sondern als Mittel der Politik ansah und einsetzte und daher den materiellen Interessen der Soldaten weitgehend entgegenkommen mußte und wollte. In erster Linie sind Landzuweisungen zu nennen, weiterhin die Beteiligung der Soldaten an der Kriegsbeute, Belohnungen für besondere Leistungen*, öfters auch Geldgeschenke. Caesar stellte die Verpflegung wahrscheinlich kostenlos zur Verfügung, was einer 30-prozentigen Solderhöhung gleichkam. Daneben kommt der jährlichen Soldzahlung fast nur die Bedeutung eines weiteren Verpflegungsbeitrages zu und bleibt (für unsere Begriffe) dürftig: Der Legionar erhielt bis 225, der Zenturio bis 450 Denare, was (bei aller Schwierigkeit des Geldwertvergleiches) etwa DM 225,– bzw. 450,– entspricht. Etwaige Ersparnisse wurden kohortenweise von den signiferi verwaltet und erst am Ende der Dienstzeit zur Verfügung freigegeben. Offiziere bezogen keinen Sold, sondern Verpflegungsentschädigung (*cibaria* oder *congiarium*) und – nach beendetem Feldzug – recht lohnende Gratifikationen.

---

* s. u. S. 220f.

Ausbildung, Strafen, Auszeichnungen

Einer der Gründe für die militärischen Erfolge im Lauf der römischen Geschichte wird in der äußerst straffen Disziplin der Soldaten gesehen. Sie galt schon während der Rekrutenzeit (*tirocinium*) in den drei zu absolvierenden Abschnitten:

a) Übungen im Schritt, Laufen, Springen, Schwimmen und in der Bildung von Formationen,
b) Erlernen des Waffengebrauchs,
c) Gepäckmarsch und Lagerbau.

Wahrscheinlich fügte Marius noch die Ausbildung im Pfeilschießen, Steinschleudern und Gladiatorenfechten hinzu. Die Ordnung blieb präzis auch im Heeresdienst erhalten.

Bei der starken Bindung an die Persönlichkeit des Feldherrn spielten bei den Soldaten für die Aufrechterhaltung der Disziplin Belohnungen und Auszeichnungen, aber auch Strafen eine nicht zu unterschätzende Rolle. Für die Zeit Caesars sind an Strafen bezeugt:

> Abzug am Beuteanteil, Degradation, Ausstoßung aus dem Heer (*missio ignominiosa*), Bloßstellung vor versammeltem Heer (*notatio ignominiosa*), Todesstrafe.

> Als Bestrafung ganzer Einheiten kam Zuweisung von Verpflegung minderer Qualität (Gerste statt Weizen) vor.

> Strafgewalt hatten außer dem Feldherrn die Tribunen.

Die Belohnungen entsprachen teilweise den Strafen:

> Erhöhung des Beuteanteils, Einzelgeschenke und Auszeichnungen (*dona militaria*) in Form von Ehrenlanzen (*hasta donativa* für Offiziere) oder Armreifen (*armillae*) oder Ketten (*torques*), Kränzen aus Lorbeer, später aus Metall*, Metallschalen (*paterae* für die Fußsoldaten) und Medaillons (*phalerae* für die Reiter), Beförderungen, Belobigung vor dem ganzen Heer (*laudatio*).

> Ebenfalls für ganze Truppenabteilungen waren Geld- oder Materialgeschenke, Verdoppelung der Verpflegung oder des Soldes üblich. Sichtbare Ehrenzeichen wurden an den Feldzeichen angebracht.

---

* corona muralis   für die Erstürmung einer feindlichen Stadtmauer
  corona civica   für die Rettung eines römischen Bürgers
  corona vallaris   für die Eroberung eines feindlichen Lagers
  corona obsidionalis für die Befreiung von einer Belagerung
  corona navalis   für das erste Hinüberspringen auf ein feindliches Schiff

Die dem Feldherrn erreichbaren Auszeichnungen waren der vom Senat zu bewilligende Triumph nach gewonnenem Krieg und die kleinere Form der *ovatio*, der Beschluß des Dankfestes (*supplicatio*) und schließlich als Belohnung nach einem Sieg die *acclamatio* zum Imperator durch die Truppen. Caesar führte diesen Titel auch nach dem Triumph weiter und wollte ihn erblich machen, wodurch er ihn „umfunktionierte" zu einer besonderen Würde des obersten Kriegsherrn, sich von den regulären Magistraten abhob und den militärischen Charakter seiner Herrschaft betonte. Eine gewisse Wertminderung des Akklamations- und Triumphatrechts lag darin, daß es bisweilen auch Legaten gewährt wurde.

Abb. 9
Corona civica

Abb. 10
Phalerae eines
römischen Offiziers

Lager

Dem Lagerbau kam innerhalb der römischen Strategie enorme Bedeutung zu. Darauf weisen auch die bildhaften termini technici hin:

castra movere	=	aufbrechen
castra promovere	=	vorrücken
castra referre	=	zurückgehen
usum in castris habere	=	Kriegsdienst leisten.

Experten sprechen von einem Marsch des Heeres „mit einer transportablen Festung" und betonen zu Recht die Wichtigkeit des Lagers für das Sicherheitsbedürfnis der Römer. Die psychologische Wirkung auf die Soldaten, die sich in feindlicher Umgebung geschützt fühlen sollten und konnten, klingt auch bei Livius an, der XLIV 39 schreibt: „Patria altera est militaris haec sedes, vallumque pro moenibus et tentorium suum cuique militi domus ac penates sunt." Keine Nacht blieb das Heer ohne ein durch Wall und Graben gesichertes Lager. Der römische Soldat nahm dafür die gewaltige Belastung in Kauf, fast täglich – auch nach Märschen und Kämpfen – Schanzarbeiten zu leisten und das nötige Werkzeug ständig zu transportieren.

Die Errichtung eines Lagers erfolgte etwa in folgenden Etappen:

1. Ein meist aus Zenturionen bestehendes Vorkommando wählt ein geeignetes Terrain aus: Der Platz muß Wasser, nach Möglichkeit auch Grünfutter in der Nähe und naturgegebenen Schutz vor feindlichen Überfällen bieten; er soll freien Ausblick nach allen Seiten gewähren, feindwärts leicht abfallen. Offiziere stecken das rechteckige oder quadratische (an den Ecken abgerundete) Gelände ab und fixieren den Platz für das im Zentrum liegende Hauptquartier (*praetorium*) und kennzeichnen die innere Gliederung durch Speere und Fahnen.
2. Die nachrückenden Truppen verteilen sich am Außenrand und beginnen unter dem Schutz besonderer Wachabteilungen mit dem Ausheben eines bis zu 3 m tiefen und 5 m breiten Grabens; der nach innen geworfene Aushub bildet den über 3 m hohen und breiten Wall. In diesen werden frisch geschlagene oder – in holzarmen Gegenden – mittransportierte Pfähle eingerammt und durch Ruten zu einer zaunähnlichen Pallisade verbunden. Beobachtungstürme aus Holz werden errichtet.
3. Der Innenraum entsteht nach einem gleichbleibenden Schema: Die beiden rechtwinklig sich kreuzenden Hauptstraßen (circa 15 m breit), die auf die Lagertore zuführen, und eine schmalere Querstraße, die den hinteren Lagerteil als Platz für die Hilfstruppen abtrennt, unterteilen die gesamte Fläche.
4. In den durch die Straßen gebildeten Räumen errichten die Soldaten geradlinige Zeltreihen; sie spannen Rindshäute mit Stricken zu *tabernaculae* (auch *pelles* oder *tentoria* genannt): für jeweils 8–10 Mann ein Zelt. Im Winter werden sie

durch kleine Baracken ersetzt. Neben dem Wall bleibt ein Sicherheitsstreifen frei, er soll die lagernden Truppen vor feindlichem Beschuß schützen. Dieses *intervallum* konnte bis zu 60 m breit sein und bot Raum für Pferde und Lasttiere, u. U. auch für Gefangene und Beute, für Truppenaufmarsch und Exerzieren.

Besondere Abteilungen bauen entlang der via principalis die Offizierszelte, vor dem praetorium die *ara*, an der die Feldzeichen aufbewahrt werden. Die Zelte des Quaestors („Schreibstube, Zahlmeisterei") liegen am rückwärtigen Tor. Es heißt *porta decumana*, da in der Nähe davon die *cohors decuma* zeltete. Der zwischen *quaestorium* und *praetorium* liegende Teil, das *forum*, ist Versammlungsplatz für die Soldaten, die zum Befehlsempfang oder zu Ansprachen während der contio antreten. Ein *suggestus* oder *tribunal* bildet ein kleines Podium für den Feldherrn.

Die folgende Skizze soll das Schema verdeutlichen, das für beide Lagertypen galt, das für den Winter oder für einen längeren Aufenthalt vorgesehene Standlager (*castra hiberna* oder *stativa*) und das im Sommer kurzfristig errichtete Marschlager (*castra* oder *castra aestiva*):

Abb. 11 Castra

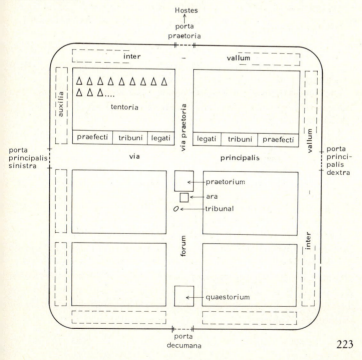

Die Größe eines Lagerplatzes hing natürlich von der Zahl der aufzunehmenden Soldaten ab: Von den durch Napoleon III. ausgegrabenen Lagern umfaßte das für 8 Legionen vorgesehene große Lager an der Axona (Aisne, s. Gall. II 5) über 40 ha, das vor Gergovia für 6 Legionen gebaute 35 ha (s. Gall. VII 34 ff.). Das kleinste, nur für eine Legion ausreichende Lager hatte demnach eine Fläche von 5 bis 6 ha, das ergibt eine Länge von 1200 bis 1300 m für Wall und Graben.

Für Caesar ergab sich die Notwendigkeit, mehrere hiberna gleichzeitig zu errichten, um alle in Gallien stehenden Verbände unterzubringen (s. Gall. V 24). Wenn Kaufleute dem Heer folgten und sich niederließen – meist nur bei den castra stativa – war der Platz für ihre Stände außerhalb des Walles hinter dem rückwärtigen Tor.

Zur Sicherung der Ordnung und zum Schutz vor Überfällen war Tag und Nacht mehrfacher Wachdienst für jeweils drei Stunden eingeteilt, der sorgfältig wahrzunehmen und scharf kontrolliert war. Die Feldwachen im Vorgelände, außerhalb des Grabens hießen *excubiae*. Als Torwachen teilte Caesar in einem Lager mittlerer Größe gewöhnlich eine Kohorte pro Tor ein.

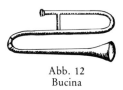

Abb. 12
Bucina

Das Zeichen der Ablösung wurde mit der *bucina* („Posaune") gegeben. Alarm erfolgte meist durch Tubasignale.

Die ausführlichste Lagerbeschreibung, die wohl auch für die Zeit Caesars Gültigkeit behalten hat, finden wir im 6. Buch (27–32) des Polybios (201–120 v. Chr.).

Zahlreiche europäische Städte entstanden am Platz eines römischen Lagers, worauf die Namen hinweisen wie Regensburg (Castra Regina), Passau (Castra Batava) u. a.

Festungskrieg

Für die Eroberung befestigter Siedlungen (*oppida*) kannte Caesar zwei Kriegsmethoden: Den Sturmangriff (*oppugnatio*), der vom Marsch aus (*ex itinere*) rasch erfolgte, und die planmäßige Blockade (*obsidio, obsessio*), die oft lange Zeit beanspruchte. In beiden Fällen verhalf hoher technischer Aufwand zum Erfolg. Zum Einsatz kamen verschiedene *tormenta* (Torsionsgeschütze) und massive Schutzvorrichtungen für die stürmenden Soldaten.

Die Geschütze funktionierten nach dem Prinzip der durch Drehung und Spannung (torsio) erzeugten Schnellkraft eines Hebelarmes, der in Stränge aus Tiersehnen oder Pferdehaaren eingespannt war. Die Schußweite hing von der Munition und von der Ausführung des Gerätes ab. Die nebenstehenden Rekonstruktionen zeigen die drei wichtigsten Geschützarten.

Abb. 13 Onager ('Wildesel'), schleuderte Steine bis zu 300 m

Diese Wurfmaschinen, die von den Legionären und nicht von eigens ausgebildeten Einheiten einer Artillerie bedient wurden, gehen auf griechische Vorbilder zurück. Wieviele einer Legion zur Verfügung standen, ist in den Commentarii nicht zu erfahren*. Sie wurden von Maultieren gezogen; die größten, vor die man Ochsen spannte, mußten für längere Transporte zerlegt und vor dem Einsatz neu aufgebaut werden. Das erklärt ihre ausschließliche Verwendung im Belagerungskrieg und nicht bei Gefechten im offenen Land.

Abb. 14 Ballista, schoß Balken und Steinbrocken

Für die Aktionen in der Nähe der feindlichen Mauer waren verfügbar: *Turres*, fahrbare, vielstöckige Holztürme (mit Geschützen und Fallbrücken); sie konnten gleichzeitig eingesetzt werden zum Kampf um die Mauerkrone wie zur Zerstörung der Mauer von unten, da sie oft *arietes*, Rammbalken mit eisernen Köpfen, eingebaut hatten. Mauerbrecher (*arietes* oder *terebrae*), an Seilen oder

Abb. 15 Catapulta, schoß Pfeile bis zu 400 m (Die Holzschiene erhöhte die Treffsicherheit.)

---

* In der Kaiserzeit waren es pro Legion über 50 ballistae und 10 onagri.

Ketten waagerecht aufgehängt, wurden meist einzeln an die Mauer herangerollt. Die Soldaten schützten sich gegen Beschuß durch *testudines*, fahrbare Holzdächer, oder durch reihenweise hochgehaltene Schilde. Auch überdachte Holzgerüste von beachtlichen Ausmaßen* dienten der Annäherungsdeckung; sie wurden manchmal durch Aneinanderreihen zu regelrechten Laufhallen erweitert. Während des Sturmangriffs versuchten Schützen aus größerer Entfernung durch Pfeil- und Steinbeschuß die Belagerten auf den Stadttürmen abzulenken und von Gegenbeschuß auf die Angreifer abzuhalten. Hilfsmittel beim Ersteigen oder Einreißen der Mauern waren die *scalae* (Sturmleitern) bzw. *falces murales* (lange Stangen mit sichelförmigen Haken).

Wesentliche Vorarbeit vor dem Angriff war das Planieren des Angriffsfeldes. Machte das Gelände es nötig, wurden *aggeres* (terrassenförmige Aufschüttungen aus Erde, Steinen, Holz) von oft gewaltigen Dimensionen** gebaut und bis an den Fuß der Mauer herangeführt. Gelegentlich trieben die Belagerer sogar *cuniculi* (unterirdische Stollen) bis ins Stadtinnere, wenn der Einsatz der technischen Kampfmittel keinen Erfolg brachte.

Schließlich gehörte es zur Belagerungstechnik, Ausfälle der Eingeschlossenen durch die sogenannte *circumvallatio* (durch Wälle und Gräben, die notfalls um die ganze Stadt gezogen wurden) zu vereiteln oder zu erschweren. In der antiken Kriegsgeschichte gehört die obsidio Alesiae (52 v. Chr.), die Caesar im VII. Buch schildert, zu den berühmtesten Beispielen der Belagerungskunst.

Marsch

Die Marschordnung galt als Teil der Taktik und wurde mit strenger Disziplin eingehalten.

Das Heer marschierte meistens im Legionsverband. War mit Feindberührung zu rechnen, ergab sich für das *iter expeditum* (Gefechtsmarsch) folgende Formation:

---

* 5 m lang, 2,5 m breit, 2 m hoch
** Caesar gibt Gall. VII 24,1 als Breite des (für die Eroberung von Avaricum errichteten) agger ca.100 m und als Höhe (an der vermutlich tiefsten Stelle des Geländes) ca. 25 m an.

agmen primum, die Vorhut, gebildet durch die den Zug sichernde Reiterei,
agmen, das Gros, rund Dreiviertel der Legion(en) und der Troß mit Maultierkolonnen zur Beförderung der *impedimenta*, d. h. der Verpflegung, Zelte, Geschütze, Reservewaffen, des Offiziersgepäcks u. a.
agmen novissimum, die Nachhut, bestehend aus dem restlichen Viertel der Legion(en).

Beim Rückmarsch deckte die Reiterei den Zug von der Nachhut aus, der Troß bildete mit einem Teil der Legion(en) die Vorhut. Wahrscheinlich marschierten die Soldaten in Sechserreihen.
Das *iter iustum*, die durchschnittliche Marschleistung pro Tag, betrug 20 bis 25 km; in Sonderfällen – auch abhängig vom Terrain, Klima, Wetter – mußte bei einem *iter magnum* (auch *iter quam maximum*) eine größere Entfernung (bis zu 40 km) bewältigt werden. Jeder Soldat trug Waffen und Marschgepäck (*sarcina*), dessen Gewicht von Marius auf 30 kg begrenzt worden war.

Brückenbau*

Für die Überquerung von Flüssen bevorzugte das römische Heer Furten; notfalls halfen Reiter oder Lasttiere als Strombrecher (s. Gall. VII 56,4). Tiefere Flüsse überwanden die Soldaten mit Flößen. Erforderte die zu starke Strömung oder Tiefe Brückenschlag, wurden schwimmende Schiffsbrücken oder – wie von Caesar ausschließlich – feste Jochbrücken erbaut. Zu den bekanntesten gehört die von Caesar über den Rhein gebaute, im IV. Buch (17f.) beschriebene. Es kann als technische Großleistung gelten, daß diese Brücke über den zwischen Koblenz und Köln über 400 m breiten Fluß innerhalb von 10 Tagen errichtet war. Vermutlich arbeiteten die Mannschaften bei sechsstündiger Ablösung „rund um die Uhr". Daß die gewaltige Konstruktion

Abb. 16
Festuca (Rammgerät)

---

* s. auch Text S. 90/1

nach der Rheinüberquerung wieder abgerissen wurde, erwähnt Caesar nur beiläufig (Gall. IV 19,4).

Zu den schwierigsten Arbeiten zählte bei diesem Brückenbau das Festrammen der Stützpfähle (*stigna*). Zwischen zwei massiven Flößen wurde auf Hölzern ein Rammgerüst mit einem Schlagwerk errichtet (s. Abb. 16, S. 227), die Flöße durch ankernde Schiffe in der richtigen Lage gehalten. Rund 50 Joche waren als Unterbau einzusetzen.

Flotte

Für Aktionen zur See, besonders die Britannienexpeditionen in den Jahren 55 und 54 v. Chr. (Gall. IV 20–36, V 1–33) ließ Caesar durch Requisition und durch den Bau von Schiffen eine Flotte erstellen. Sie bestand aus Kriegsschiffen (mit Begleitbooten und Aufklärern) und Transportschiffen. Von den üblichen Schiffstypen setzt er ein: *Naves longae*, Kriegsschiffe, gelegentlich als Segler, meist in der Ausführung als Trieren oder Triremen, ausgestattet mit drei übereinander befindlichen Reihen von Ruderbänken. Diese knapp 40 m langen und nur 5 m breiten Schiffe (mit sehr geringem Tiefgang) waren in Gefahr zu kentern. Da sie in der Regel weder Laderaum noch Schlaf- und Aufenthaltsräume besaßen, waren sie für die Nacht auf einen Hafen und tagsüber auf Begleitschiffe angewiesen; zu jedem gehörte mindestens eine *scapha* (Boot). Die Kampfschiffe konnten wegen ihrer leichten Bauweise nur bei ruhiger See auslaufen. Als Kampfbesatzung kamen etwa 80 Legionssoldaten, als Rudermannschaft bis 150 Sklaven zum Einsatz. Doch berichtet Caesar (Gall. V 8,4) auch von Ruderarbeit der Soldaten selbst.

Die *naves onerariae*, die Lastschiffe, hatten neben den requirierten Handelsfahrzeugen den Transport von Truppen, Pferden, Proviant sicherzustellen. Sie waren kürzer und breiter als die Kriegsschiffe und hatten einen Fassungsraum für durchschnittlich 120 Soldaten oder 20 Reiter (mit zugehörigem Troß).

Navigia speculatoria wurden eingesetzt für Wach- und Nachrichtendienst. Über Zahl und Größe erfahren wir im Text nichts.

Im Kampf gegen die Seekriegsschiffe der Veneter, in der ersten Seeschlacht der Römer auf dem Ozean (Gall. III 14 f.), wurde die sonst übliche Entertaktik, bei der ein mit Eisen beschwerter Laufsteg auf das feindliche Schiff gekippt und dieses erstürmt wird, ergänzt durch den

Einsatz langer Sichelstangen: Mit diesen konnten die Haltetaue der Segel zerschnitten und die feindlichen Segelschiffe manövrierunfähig gemacht werden. Das Kommando über die einzelnen Schiffe führten Tribunen oder Zenturionen. Das Oberkommando lag beim Feldherrn oder einem von ihm eingesetzten Admiral. Für Caesar spielten maritime Unternehmungen eine untergeordnete Rolle. Er leitete diese nicht immer selbst. Gegen die Veneter setzte er als Admiral D. Brutus ein.

Kriegsentschädigung

Eroberte Gebiete wurden nach römischer Vorstellung Eigentum des Staates. Daraus ergab sich für die Provinzbevölkerung – wir finden die Bezeichnung ,,civitates stipendiariae" (z. B. Gall. I 30,3) – die zwingende Pflicht, Abgaben zu leisten (*tributa, stipendia*). Sie konnten aus einer festen Quote des Ernteertrages oder Naturallieferungen und Geld bestehen. Caesar verpflichtete zur Sicherung seiner militärischen Aktionen besiegte Stämme zur Belieferung des Heeres mit *frumentum* (z. Gall. I 16) und ließ sich meist aus der führenden Schicht stammende *obsides* stellen (so Gall. II 5,1), eine Gepflogenheit, die auch unter Germanen und Galliern üblich war und dort zu grausamen Exekutionen führen konnte (cf. Gall. I 31,15).

Zeichen der Anerkennung römischer Oberhoheit waren die häufig erwähnten *concilia*, eine Art Landtage, deren Einberufung von Caesar ausging (z. B. Gall. I 30,4).

Zeiteinteilung

Caesar übernimmt die traditionelle Jahresbestimmung nach amtierenden Konsuln (z. B. Gall. I 2,1 „M. Messala M. Pisone consulibus" für das Jahr 61 v. Chr.).

Die Jahreszeiten stimmen nicht genau mit unserer Einteilung überein: Frühlingsanfang war 7. Februar, Sommeranfang 9. Mai, Herbstanfang 11. August, Winteranfang 10. November. Der Tagesbeginn wird in der Regel auf 6 Uhr angesetzt; Schwankungen nach dem unterschiedlichen Sonnenaufgang kommen vor. Die einzelnen Tagesabschnitte sind folgendermaßen umschrieben:

mane (6 Uhr, bzw. Sonnenaufgang bis Ende der 3. Stunde),
ad meridiem (Vormittag bis Ende der 6. Stunde),
de meridie (Nachmittag bis Ende der 9. Stunde),
suprema (Abend bis 6 Uhr, bzw. Sonnenuntergang).

Die Nacht ist eingeteilt in vier Nachtwachen (*vigiliae*) zu etwa drei Stunden: die erste beginnt nach Sonnenuntergang, die zweite reicht bis Mitternacht, die tertia vigilia setzt um Mitternacht ein, die quarta vigilia dauert bis zum Tagesanfang.

Längenmaße

Caesar verwendet die gängigen Bezeichnungen:
digitus (Finger) ca. 2 cm,
pes (Fuß) ca. 30 cm,
passus („Armspanne') ca. 1,5 m.

Mille passus („Meile') dient der Angabe der Marschleistung oder Wegeentfernung.

Nachweis der Abbildungen

a) im Text
Titelbild. Caesar-Denar. Hirmer Fotoarchiv, München
S. 39 Dumnorix-Münze Paris, cabinet des Médailles, Bibliothèque Nationale
S. 43 Truppenformation; S. 158 Gergovia; Caesar-Ausgabe des Glareanus (u.a.) 1575. Universitätsbibliothek Erlangen
S. 56 Acies und castra; S. 135 Tierbilder. Caesar-Ausgabe von Graevius 1713. Universitätsbibliothek Erlangen
S. 90/91 Rheinbrücke. Caesar, Schulausgabe des Bellum Gallicum von H. Reinhard 1886, Universitätsbibliothek Erlangen
S. 132 Germanische Reiter. S. 172/173 Belagerung von Alesia. Clarke'sche Prachtausgabe 1712. Universitätsbibliothek Erlangen
S. 144 Vercingetorix-Münze. Paris Cabinet des médailles. Vorlage: Jean Roubier, Paris

b) in den Sacherläuterungen
Abbildungen 1, 5, 6 sind entnommen: Krohmayer-Veith, Heerwesen und Kriegführung der Griechen und Römer, München 1928 (Abb. 107, 103, 101)
Abbildung 2: neu gezeichnet nach „Lexikon der Alten Welt", Artemis Verlag, Zürich 1965, Abb. 160
Abbildung 3: neu gezeichnet nach Hugo Mužik und Franz Perschinka, Kunst und Leben im Altertum, Wien/Leipzig 1909, S. 112, Abb. 5
Abbildung 4: Vorlage wurde zur Verfügung gestellt vom Museum Wiesbaden
Abbildungen 7, 8: neu gezeichnet nach: Krohmayer-Veith, a.a.O., Abb. 110 und 111
Abbildung 9: Der Abdruck erfolgt mit freundlicher Genehmigung des Brit. Museums
Abbildung 10: Vorlage wurde vom Antikenmuseum, Staatliche Museen, Preußischer Kulturbesitz, Berlin (West) zur Verfügung gestellt.
Abbildungen 13–16 sind entnommen: C. Iulii Caesaris Commentarii de bello Gallico, ed. H. Reinhard, Stuttgart 1886

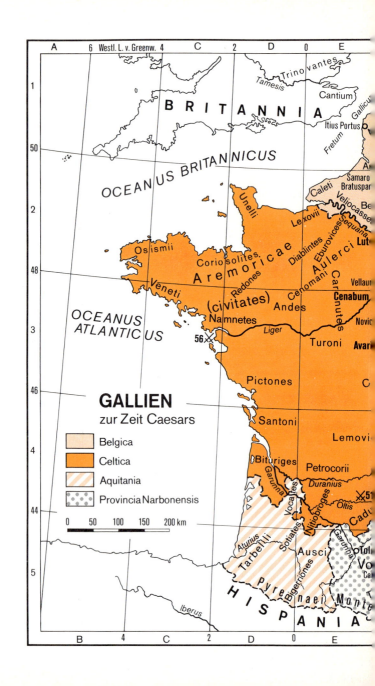

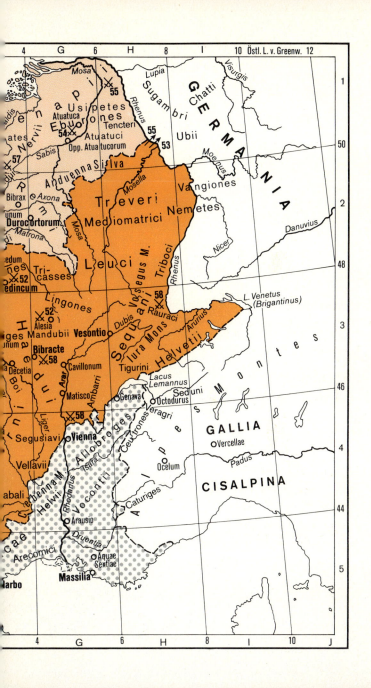